冯唐
成事心法

冯唐·著

北京联合出版公司

管理是一生的日常

成事是一生的修行

卷首语

管理是一生的日常，成事是一生的修行

你好，我是冯唐。我将自己二十年职业管理生涯中吃过的苦、踩过的雷、翻过的山、见识过的人，总结为"冯唐成事心法"——通过这本书跟你分享，希望你能成事、多成事、持续多成事。

"成事学"是我自己定义的，它跟成功不一样，我坚持认为成功不可以复制，但是成事可以修行。这个学问有三个方面的信息来源。

第一个方面是麦肯锡方法论。麦肯锡是世界上最著名、最早的一家管理咨询公司，它自身有很多很好的方法论。世界五百强企业的 CEO，最常见的工作背景是在麦肯锡工作过。

第二个方面是东方管理学。东方管理学就是从孔子开始，甚至在孔子之前，先哲或先人总结出来的思想。在东方人口众多、地大物博的环境里，在如何把事情做成上，包括如何管理自己、事情乃至天下，清朝以后，最重要的代表人物是曾国藩。不得不承认，我读曾国藩的书最多、最勤，也最有收获。《道德经》《论语》的年代太久远了，《二十四史》《资治通鉴》都是很好的书，但太冗长了，而且受限于编年体的体例，以及写史人的矜持，这些写作者心里想说的话，没有直接说出来。相比之下，在成事一项上，曾国藩鹤立鸡群、千古一人，他为师、为将、为相，立德、立功、立言，写过几千万字。每次翻开他的书，功过且不论，满纸背后都是成事、成事、成事，getting things done。

第三个方面信息来源，也是我的管理实践。虽然我非常渺小，但是我经历了中国改革开放之后增长最快的二十年。从2000年参加工作到2020年，是中国发展最快的二十年。在这二十年里，我平均每周工作八十到一百个小时。这些辛辛苦苦工作的一手资料、一手经验，我也放到了这本书里。

这本书的框架分四部分：知己、知人、知世、知智慧。知道自己、知道团队、知道如何处世、知道智慧怎么增长。前三个方面，是从小处着手，最后一个方面，是从大处着眼，可以在更高的层次上，做更大的事。

知己——比如，逆境来了怎么办，如何分清自己的欲望和志向，如何学会与自己好好相处，等等。

知人——比如，领导力到底是什么，谁有领导力，如何带团队，如何分清自救型人和破敌型人，等等。

知世——比如，如何做一个讨人喜欢的人，做人的大忌是什么，如何面对小人的降维攻击，交友的四个标准，示弱的杀伤力，等等。

知智慧——到了智慧的层面，为什么成事那么难，为什么做人是第一位的，为什么要多谈问题、少谈道理，什么是真的为你好，怎么看待运气，等等。

我听过别人的评论，说冯唐只是一个情色作家，我觉得特别委屈。我是业余写作（尽管写作不业余），其实一直有个全职的管理工作。我真的是顶尖的管理专家，而且是战略管理专家，只是极少人知道。

我等了二十年，就为了这一刻，写这本书，能让大家知道，其实我是一个管理界的"扫地僧"。

我一直有个小奢望、小理想，想当个老师，能把自己通过实践领会到的真知灼见、辛苦所得，跟讲台下的同学们唠叨唠叨，但是没有机会，一直撅着屁股在办公室拼命工作。

我在想，某个春暖花开的时候，如果能站在讲台上，下边是一水儿长得挺好看的年轻人，默默地在看着我，听我讲我自己真懂的、真会的、真想讲的感到真兴奋的东西。讲出来之后，同学们能理解一点，就用到实际生活中一点，能让大家成就一点。这个正循环，是一件让人很开心的事。

这本书给了我这个机会，跟大家讲一讲，作为麦肯锡的合伙人、一个大型国企集团的高管、一个医疗行业的职业投资人，我如何看待管理这件事，我如何能够把我自己成事的经验教给大家。

最后，我为什么写《冯唐成事心法》？长时间以来，我一直试图寻找几门适合中国管理者的管理课，不是那种百度一下就可以知道的管理知识，也不是MBA教的那些基本管理学框架，也不是外国人那种把一个简单的管理工具拖成一堂冗长说教的时髦课，而是那些能够结合古今中外、涵盖理论和实践的、真的能够指导中国管理者克服心魔、带领团队穿越迷雾的管理课，但一直没找到。我想既然市面上没有，向来不怕招人黑的我就应该写。

管理是一生的日常，成事是一生的修行。

CONTENTS

目录

知己

用好自己的天赋

PART 1

如何管理自我	3
用好你的天赋	10
成大事无捷径	16
如何平衡工作和生活	22
做一个真猛人	29
做自己熟悉的行业	34
掌控情绪	40
如何对待妒忌和贪婪	46
如何战胜自己，战胜逆境	52
真正的高手都有破局思维	59
有时候"不努力"是种正确战略	64
选择，不仅只是断舍离	70
摒弃"身心灵"，在现实中"修行"	75
以笨拙为本分，求仁得仁	80
怎么通过拯救睡眠实现人生逆袭	86
分清欲望和志向	94
如何应对年龄危机	99

知人

人人都该懂战略

PART 2

人人都该懂战略	109
什么是终极领导力	116
你需要知道的职场沟通规范	124
带团队的四条铁律	131
如何制定团队激励政策	137
麦肯锡的信任公式	144
如何成为中层干部	152
CEO 的工作是什么	159
高级领导的关键点	164
如何避免团队油腻的结构化	170
保持团队锐气的五条秘籍	175
怎样看待公司的规章制度	180
百分之九十九的人不会开会	187
如何倾听不同的意见	195
要利用"庸众"的无知	201
变革管理：以不变应万变	206
如何在团队中用民主集中制达成共识	212
如何设计晋升机制	218

知世

成事者的自我修养

PART 3

怎样做一个讨人喜欢的人	225
如何正确看待别人的评价	231
如何面对人际交往中的心机	238
交友的标准	243
找合拍的人一起做事	247
女孩贵养是歪理	252
什么是能量管理	257
示弱的杀伤力	266
职场中最重要的品质	272
做个老实人	277
成事者的自我修养	282
在有风骨的基础上持续成事	288
人要有个终极理想	291
创新管理的关键点	297
跳槽的秘籍	304
怎样在体制内成事	312
成事的标准是什么	317

知 智慧

知可为，知不可为

PART 4

大势不可为怎么办	323
为什么人是第一位的	329
多谈问题，少谈道理	333
用金字塔原则思考和表达	338
成事之人的七大特质	343
如何看待女性成事	351
建立长期互相滋养的关系	356
怎样看待运气	365
时时刻刻保持焦虑	369
在模糊中接近精确	375
如何成功转型	384
知可为，知不可为	391
人生如赌场，一言一行是赌注	397
如何累身不累心	401
头顶上的星空与内心的道德准则	406

结束语：成事到底为了什么	410

知己 | PART 1

用好自己的天赋

如何管理自我

每个人都躲不开一个议题：如何在一个变化的、纷繁复杂的、油腻的世界里和自己相处，特别是在"成事"这个目的下，自我应该如何管理。此处的"自己"，包括真的自己、自己的团队、自己的商业模式、自己的公司等。

我想说一个核心的理念，就是自在。

第一，如何能够自在？不要赶时髦

曾国藩说："趋时者博无识之喜，损有道之真。"整天赶时髦，你会发现你得到的欢喜，是没见识的欢喜，重要的那部分自我却损失掉了。除非你是做服装的，做某些快消品的。变的是俗，不变的是道，不要赶时髦，要揣摩不因时间流逝而变、不因空间转换而变的真理和大美。

我举两个例子，一个是商业上的例子。

不赶时髦，落在商业上就是不迎合。不迎合是什么意思？我当年进华润的时候，反复听到三个问题——"如何挣钱，如何多挣钱，如何持续多挣钱"。很难跟别人讲华润是做什么的，因为华润做的行业太多，从水到水泥，从零售到房地产，从纺织到微电子，等等，底层逻辑是什么？大家也经常会问："冯老师你上蹿下跳地跨界，你的底层逻辑是什么？"其实底层逻辑，都是"如何挣钱，如何多挣钱，如何持续多挣钱"。

2015年，我从华润出来，赶上创业的大潮，很少听到别人问这三个问题。我问创业者："你的运营现金流是不是正的？如果不是正的，什么时候为正？"对方就会说："冯老师，'运营现金流为正'是什么意思啊？"可能人家心里在说："你老土吧，在国企做傻了吧，在麦肯锡做了那么多年还不会画大饼，怎么混的呀？"

创业风潮开始的时候，讲的是故事，讲的是运营数字，讲的是商业模式，讲的是能不能在风口上。有句话说"站在风口上猪都能飞"，所以他们主要的目的是站在风口上，一脚就能踏进去。跟在后面投资的就包括我们这些人，有时候也容易自己把自己搞晕，好像在这个风口上，猪都能飞，哪怕是猪你也要买，你转到下一手、下一轮，就挣钱了。如果你的钱投不进去，永远就没有挣钱的机会。那时候的目的不是找到好公司，而是找到能把钱投进去的机会。

那是过去五年的样子，如今怎么样？到了2020年，大家看到，好像风停了、浪静了、潮退了。大家又开始问："如何挣钱，如何多挣钱，如何持续多挣钱？"死了的一大批企业，大多数就是对这三个问题没有思考、没有答案。

2020年疫情来了之后，最常问的问题是"如何活下去"。"如何活下去"说到底就是如何在没有外援的情况下，保证自己的运营现金流为正。也就是说，每月、每季度，进多少钱，出多少钱？在没有银行贷款、股东垫钱的前提下，你靠运营能不能打平，能不能维持下去？这是生存的基础，几乎不随时间、风向这些变化的东西而变化。

商业上不迎合、不赶时髦，文学上其实也一样，不迎合、不赶时髦才是真的前卫，才是真的汉子。经常说，要求新、求怪、求跟传统决裂，能够在传统没有到达的地方开花结果。这条路似乎是条捷径，其实是通向谬误的最短的路。不是求新，而是与传统衔接，才是所谓的正路，血战古人才是真的汉子，才是真的前卫。

举第二个例子，明代书画家董其昌。他的实践，全部指向五代宋元，后来成为17世纪最前卫的艺术家。大家说我似乎有些前卫，其实无论是从语言、内容、意境上，我常看的是《诗经》，是汉代的古诗，以及《资治通鉴》，是野史，是禅宗。

李白有句诗："今人不见古时月，今月曾经照古人。古人今人若流水，共看明月皆如此。"你抛开古人、今人的二元论，你是地球人，你面对的是整个人性的矿山，你不得不去血战古人，挖到古人没有挖到的地方，这才是一个真的文学家的最终使命。

第二，相信时间，相信自在生长的力量

曾国藩是这么说的："方今民穷财困，吾辈势不能别有噢咻生息之术。"意思是老百姓很穷，财政吃紧，我们这样的人也没有特别的发家致富的方式，我们可以做什么呢？"计惟力去害民之人，以听吾民之自孳自活而已。"我们做官的、做管理的，能做的就是

干掉那些害群之马。这样才可以让老百姓、团队、公司，按照不为时动、不迎合、不赶时髦的方式自生自长，相信自生自长，就会长出好的东西来。

做官之道，做好官之道。这句话最重要，做管理也应该如此。

1. 承认自己的局限性。我们这些做官的没有生财之道、发家妙方。

2. 确定自己的任务。尽力干掉坏人，维持秩序和规则。

3. 相信并放手让团队或你信任的人去干该干的事，不干涉其自然生长的过程。

一方水土和一方人有神奇的共性。一方水土，只要没有人类折腾它，给它十年、几十年，草木自然丰美，群鹰自然乱飞；一方人，没有朝廷折腾他们，给他们十年、几十年，自然富足，自然文艺，自然珠玉灿烂。做官之道，是耐烦；做官积德之道，是别折腾。做企业也是这样。

第三，管理你的欲望

你会遇到一个巨大的拦路虎，就是你的欲望。这是拦在你从自我迈向自在的过程中最大的一个障碍。

欲望主要有哪几种？权、钱、色。有权当然爽，能够办你想办的事情，能够在别人成不了事的时候你成。钱当然也好，如果你富可敌国，你想买点啥就买点啥，同款的东西你可以买四个颜色，同款的车你可以买两辆，一辆停着一辆开，等等。还有色，"北方有佳人，绝世而独立。一顾倾人城，再顾倾人国"，长得好嘛，就是谁都想看。佳人不只是女生，也有男生。这都是通俗的想法，并不是我们成事的人应该有的想法。

如何管理这些欲望？曾国藩劝他在前线带兵打仗的弟弟时是这么讲的："强自禁制，降伏此心。"你要摁住自己，没有什么更好的办法了。"释氏谓之降龙伏虎，龙即相火也，虎即肝气也"，佛家讲的降龙伏虎，龙虎都是肝火。"多少英雄豪杰打此两关不破，亦不仅余与弟为然，要在稍稍遏抑，不令过炽"，古今多少豪杰，都会遇上欲望这一关，不只是我跟你是这样，怎么办呢？"稍稍遏抑"，不是全杀掉，全杀掉可能你就没有动力干其他事了，要遏制，不能让它过分强烈。

"古圣所谓窒欲，即降龙也；所谓惩忿，即伏虎也"，这个龙虎，就是欲望以及得不到满足产生的愤怒。"释儒之道不同，而其节制血气未尝不同"，佛家跟儒家的道理、三观有不尽相同的地方，但是遏制与节制这种血气、这种欲望和愤怒，有共通的地方。这是曾国藩的想法。"总不使吾之嗜欲戕害吾之躯命而已"，它们共同的地方就是不能让自己心中的大毛怪——我经常把心中的欲望、愤怒比喻成一个大毛怪——伤害自己的身心。

然后，曾国藩话锋一转："至于倔强二字，却不可少。"你摁住欲望的时候，又不能把自己变成没有血性的人，"倔强"这两个字要保持住，不能让它没有。"功业文章，皆须有此二字贯注其中。否则，柔靡不能成一事"，你想成名、立功，"倔强"这两个字都必须在其中，把欲望、愤怒都摁下去了，就会变得很弱，很可能变成一只"弱鸡"，什么事都做不了。

"孟子所谓至刚，孔子所谓贞固，皆从倔强二字做出。吾兄弟好处正在倔强。若能去忿欲以养体，存倔强以励志，则日进无疆矣。"曾国藩用了两个词，"至刚""贞固"，就是特别坚固的意思。你是我的好兄弟，你的长处在于你倔强，能够坚持你的志向，如果能够把欲望去掉、把怒气控制住，那你每天的进步就没有边界了。

这句话虽然长，核心其实只有两点：一是节制欲望，不要向外袒露；二是自立自强，强在内心。

曾国藩之所以说这么长，并不是没有原因的，因为他切身体会到，成大事的人中最常见的一个困境——倔强好胜和多欲多忿。我经常跟别人讲："我其实不是好胜，我只是不想把这么美好的世界留给那帮傻子。"其实这里面也有争强好胜和倔强的意思。所以这里有矛盾，倔强好胜、多欲多忿往往是伴生矿，因为有了一些贪念，看很多人不顺眼，倔强而行，好胜竞争，终成王者。一念不起，一动不动，佛系适合养生，但是不容易有动力成事。

关于如何管理欲望，曾国藩没有给出简单易行的方式，因为很不容易。完全控制怒气容易变成"弱鸡"，但如果张牙舞爪去追求每一个欲望，你会发现自己离死不远了。

老天给一个人最大的特点，往往有正面也有负面。不要尽全力杀死自己的这个特点，哪怕自己是一个欲望很大的、好胜的人，也要尽量保持平衡。因为，这往往是老天给你的最大能量，如果要成大事，必须有大能量。曾国藩希望他的弟弟达到一个理想的状态，既保有倔强，又远离忿欲，这样既得功名文章，又能养生养体。但是，曾国藩没说具体怎么做到，只说要保持这种平衡，他用的词是"稍稍遏抑"。遏制这个特点的坏处，没有比这个更好的方式了。

"安禅制毒龙"，我见过很多能成事的猛人，往往没能"稍稍遏抑"。心魔越来越大，就会变成一个大毛怪，这些大毛怪有可能会控制猛人。他们之后不仅没有成更多美好的事情，甚至会在权、钱、色里翻了车。这些猛人往往搞错了一点，失去了平衡之后，就把欲望当成了志向，求名求利，求权求色，求颐指气使，求美酒美食，而这些是欲望，不是志向。什么是志向？求千古文章，求宇宙太平，求洞察人性，求天地至美，"为天地立心，为生民立命，为往圣继绝学，为万世开太平"。那些欲望，稍稍平衡、满足一下就好了。把自己的力气，把自己成事的能力和技能技巧，用在刚才说的"横渠四句"这样的志向上。

用好你的天赋

"辨认天赋",是辨认自己有什么样的天赋。知道自己是块什么材料、有什么天赋,或者有什么相对特殊的能力非常重要。这类似于你是一个什么样的食材,因为顶级食神谈论最多的是食材,而其他加工都是在你先天能力的基础上锦上添花。

听上去有点残酷,但逻辑真的是这样。但你不用太担心自己是一个什么天赋都没有的人,没有一点办法,只能悲观失望。这篇文章会讲,如果天赋不足怎么办,如果有天赋如何辨认,以及如何用好你的天赋。

第一,在必须做的事情上,没有天赋怎么办

我们经常会有一个巨大的困扰:这件事我必须做,但是我真的没有天赋把它做好,怎么办?两个字解决这个问题——"有常"。

简单地说，就是坚持，没天赋也能活，甚至能活得挺好。

举一个曾国藩的例子，他说："人生惟有常是第一美德。"人生的第一美德，是你能坚持做一件事。他拿自己写毛笔字做例子，"余早年于作字一道，亦尝苦思力索，终无所成"。他在写毛笔字这件事上，非常努力地思考，去尝试，结果呢，什么变化都没发生。

"近日朝朝摹写，久不间断，遂觉月异而岁不同。"最近每天写，一直写，打仗的空闲，工作的空闲，一直没断，会发现每月每年有点进步，有点不同。"可见年无分老少，事无分难易，但行之有恒"，从这件事可以看到，其实不分年纪大小、事难做不难做，只要你有恒心、恒行都能成功。这是曾国藩告诉我们的，如果在你必须做的事上，没有天赋该怎么办。

为什么说写字对于曾国藩来说是一件必须做的事？因为从唐朝开始，人们就是从"身、言、书、判"这四点，去判断一个人能不能干，能不能被信任，能不能进一步升官。而皇帝喜欢不喜欢一个人，很大的原因是"书"，也就是一个人能不能写一手好的毛笔字。

曾国藩在其他三个方面强，在书法上却没有天赋，但是他的书法够实在、够用，不难看。没有天赋，再多想也没用，你天花板摆在那儿，你成不了王羲之，也成不了王献之。但没有天赋，不意味着没有成果，你形成一个好习惯，坚持做下去就会见效。

曾国藩在书法上没有天赋，但是下了功夫，他每天都写，写出了一手不难看的字，自娱自乐，间接能娱人，也能应酬，给寺庙题个匾额，给同僚写个对联，够陈设、够美观，不丢份。有个很有意思的现象，曾国藩在书法上没有天赋，只是写的过得去，但他的书法到现在价格都不错，字因人传。买的人能从曾国藩亲手书写的笔触里、文字里，汲取到精神力量。书法本身的美重不重要？重要。

是不是绝顶重要？倒不一定。

另外，能够够到自己的天花板，也不是件容易的事。很多人认为自己没天赋，索性就不够了。懒人说，路上有狮子，我就不上路了。还有些人，没有够到自己的天花板，这就过不去了。这都有问题。

从我个人来说，我没有天赋或者天赋较少的方面是财务。我二十七岁去美国念MBA之前都是学理工科、医科，对财务一窍不通，而且我确定把两个账怎么配平、把一个账本怎么研究透，不是我的天赋所在。我用的办法，有点像曾国藩练书法，多学我不懂的，多学我没天赋的。MBA只读两年，我学了六门财务课——金融会计、成本会计、税法、财务报表分析、企业金融、中级会计，占了我MBA课程的接近百分之四十。

MBA的这些课程对我造成的短期影响全是不良的，很累，睡不好觉，吃得也少，课程成绩也不好，老师也不喜欢我，但长期的好处就是补足了我在财务方面基本功的不足。中长期的好处是，现在拿财务报表骗不了我。我能配平账，也能看得懂资产负债表、损益表、现金流表，甚至也能看懂七七八八的税，当个独立董事没有问题。

在必须做的事上，没有天赋怎么办？迎难而上，我就干它，我多安排时间干它。

第二，"有常"能不能取代天赋？答案是否定的

成事能力不能完全取代天赋，要保留一个"有畏"的心态。成年人需要注意的一个误区：我已经锻炼了很多成事的能力，已经是一个成事心法的修炼者，什么事都能成，常常过分贬低天赋的作用。

我不得不说,人要学会敬畏,因为天赋还是硬硬地在那里,天赋还是比后天努力更重要。如果你要做到九十分、九十五分以上,甚至你要做到一百分以上,那老天在你出生时给你的天赋就实在太重要了。

第一点说了,没有天赋你也能过得挺好,但是过得挺好不意味着你应该否认天赋的存在。我小时候练过一个月的科班乒乓球,后来我看刘国梁打乒乓球,就想,幸亏我当时没坚持练乒乓球,要不然现在刘国梁拿张信用卡打得都比我好。

天赋说白了,就是老天一生你,你就有的。慢慢地,你在老天给你的天赋基础上,很容易让它变成某种能力。举个简单的例子,大肌肉和小肌肉。有些人就是大肌肉发达,比如游泳,他就游得比你快,他在水里比鱼还灵活。像我这样的,到水里除了狗刨和蛙式,再也没学会其他游泳姿势,而且游得很慢。我在水里是,能放松就OK了。

但是大肌肉发达的一些人,往往小肌肉的协调能力不行,比如写毛笔字、做手术,他们可能就比不过我了。

大肌肉和小肌肉有可能就是老天给你的某种天赋,不见得差异有那么大,但是一定有所不同。尊重自己的天赋,开发自己的天赋,不否认别人的天赋,也不否认自己在某些方面的天赋。

第三,如何判断自己是否有天赋

天赋少见,一个人要怎么判断自己在某方面有没有天赋呢?提供辨识自己有没有天赋的三点建议。

1. **虽千万人吾往矣**。如果大家都反对你做一件事,但你还是偷偷偷摸摸想去做，长期偷偷摸摸想去做，别人怎么拦你都没有用，这说明什么？你在这件事上有天赋。比如，别人怎么骂你，怎么往你家窗户上扔石头，你还是经常对着窗外怒吼，唱一些歌曲，没准儿你就应该是一个歌唱家。但前提是，你得在一定年龄之下，不能说你到了七十岁，想起来干这个事，这就已经太晚了。

2. 你偷偷摸摸坚持做这些事的时候，有快感和满足感。我举个自己的例子，大家都不明白我写作这件事，他们说，无论在麦肯锡、华润，还是在中信，你平均每周干八十到一百个小时的繁重工作，为什么还要写作，你写作的时间是从哪儿来的，你怎么坚持下去的？

我跟他们说，我写作的时间都是我挤出来的。周末，你去看电视，我不看；每个春节，你去陪你爸妈了，我一边陪我爸妈一边写东西；你出去玩了，我都不出去玩，即便出去玩，也从来不是完全为了玩。我把这些节省下来的时间用来写作，看上去是一件很苦的事，整天撅着屁股坐着，一天敲四五千字，椎间盘、颈椎也不舒服。但是不知道为什么，我在做这些事的时候有快感。我打了一个腹稿，写出来的东西比腹稿还多，然后写了十几万字，最后印成一本书，这让我有巨大的满足感。

我觉得自己写了一本十五万字的书，再过一二百年，还有人可能在读。虽然那个时候，我肯定已经死了，但想想就非常开心，觉得自己的一小部分能不死一样。这件事在生理上不能实现，但是在心理上、在文字上可以实现，我就很开心了。

3. 你做出的东西有没有自己的风格，有没有相当多的人愿意自掏腰包去买。这看上去像一句废话，但实际上是金标准。你有没有自己的风格，别人一看就知道。"这是你的。""这是冯唐的。"再者，有人愿意花钱买你的东西，而不是说，你送我就拿着，不送我就算了。这几乎是比前两点还硬的标准。用前两点，你偷偷摸摸去做，你做得有快感，但是你做出来的东西，跟过去其他人做出来的一样，那在历史的长河中，你做的这件事就没有存在的必要。如果没有人愿意花钱买，说明你没有真的感动他们。

从我写毛笔字和硬笔书法这两件事出发，我真是不知道我写得好不好。我没有信心，这跟我写书、写小说是不一样的。后来，我的信心来自两个方面：一、有好几次我在香港签信用卡单，服务生，无论男女，至少出现过四次，直接跟我说，这个字"好靓"。我想我也没多给他小费，他愿意夸一个签名，说明他是真心认为我的字写得好。二、我写完了之后，有人真的愿意花真金白银去买，我想那好，有特点，有人喜欢，有人买，这事就成立了。

成大事无捷径

无论是儿童还是成人,都希望能够快乐学习,成名趁早。但是,我不得不说,学习只有先苦后甜,成名千万要晚,成大事无捷径,快乐学习是扯淡。

先分析结果,成名趁早,害人匪浅。为什么?

第一,成名无须趁早

1. 积累的时候,如果揠苗助长,容易伤身、容易伤心。

这种揠苗助长,举两个我朋友的例子。

女书法家许静跟我说,她九岁的时候有一次去西安玩。大家知道,西安是古都,有碑林。许静看到《多宝塔碑》,全称叫"大唐西京千福寺多宝佛塔感应碑",呱唧就吐了。吐在自己衣服上,没吐在碑上。"为什么会吐?"我就问许静。许静说:"我从四岁开始练书法，我爸逼着我每天都要练，练了那么多次《多宝塔碑》，然后看到这个《多宝塔碑》，大脑还没来得及反应，小脑先反应，就吐了。"

另一个朋友是赵胤胤。胤胤是钢琴表演大师，他说，中国人里，只有三个人可以靠弹琴养活自己，他是其中一个。后来我问："你爱不爱弹琴？"他跟我讲，弹琴的人没有一个爱弹琴的。小时候一直被父母逼着练琴，现在一想起来就恨不得自己没有这双手，不要去弹琴。幸运的是，许静、赵胤胤，都练出来了，但是大家要知道，这是凤毛麟角。

再举我自己的例子，我现在英文还可以，虽然说话是垂杨柳味的英文，但是阅读、词汇量都还不错。小学的时候，我爸这辈子唯一一次逼我："你要学英文，学好了英文，才可以走到世界上看一看。"所以四年级开始他就逼我学英文，当时英文教材叫"Follow Me"，就是"跟我学"，非逼着我学。造成的后果就是我对英文有极强的抵触情绪。初一开始学校教英文了，我其他课都还学得蛮好，只有英文一直不行，拖了后腿。但是我喜欢争第一，那怎么办？一定得克服我对英文的厌倦情绪。我就找了一些英文原版小说，比如《简·爱》《德伯家的苔丝》《名利场》，这些行文，长短都适合早期英文阅读，我就逼着自己用对文学的喜爱，来冲击对英文的逆反情绪。幸亏我相对聪明，幸亏我爸只在这一件事上逼我，要不然不知道会出多少伤身心的地方。

2. 成名太早，有可能影响将来的后劲。

这是好胜心作祟，揠苗助长了，哪怕那时候你没伤身心，但要想到，你很有可能未来并不只是做这一件事——书法、钢琴或英文。如果你真的想做得特别好，其他学科也要相对全面发展，才有可能做到顶尖，做到未来的顶尖，而不只是说，在班上、系里、学校里能拔尖。

英文学不好的人，大多认为是词汇量不够，其实是不对的，有时候可能综合知识不够。比如"May flower"，每个词你都认识，但是合在一起的含义——"五月花号"，这个事件是怎么回事，它造成了什么，它之后有什么样的发展，你不知道，这让你的英文大大受限。还有，学英文需要一些所谓的人间智慧，你可能每个字都认识，刚才说的背景知识你也都知道，但是你就是不知道这篇文章到底说的是什么。

3. 走捷径，容易受骗，被盛名所累。

除非你是个别绝世天才，否则趁早成名了，很有可能不得不"端着"，为所谓的盛名所累。我们最怕的、最累的一件事，是德不配位。

之前提到过，麦肯锡有一个"Up Or Out"——"上升或者出局"机制。我第一次升项目经理时，没有升上去，当时有点沮丧，觉得自己做得还不错，一直是短跑、快冲、快进、拿第一。后来我的导师TC就跟我讲了一句：工作是场马拉松，有可能你要拿十年、二十年来看待，给自己一个学习、实践的过程。你以为懂了，很有可能你还没有真懂，让你迅速上位之后，你德不配位，你会被这个位子、被自己的名声累坏。

"成名趁早"这句话害人，希望你听进去我说的这三点。不见得放慢脚步，请放稳脚步，一步一个脚印，慢慢往前走。

第二，笨功夫才是真功夫

接着再说"快乐学习"。不好意思，我刚否定了成名趁早，现在，我又要否定快乐学习。

曾国藩在一篇文章里这么说："凡事皆用困知勉行工夫，不可求名太骤，求效太捷也。"做事，应该慢慢来做，努力来做，知道这件事情很难，一点一点去克服，不能求成名太早，也不能求出现效果太快。

之后，曾国藩讲了一个写毛笔字的事："尔以后每日宜习柳字百个，单日以生纸临之，双日以油纸摹之。"这是他劝他儿子的，说你以后就临摹柳公权。单日临，双日摹，多少个字？每天一百个，不多。而且他跟儿子说"临帖宜徐"，面对着字帖临写，要慢一点。"摹帖宜疾"，就是油纸蒙在字帖上写的时候，要快一点。"数月之后，手愈拙，字愈丑，意兴愈低，所谓困也"，这么每天一百字，经过几个月之后，你手越来越笨，字越来越丑，你的兴致越来越低，你就困在里边了。"困时切莫间断，熬过此关，便可少进"，这个时候，不要放弃，不要间断，熬过此关，便可以慢慢往前再走一步了。

这个其实很重要。许多家长让小孩一直非常忙碌，学各种东西，报各种班，但最后孩子还是懵懵懂懂。为什么呢？花了这么多钱，为什么一点效果都没有？其实常见的情况就是，小孩一开始有新鲜感，所有的设备都买了，所有的家伙什儿都置全了，不新鲜了，没劲了，觉得自己已经会了。家长听从孩子的直觉，就停了，这个其实是大忌。说实在话，与其学十个东西，不如扎扎实实地学一个，最多不超过两个，学一整年，来得有用，来得受益。

曾国藩说"困时切莫间断，熬过此关，便可少进"，之后"再进再困，再熬再奋，自有亨通精进之日"。并不是说你熬过这一关、熬过这个困境，就好了，你会发现它是循环往复的。你再进，有可能又遇上困境，你再熬，再进，再进，再熬，终究会有一天你觉得，我似乎站上了昆仑之巅，周围人写字都没我写的好看，或者说周围写字最好看的人，跟我写的也差不多了。

曾国藩说："不特习字，凡事皆有极困极难之时，打得通的，便是好汉。"凡事跟练毛笔字是类似的，都有特别困难、特别难受的时候，打得通的便是好汉。

这是曾国藩给他儿子讲如何写字。在刚刚拿到新毛笔、新纸、新字帖的时候，一切都很新鲜，有那么一两天的快乐，以及最后真的到了昆仑之巅，一览众山小，甚至还可以卖字赚钱的时候，可能有一丝的快乐。但在这个过程中，应该是痛苦比快乐多，特别是在早期，在你掌握一定的技能、技巧和能够游刃有余之前，想谈快乐学习，基本是扯淡。

这段话是说学书法的笨功夫，但不只是书法，对于普通人来说，学任何技能其实都是如此。曾国藩教子字字真切，把儿子当成普通人教育，而不是当成小天才宠溺。大多数父母，常常出现一个大误区，就是把自己的孩子当成天才。自己看自己的孩子，难免觉得长得又好看，又聪明，又能干，难道不是一个天才？一定是个天才！但是你要这么想，天才的定义是什么？天才的定义是，极其少数的人有极其少见的能力。父母被基因所决定的某些人性弱点蒙蔽了，如果父母觉得自己的孩子不可爱，他们就没有太多的兴趣，把这个小人儿养大。但是转回来，如果说每个人都是天才，那说明没人是天才了。所以大概率事件，就是很有可能你的孩子不是一个天才，一定要记住这一点。

所谓学习，只有笨功夫；所谓快乐学习，是扯淡。尽管令人沮丧，但我们不得不接受的现实是，我们周围所见的绝大多数小孩和晚辈，包括我们自己的孩子和同族的后辈，都是凡人、俗人、庸才。至于真的天才该如何做？天才怎么做都可以，不用我们凡人操心。所以，转回来，笨功夫才是真功夫。

如何平衡工作和生活

有一个困扰我也困扰大家的议题：如何平衡工作和生活。

仓央嘉措有首名诗："曾虑多情损梵行，入山又恐别倾城。世间安得双全法，不负如来不负卿。"当然，诗里的双全法是指"爱情"和"佛法"，这是一种两难的选择。对于工作和生活来说也是如此，世间安得双全法，不负工作不负生活。

别人问我最多的一个问题："冯老师，你是怎么做到工作、生活两不误，爱情、事业双丰收的？"咱先不说我是不是爱情、事业双丰收，我至少有两件事情，二十年来一直在做：一是工作，二是写作。

在麦肯锡的工作是非常辛苦的，后来离开麦肯锡进了华润，当时我心里是这么想的，我在麦肯锡一周工作八十到一百个小时，工作了十年，我应该喘口气，去华润应该能舒服一点。工作时间减一半，薪水减一半，我可以接受这个结果。结果进了华润，薪水减了一半，工作时间并没有减半，还是原来那么多。

但是在这么辛苦的工作中，我写了十六本书，迄今为止出版了十六本书，又"逐鹿中原"，又用文字打败时间，怎么做到的？

既入凡尘，又安能真正做到平衡工作和生活，只是尚能做到"手里有刀，心中有佛"。我把我能够工作、生活两不误的最重要的秘诀教给大家，四个"有所"：一有所逼，二有所专，三有所规，四有所贪。

第一，有所逼

有所逼，就是不得已，使劲儿 push 自己。

有句话说，不逼一逼，你都不知道自己的极限在哪里，能成多大事。这条"成事铁律"，被一再验证。我本人在过去的二十几年里，能横跨多界并小有成就，跟一再地冲破极限，榨干自己，不无关系。

说实话我开始根本没想到能写作到今天这样子，我当时只是觉得只工作我会疯的。我最长六十八个小时没有合眼，接近三天，然后睡了十二个小时。醒了照镜子，发现自己的一根鼻毛变白了。

最累的时候，没时间回家，没时间花在交通上，就住在酒店里。没时间睡觉怎么办？用游泳代替睡眠。太困了，但是马上要去开会了，马上要去干活了，马上要去做数学模型了，马上要探讨财务问题了。好，游四百米，如果时间多点游千米，然后去工作。

在那段时间里，我的管理能力、解决问题能力，都得到了精进，感觉自己像一把刀子，脑子也像一把刀子。但这样的状态是不能持续的，因为人会疯。人一天需要睡七八个小时是有道理的。我生生见到我的组员，在经过长时间的睡眠被剥夺之后，直接躺在办公室的地板上，周围摊满了打印完的PPT的纸。然后他跟我说："冯老师，我疯了，我现在找不出这些PPT之间的逻辑关系了。"我说："你现在赶快给我起来，赶快回旁边的酒店睡觉。虽然我也没睡觉，但这个逻辑线我来找。"

只工作，除了人会疯，有时候效率也并不高。我当时在麦肯锡，以及后来在华润，现在在中信，都有一条铁律："晚上十二点之后不讨论严肃问题。"在麦肯锡这条叫 heavy lifting problems solving，意思是像搬很重的东西一样，这个问题并不容易解决，十二点之后停止。很多事情，如果你十二点之前停止，第二天早上迎刃而解，效率奇高。如果你十二点之后还在讨论，你会发现永远结束不了，而且有很多可以争论的东西。

不得已，有所逼，有一个前提——管理自己的工作习惯，不要把自己变成一个工作狂魔。

第二，有所专

有所专，有两方面。

1. 专心，该酒时酒，该花时花。

我发现很多人有一个误区，不专心。曾经有一个禅宗故事，小和尚问大师怎么修佛，大师就说，饿的时候吃饭，困的时候睡觉。然后小和尚说："不是所有人都这么干的吗？"师父说："不，多数人是吃饭的时候不好好吃饭，睡觉的时候不好好睡觉。"

曾经有一段时间，我总觉得自己特别忙，那时候也的确是忙。我会发现，同样的茶叶、同样的水、同样的茶具、同样的步骤，我泡出来的茶就是不好喝。我就问茶泡得好喝的人，出了什么问题。

那人笑着说,冯老师,您泡的茶是一股不专心的味道。所以我后来逼自己,"逐鹿中原"的时候,就全力以赴、驰骋沙场;用文字打败时间的时候,就心无旁骛、伏案弄墨,一段时间干一件事。

所以,我看似"斜杠",能管理,又能写作,又能翻译……能够"斜杠",恰恰因为我够专心。该做这件事的时候,就做这件事,天塌了,跟我没关系。而且在我居住的地方没电视、没音乐,每进一个酒店,做的第一件事是关掉电视。

所谓"临事静对猛虎,事了闲看落花"就是这个意思。遇上事的时候,要好像面前有一只猛虎,事完了就该看花看花,该赏月赏月。

现在很多人有两个误区。一个误区是所谓的佛系误区,觉得一切都是落花了,一切都是流水了。其实这不是真的佛,这样也干不好事。还有一种误区,是临事闲看落花,事了静对猛虎。这就是"loser"(失败者),该正经、该集中心力的时候集中不了心力,该放松的时候反而放松不了,这是成事的大忌。

为了自己不疯,应该逼着自己换换频道,去做跟工作不一样的事。去看看世界,谈谈恋爱,喝喝茶,焚焚香,看看书,等等。

2. 专业,培养一个爱好,把这个爱好做到专业,至少半专业。

沉下去,不要人云亦云,做得相对专业一点。越沉下去,你越有乐趣。

比如我经常说自己是业余写作,但写作不业余,写出来的东西不业余。这背后是下了很多功夫的,包括读过近一百部英文长篇小说。

又比如,我喜欢高古玉,就是商代以前的玉器。我至少看过价值二十万元钱的书,而不是说花过二十万元钱在书上面。有人就问我,如何学习古玉?如何学习古董?我说你先看价值二十万元钱的书，再看二十个博物馆，我再跟你聊下一步是什么。别只是"我想这样那样"，先把自己变成半专业，才可以硬气地说，这个领域我知道。

哪怕是日常的琐事，比如红酒、咖啡、茶，都有大学问。产地、制作、销售、品牌、器皿等，都不可小看。比如红酒有WSET考试，中国只有一两个红酒大师，也是过去两年才出现的，全世界只有二百多个红酒大师。

有所逼，有所专，就是你要保持健康，需要平衡工作和生活，需要专心、专业。

第三，有所规

有所规，就是要立个规矩。如果想生活、工作两不误，既要规范自己，也要规范别人。这是当时在麦肯锡，因为行业工作太苦，我们讨论出的一个内部的小行规，如何让生活不那么惨的行规。

规范了自己，又规范了别人，才能坚持时间长，养成某种习惯。规范是什么意思？我们约定的第一点是：彼此要交流，并且尊重每个人的生活和工作的preference（偏好、倾向）。

比如，你可以选择一星期只干五天，周末休息两天，或者你选择一星期干六天，周末休息一天（麦肯锡的工作时间很长，平均每周工作八十到九十个小时）。如果你要一周只工作五天的话，那不好意思，你除了睡觉和吃个盒饭，其他时间都得在工作。也就是说，你把时间摊到五天去。你也可以选择六天，那么每天的工作时间就没有这么长了。听上去是没选择，但实际上还是有点选择的。

比如，你喜欢早上工作或者晚上工作，希望周末领导不打电话、不发微信给你……都是你所谓的生活方式和对生活、工作平衡的选择。这些选择你要让自己和周围人知道并遵守，久而久之，你会享受到它给你带来的红利。

我们约定的第二点是：提前定下一个季度甚至一年不得不做的大事。比如第二季度要去看樱花，第三季度要去谈恋爱，然后第四季度要去北海道滑雪。假设这对你人生特别重要，你把它提前定下来。你让别人提前知道，有几天你一定不在。大家接受了，心里也就舒服了。

有所规划，多做计划，比眼前抓瞎要强。

第四，有所贪

这个相对高阶一点的方式是什么呢？你可以把生活中的某种爱好，变成可真正获利的途径，然后理所当然地追逐。钱、名利，我一直认为不是坏东西。比如我写作，开始的确是有所逼，因为我不想在麦肯锡疯掉，想换换脑子。后来，我之所以能写十六本书，在很大程度上还是"贪"念所至。

我发现，我写了一本书，李敬泽说好，别人也说好，说明我做这件事可能还可以。然后又写了一本，发现没准儿还能卖点钱。心里还有货，那就再写一本，最后写出了中国第一部"青春三部曲"。有很多人看我的书，那就改编成电影，还有人看。从生活上来看，在业余爱好写作上挣的钱，比正经工作挣的钱还多。这些好事，慢慢会给你正向刺激，弄出点名堂，成为工作和生活变成一体的好玩的事。

对于"如何平衡工作和生活"这件事，曾国藩说："自古圣贤豪杰、文人才士，其志事不同。"每个人志向不一样，比如我就想做好煎饼，或者有人就想逐鹿中原，有人就想名垂千古。"而其豁达光明之胸大略相同"，这些人心胸都很宽广，光明大于黑暗。"吾辈既办军务，系处功利场中，宜刻刻勤劳，如农之力穑，如贾之趋利，如篙工之上滩"，我们是打仗的，实际上处于名利场、是非之中，需要非常努力，时刻干活，像农民种庄稼，像做生意的人见利避害，像划船工拿竹篙把船往上游推。"早作夜思，以求有济"，早上起来就干活，晚上还要想我今天干活干得怎么样，明天要干什么，希望这么做能有效。

除此之外，曾国藩又说"而治事之外，此中却须有一段豁达冲融气象"，意思是你在忙碌之中，要有一些豁达冲融的气象，偶尔缓一缓，当自己是皮筋，稍稍给自己松一下。"二者并进，则勤劳而以恬淡出之，最有意味"，你两件事一块儿做，一块儿构成你的生活。工作、生活，又勤劳，又有生活的味道出来，这样才是最好玩的。

曾国藩实际上说的是两种态度：做事要勇猛精进，处世要豁达恬淡。这也是他一直强调的"刚柔相济"，用平常心处世，用进取心做事。手上有刀，心里有佛；脚下有闹市，心中有山水。一个易行的方式是：上班你就埋头做事，下班埋头文艺，开会杀伐决断，然后去博物馆看美好的书画、器物，养眼、养心。

做一个真猛人

我们在职场里经常看到,有些人看上去很厉害,霸道男总裁,霸道女总裁。但是他们是不是真的能把事做成,是不是真的很猛的成事人?有可能真是一个猛人,也有可能是个假的猛人,这个区分在职场上是非常重要的。

这个"猛"其实有各种表现,那如何判断一个真猛人?

第一,对自己狠,才是真猛人

曾国藩讲"强毅之气决不可无",做事的人不能软塌塌的。举个简单的例子,我其实是一个挺平和的人,甚至有人说,周到得有点假,像个塑料花。但是跟我接触的人会发现,我在一些关键时候是决绝的。正是这种组合,反而让我在成事时,做得比别人效率高一点。就怕别人觉得你是一个挺软的人,实际上也真的软,有些事就做不成了。

做事一定要有强毅之气，"然强毅与刚愎有别。古语云'自胜之谓强'，曰'强制'，曰'强恕'，曰'强为善'，皆自胜之义也"。强毅与"刚愎自用"不一样，能战胜自己的欲望，战胜自己的人性弱点，这叫"强"。自己能够勉强自己，宽容别人，做好事，做积德的事，这些强调的都是一个"自"，就是自己能够战胜自己。

曾国藩又说："如不惯早起，而强之未明即起。"不习惯早起的人，他能够天不亮就起来，这是自胜。"不惯庄敬，而强之坐尸立斋"，坐没坐相、站没站样，不喜欢穿正装上班，不喜欢仪式感很强的人，这种人强迫自己穿正装规规矩矩地坐着谈事，这也是自胜。"不惯劳苦，而强之与士卒同甘苦"，平常不爱吃苦、干活，但是强迫自己跟团队一块儿干活、一块儿吃苦，这也是自胜。

"强之勤劳不倦：是即强也。"强迫自己一直老老实实干活，多干活，不知疲倦地去干活，这是真的强。"不惯有恒，而强之贞恒，即毅也。"不习惯去做某件很难的事，但是强迫自己经常去干比较难或自己不喜欢干的事，这是真的毅力。

"舍此而求以客气胜人，是刚愎而已矣。"如果你不是对自己狠，而是对别人严、对别人狠，自己无论好坏都是好，这种是刚愎。"二者相似，而其流相去霄壤，不可不察，不可不谨。"这两者很像，但一个是天，一个是地，不能不谨慎。

其实真猛人和假猛人，无非三方面的大差别。

1. **看他的凶猛、他的强是对自己，还是对他人**。真的猛人，是对自己。他对自己狠和严的程度，要永远多于对其他人的。他要求你的，他能做到，如果做不到，就有问题。

举个例子，当时我二十出头，在协和医科大学上学的时候很不愿意起早，每天缺觉，到现在还记得那时候有多困。但是想想，七八十岁的老教授，早上七点就已经到病房了，那我好意思八点才去吗？人家要求我们的是八点之前到，但他是七点之前到的，这说明他真的在身体力行。老教授们几十年如一日地这么做，我不得不对他们产生由衷的敬佩。

真的猛人，他要求别人的，自己更要能做到。如果他的凶猛、强悍，是对他人的，你就要留个心眼儿。

2. 从事情来判断。真的猛人，他的凶猛和决绝是对事的。 在短时间内事大于人，先把仗打赢，再判断是谁的功、谁的过。**而假的猛人，他不是对事，而是对自己爽不爽。** 这件事只要他爽，就认定别人必须按照他的想法去做。其实这种猛，是把自己搁在了事之前。真的猛人是把事搁在人之前。

3. 真的猛人和假的猛人追求不一样。 真的猛人都是说，他有多自律、严谨，多少年如一日，一直如临深渊、如履薄冰。可假的猛人，你会听见他说，他牛，他有多牛，他就比你牛。

从这三点出发，大致能分清哪些是真的猛人，哪些是假的猛人。如果再具体，那就靠三个问题。

第一个问题：如果猛人已经过了三十岁，你看他是否还在念书学习。假的猛人很有可能三十岁以后不学了，真的猛人一直在学习。

第二个问题：看他的体重是否保持得相对好，不要超过大学毕业时候体重的百分之十五到百分之二十。

第三个问题：看他是否还有好奇心。真的猛人，会好奇世界是什么样子，新的东西是什么样子。什么是抖音、快手、带货、直播授课、付费知识，真的猛人还会有兴趣去看。而那些假的猛人，比如我妈，整天只记着吹牛了，说这些东西跟我没关系。（因为我没法拿有名有姓的假猛人做例子，只能把我妈拿出来。不好意思，老太太。)

第二，真猛人的修炼："敬""恒"

那如何做个真猛人呢？方法不复杂，但是做起来并不简单。

曾国藩说："敬字、恒字二端，是彻始彻终工夫。鄙人生平欠此二字，至今老而无成，深自悔憾。""敬"和"恒"，是从开始到最后都应该严格遵守的两个最重要的修炼方法。但他评价自己，说今生欠这两个字，所以老而无成，自己非常后悔。曾国藩都还认为自己做得不好，你可以想象要做到"敬"和"恒"有多难。

其实这句话讲的是读书："吾辈读书唯敬字、恒字二端。"但是"敬""恒"二字，不只适用于读书，也适用于做事。总说"三不朽"——立言、立功、立德，而"敬"和"恒"，是隐在立言、立功背后的立德。你有了立德做基础，再去立言、立功就有了根据地。

"敬"是敬天悯人，尊重常识和积累，尊重事，不走捷径。"临事静对猛虎，事了闲看落花"，就是你遇上事，沉着冷静，如临深渊，如履薄冰。"恒"是在对事上，坚持投入时间和精力，几年甚至几十年如一日，不求速效，不着急。

协和的老教授们，"敬""恒"几乎是他们几十年在做的事情。曾经有老教授跟我讲，任何一个看似普通感冒的小病，都有可能要人命。你一定要记住这一点，虽然你会有强迫症，但是如果你没有强迫症，你就很难成为特别好的医生。这就是"敬"字的好处和坏处。"恒"，他们每天七点半甚至七点以前，就已经在病房里查房。只是坚持一个月、一年，可能没有什么了不起，你稍稍逼自己一下就能做到。但如果是二三十年，甚至一辈子，这种长期积累会产生巨大的能量。这就是通过"敬""恒"实现立德、立言、立功"三不朽"。

曾国藩对自己一生的功业颇有自我认识,他不会说自己没有立言、立功、立德。但是他对自己读书还是有一个客观的评价,说自己读书没有太多成就。他奔波于战场、官场,没有那么多时间去仔仔细细做学问、做文章。但在曾国藩的家书、奏折、闲散文章,包括日记等文字里,我能清楚地看到他对东方管理智慧有非常好的总结。虽然他没有完全地提炼、概括、归纳、总结东方管理的精髓,但他在这个方面的立德,已经超过了很多人。

如果立志不朽,就要拿出一辈子的时间。读书、写作、做人、做事,都是一辈子的事,而"敬""恒",就是抓手。对自己狠,才是真狠。对自己真狠,长期对自己真狠,才能成为一个真的猛人,才能在职场上获得真的自由。

做自己熟悉的行业

大家总认为我是"斜杠中年",好像什么都沾一点。但是这里有一个悖论,虽然讲跨界,但是我非常坚定地认为跨界的前提是建立自己的主业、主界。

我说两点:一、为什么要建立自己的核心竞争力;二、如何建立自己的核心竞争力,以及建立自己的核心竞争力之后,如何去跨界。

第一,做擅长的事,容易成

曾国藩说:"主气常静,客气常动。"当家做主的时候,你非常熟悉这个环境,可以很安静;到了陌生的领域,你就会有很多躁动。

"客气先盛而后衰,主气先微而后壮",到了一个陌生的地方,往往最开始的气势是盛的,但是你会发现各种的不舒服、不熟悉,很快气就衰了；如果是在你熟悉的地方，哪怕你的气是微弱的，但时间长了，你做成了一件一件的事，你的气就越来越旺。

所以曾国藩又说："故善用兵者，最喜为主，不喜作客。"善于打仗的人应该自己做主，在自己的主战场打胜仗，不喜欢客场作战。曾国藩讲的是打仗，两军对阵，进攻的一方为客，防守的一方为主。他喜欢打防守战，所以这么说。

战场就是商场，商场也是战场。从商业角度来讲，做自己熟悉的行业是主，做自己不熟悉的行业是客。真正做得了主的人，是非常了解本行业的人，是一刻不停地洞察行业现在的变化、未来的趋势，不舍昼夜挖宽"护城河"的人。把你的优势变大，弱点变小，就是所谓的"护城河"。

在一个自己熟悉的地方打熟悉的仗，容易赢；做自己擅长做的事，容易成。这就是为什么先要当家做主，为什么先要有自己熟悉的地盘。

如何当家做主，如何有自己熟悉的行业？

1. 选准切入的维度。你要挑什么地方是你的主业。

有几个维度可以挑，比如行业。早期，行业范围很大，比如数字新媒体产业的电信、娱乐等，比如医疗的医疗服务、器械、药品、AI、移动医疗、数据等。其中药品，还有中药、西药、处方药等。这么多个行业，有一系列的细分。华润做"十二五"规划的时候，把一级的行业细分后，又做了一个二级的深化，最后有一百五十个左右的二级行业。但你不可能把所有东西都弄懂，如果想有自己的主战场，挑一个自己喜欢的行业。

2. 选职能。在商业上，通用的商业职能，比如战略、财务、法务、运营、组织等。在商业中常见的一些职能里，你可以挑你想做的职能是什么。

3. 选区域。比如你对北京最熟悉，认识北京所有需要认识的人，这可以是你的主场。简单来说，想当家做主，先挑自己把什么地方当成家。那怎么挑？我给大家的建议简单概括就是喜欢，喜欢这个领域以及从事这个领域的人，那很有可能这就是你应该当成根据地、当成主场的地方。

第二，在主业做到顶尖

当你找到了想当家做主的地方时，如何去当家做主？

那就是，在你选定的地方，做到顶尖。如何做到顶尖？有几个非常有意思的步骤，这也是麦肯锡重要的看家本事。从近乎一张白纸的、二十几岁的小咨询顾问，在很短的时间内做到某个行业的专家，甚至能给这个行业的管理者相关的经验，这是怎么做到的？下边是相关秘籍。

1. 先知道一百个关键词。举个例子，我在麦肯锡成为合伙人，是因为一个叫"TLT"（Travel, Logistics & Transport lnfrastructure）的行业，也就是旅游、航空、港口、航运、物流相关的这么一个行业。关于港口，有一百个左右的关键词。比如，你要知道什么是岸桥、堆场、集装箱、二十尺箱、四十尺箱、本地货、中转货、本地市场、中转市场等。明白了一百个关键词之后，你会发现，你跟专家的距离迅速缩短。

港口可能相对直观，有一些事情可能相对复杂。比如我曾经做过一个项目，移动通信计费，打的这个电话是什么时候开始的、什么时候结束的、一分钟多少钱、经过了多长时间，是当地电话、国内长途还是国际长途……听上去简单，但实际合起来是一个非常复杂的、百万人同时在线的系统。

我的数理化水平最高时是在高考，现在基本都还给老师了。麦肯锡应该去找这个领域本科或研究生的咨询顾问去做这个项目。但是麦肯锡2000年的时候人非常少，一个人不得不面对多个行业，这样反过来逼你对不同的行业都会有一定的了解。这种反逼，更多的是在技术上，只给你两三天，你就要迅速了解这个行业。

我还记得当时为了这个移动计费软件系统，找了一百个左右的关键词，花了两天多的时间反复看，反复问公司里的专家到底是怎么回事。三天之后发现，我至少能像个半专业人士一样去讲这个问题。至少在我讨论商业意义的时候，不会因为我不懂技术，而产生任何明显的问题。

2. 找三到五个专家跟他们坐下来谈半天到一整天。没有傻问题，尽量多问问题。你可以一开始就跟专家讲，你对这个行业一无所知，只是一个通用管理顾问，现在想跟他聊聊，谢谢他能来，然后一个一个问题、事无巨细地问下去。问了三到五个专家之后，你会发现他们回答的共同点，就是你所需要知道的这个行业入门最重要的东西。

3. 找三到五本专著，仔细地看完。在咨询工作中，我遇到过各种各样奇葩的项目，我不可能把这些都学了。比如，我们曾经做过挖掘机、收获机、天然气码头、液压挖掘机……整个公司没有几个人知道液压挖掘机是怎么回事，于是我买了两本液压挖掘机的书，花了一个星期，每天睡不了多少觉，从头到尾把它们读完。然后，判断液压挖掘机的市场所需的技术，我基本够用了。

其实就好比鸟儿在枝头上，它掉不下来并不是仰仗这根枝牢固，而是它有翅膀。你仰仗的是你的学习能力，了解一百个关键词，和三到五个专家深谈，找三到五本书细看，这些都是你入门诀窍中的诀窍。

入门绝对不是全部，只是刚刚开始。如何进一步上台阶，没有好办法，只有做事。通过做项目，三到五年，十到十五个项目，跟对人，反反复复地做。过了三到五年，你就开始进阶变成中级专家了。

最后就是登顶。原来我看招聘广告说要求有八年以上工作经验，我当时想这人得多笨，需要八年把一个行当弄明白。后来我发现八年可能是对的，八到十年你不断行、不停地重复，在这个领域做项目、找专家、看专著等。经过十年之后，变成这个行业的顶尖专家了。

有人问我，选择工作的时候应该怎么选？我不能帮你选，只能给你最好的建议，就是你刚毕业的十年，不要管收入，埋头长本事。入门，进阶，登顶，没有十年以上，你是绝对做不到的。

4. 价值最大化。价值最大化或者影响最大化，而不是挣钱。追求挣很多钱的，往往没有挣到钱；追求挣很大名的，最后也没有挣出很大名。你应该追求的是价值最大化或影响最大化。什么意思？你选定了维度，有了自己的主场后做到顶尖，有了扎实的根据地，再想跨界，就有了迈出根据地出去打仗的基础，有了这个基础，相当于有了依托。

对我而言，有两个非常明确的依托，一个是文学，一个是管理。在文学上，因为出了小二十本书，所以我敢去做影视、去接一些还好的广告。因为有了管理基础，所以我可以做咨询、医疗、投资。一旦有了根据地之后，不要怕迈出去，不要怕"斜杠"，只要选对角度和人，很有可能客场也会变成你的主场。

除了要有勇气去跨界，还要有一些通用智慧。通用智慧会让跨界容易很多。比如，利用你在根据地的优势跟别人去合作，不见得事事要自己做。大家经常会问我:"冯老师,您影视有爆款《春风十里不如你》,您怎么做的?"我说:"我的做法就是不做。我选好团队、方向、平台,剩下的事拜托给他们。有事再找我,没事的时候,我绝不添乱。"

掌控情绪

如果你不做事,你会发现,最烦你的是你妈,她会说:"你干吗不干事呢?""你整天躺在床上!"但是如果你干事了,你会发现,如果你没干好,有人会嘲笑你;如果你干好了,有人会妒忌你,甚至有人认为不是你干得好,而是你走了一些邪门歪道。你做得越好,这种负面消息越多。遇到这种情况,应该怎么办呢?下面就讲讲如何管理负面舆情,以及如何管理因为负面舆情引发的怒火。

第一,管理负面舆情

曾国藩持续地在干事,他一生面对的负面舆情,比我们普通人遇见的要多得多。他是这么说的。

"众口悠悠,初不知其所自起,亦不知其所由止",每个人都有一张嘴,都有可能挺能忽悠的,忽悠出来的这些消息、说法,最开始不知道是谁开始的,到最后也不知道怎么停的。

"有才者忿疑谤之无因,而悍然不顾",有才气的人,非常恨莫名其妙的诽谤,我就是我,不一样的烟火,我悍然不顾,我不理它,会出现什么情况?"则谤且日腾",诽谤、诬蔑每天都会变得更多一点。

"有德者畏疑谤之无因,而抑然自修",有修养、有道德的人,也害怕莫名其妙的负面新闻,什么也没干,负面消息就这么起来,多可怕。那怎么办?抑然自修,自己检点自己,把嘴闭上,你会发现——"则谤亦日熄",莫名其妙的负面新闻慢慢没了。

对待流言蜚语的方式有两种。一种是有才能的人对待流言蜚语的方式,"悍然不顾",就像我说的,"天下事只有两种,第一种是关你屁事,第二种是关我屁事",我就这么干,甚至跟你唱对台戏。另一种是有修养的人,他们更加低调,等待闲话平息。

"吾愿弟等之抑然,不愿弟等之悍然也",曾国藩兄弟俩都在官场,要修德行,仰名望,因此曾国藩劝他的弟弟用第二种方式。不做官的人其实就无所谓了,闲话终究是闲话,不能损人一分一毫。

负面舆情管理的要义有三个。

第一个,在负面消息起来之前,你隐约觉得别人可能会说你什么的时候,把这种负面消息消灭于无形。 负面舆情管理的精髓是,最好不要有大的负面消息出来。

第二个,如果负面消息还是冒出来了,要淡定,不要回应。 唾面自干,希望有其他人的负面消息救你,希望大家对你不再关心,等闲话自己散去。

第三个,如果闲话还是无法散去,那就正面面对。 树立另外一个声音,你能写,我也能写,你的嗓门大,我的也不小。

我在自己的成长过程中，从血气方刚，到现在年至半百，也用过不同的处理方式，后来发现，好的处理方式有可能还要分不同的领域。

在商业这边，我就采取有修养的人的方式——低调，等待闲话平息，我抑制住自己，我不管不理不想。但是在文学方面，如果我觉得这个世界上骂我的人没有什么道理的时候，我也会自己蹦出来说。既然这么多的负面消息死活散不去，我也立起我自己的声音，跟这个世界说说我对文学的理解、我对翻译的理解。我就很纳闷，为什么我中文又好，英文又好，又是一个诗人，凭什么不能翻译？没有我有天赋，又没有我努力的人，凭什么说我的文章做得不好？他真的看明白了吗？在翻译诗上，我有时候也会跳出来表现一下自我，这无所谓。

除了不同的环境、不同的性格导致人们对待流言蜚语的方式不同，还有可能来自年龄。荷尔蒙盛的时候，年轻气盛，可以选择干个嘴仗，拎起键盘，他能打，我也能打，他能说，我也能说。等到了五六十岁，变得知天命了，变得耳顺了，有可能就说算了，不争不吵了，等它慢慢平息也是一种方法。

第二，管理负面舆情引发的心态

负面舆情容易引发当事人的怒火。那么，如何管理因为负面舆情引发的怒火？Anger Management，怒火管理。

曾国藩是这么说的："不如意之事机，不入耳之言语，纷至迭乘，余尚愠郁成疾，况弟之劳苦过甚，百倍于阿兄，心血久亏，数倍于阿兄乎！"事不顺，话难听，每个人都有一张嘴，有自由去表达，他如果没有当街表达的自由,也有背后嘀咕的自由。这些都传到你耳朵里了,曾国藩说自己都会抑郁成疾,何况他的弟弟在前线天天打仗,可能他弟弟的辛苦比曾国藩还要多出好多倍。这是曾国藩自谦的话。

"弟病非药饵所能为力,必须将万事看空,毋恼毋怒,乃可渐渐减轻。"整天是不顺的事、难听的话,整天心血亏,那怎么办?曾国藩也没有什么太好的办法,他说,必须看万事转头空,不要生气,才能慢慢减轻。只能自己动手,"蝮蛇螫手,壮士断腕,所以全生也。吾兄弟欲全其生,亦当视恼怒如蝮蛇,去之不可不勇",有毒蛇咬你手,壮士拿起一把刀,把自己腕子砍了,这么才能全生。兄弟如果想活得长,也要把你的怒气当成毒蛇,拿出壮士断腕的勇气,斩除你的怒火。

曾国藩给他弟弟曾国荃的话,字字切切,总结成一句——不生气。

做事,不生气,不着急,闲言碎语,关我屁事。做事越多,成事越多,噪声越多,和噪声不要讲理,要讲"不理"——你能你上,你没上就闭嘴。北方有句土话:"听拉拉蛄叫,还不种庄稼了?"意思是,不能因为闲言碎语就不去做事了。

曾国藩也是无奈,不知道如何让九弟做到,只好试着引导。九弟你这不打仗很猛吗?你试试把打仗的勇气,用到斩断自己的怒气上,一切贪嗔痴如洪水猛兽,如毒蛇大毛怪,一切如梦幻泡影,如露亦如电。但是曾国藩没有讲,如何能够砍除自己的怒气,蛇咬到你手,拿刀断腕,有些猛将是做得到的。所以,如何止住自己的怒气,其实不那么容易。

曾国藩的想法是,先要"觉"——"觉悟"的"觉",一定要意识到自己的怒气是个问题,这是解决问题的第一步,甚至有可能是最重要的一步。为什么?怒气是非常伤人的,我作为医生,作为一个经常做事、经常观察另一些做事的人的人,我会发现,其实做事,你要面对各种压力、各种负面消息,你自己的怒气如果没有真正化解,是会伤到你的身心的。

别吹牛,如果你四十岁以上,你能保证没有"三高"?你能保证自己血压、血糖、血脂正常吗?这"三高"当然跟你的压力、你的愤怒都有关系。哪怕你天天微笑,天天看似淡定,但是做事就会有压力。那如何缓解压力,实际上是如何管理你的愤怒。

如何克服愤怒呢?

1. 要把愤怒当成一个要克服的难题,心跟上了,身体也就快了。
2. 要经常告诫自己,要能行能藏。

我们是为了在漫长的马拉松式的一生中,完成做事、成事、多成事。这是一个成事的修行。有些时候会有负面消息,会有起伏不顺,甚至不做比做还要好,不做比做还要难。我的建议是,做事、持续做事、持续做大事,并不意味着你一直勇往直前,要想到退是持续做事中的一部分。潜龙勿用是成为一个伟大的成事者必经的步骤,是进阶的修行。

我知道,要做到"静如处子,动如脱兔"很难。你可能会抱怨:我是一个成事的人,一个修行成事的人,我喜欢做事,做事给我快乐,我喜欢"生命不止,折腾不已"……那怎么办?

我给一个小建议——**有一个自己的爱好,在你不能做正事的时候,抓起你的爱好**。这样才能做到得志行天下,不得志独善其身。

我的一个朋友是做销售的,疫情期间哪儿也去不了,他就想,以前从来没健过身,那就健身吧。他每天做两百个俯卧撑、两百个卷腹，三个月后，他瘦了二十斤，有了一身的腱子肉。只是举一个例子，能做点什么就做点什么，不能做的时候停下，这个是管理负面舆情引发的怒火很重要的一个简单方式。

如何对待妒忌和贪婪

尽管我总说"管理是一生的日常,成事是一生的修行",但妒忌和贪婪其实才是天然的、一生的日常。

第一,何谓妒忌和贪婪

妒忌,每个人的心魔。周遭长得比我好看的,我妒忌;比我有才的(虽然我很难发现谁比我有才),我妒忌;比我年轻的小伙子、小姑娘,我妒忌;比我有经验的老人,我妒忌;比我有女人缘的,我更妒忌……再与世无争,只要还有一丝凡心尚存,便无法全然超脱。

贪婪,或者说沟壑难平的欲望,让每一个现代人焦虑着。能成事的人、成事的修炼者,通常都相对能干,但对几件事也会相对贪婪,比如权力、金钱、美色。

当然,老祖宗也一样。有人用一副对联评价曾国藩:

立德、立言、立功,三不朽。
为师、为将、为相,一完人。

曾国藩一生带兵打仗,建功立业,在朝为官,立言立德,生前勋和身后名,一样都不落下。这其实是多数人想要实现的。

我过去也是有理想的人,在小学、在初中、在高中,想为中华之崛起而读书。后来长大了,贪心了,一边想纵横职场,逐鹿中原,一边又想被载入史册,用文字打败时间。贪婪之心,昭然若揭。

当时听李鸿章的诗:

丈夫只手把吴钩,意气高于百尺楼。
一万年来谁著史?三千里外欲封侯。

他说一万年来,到底谁写历史?他现在想到三千里外去打仗,建功立业。李鸿章写这首诗的时候,是1843年,他只有二十岁。

对于成事来说,适度的妒忌和贪婪之心是必需的。立功立言、攻城略地带来的快感是"做事"的原动力之一。正所谓"大部分的天才都是偏执狂",对事情的某些方面保有执念,甚至欲念,是成事的前提。

所以,妒忌和贪婪是天生的,对于成事者一生的日常,我们如何面对它们反而是一个巨大的问号。如何正确管理妒忌和贪婪,才是一生的修行。

第二，如何管理妒忌和贪婪

是不是足够优秀，达到人生巅峰、唯我独尊、俯瞰众生，就可以消除"妒"和"贪"了呢？当然不是。既然欲壑难平，就永无止境。

进一步说，就算你得到了非常稀少的好东西，但你的心更大，你会变得更妒忌、更贪婪，那怎么办？即使你非常了不起，把成事心法修得特别好，好东西永远是你得到，得到再得到，不停地得到，你就会变得更好吗？也没有，这样反而你的风险会变得非常高。

有句老话："笑人无，恨人有。"如果一个人不停地得到，得到最好的名、最好的钱、最好的色，别人会羡慕嫉妒恨，那怎么办？

我一直在想怎么办，答案是很遗憾，没办法。

又要提到我的母亲大人——这位八十多岁的"大飒蜜"，大到国情舆论，小到垃圾分类，总有些许看不惯的地方，非常地不Love&Peace（爱与和平）。我问她："你已经这么大岁数了，你为什么还有这么多的欲望、这么多的贪婪、这么多的妒忌？"

老太太说："我有欲望，说明我活着。我如果哪天什么都不想了，不妒忌了，不贪婪了，可能我也老年痴呆了，快进医院了，你也快见不着我了，你那个时候要多给我想想办法了。"如此鞭辟入里，我竟无言以对。

平凡如我妈，伟大如曾国藩，能真正做到不妒不贪过一生的，寥寥无几。我妈做不到，曾国藩就真能做到吗？

我读曾国藩的文字，发现曾国藩也做不到。

曾国藩说："祸机之发，莫烈于猜忌，此古今之通病。坏国丧家亡人，皆猜忌之所致。"灾祸发起，就是因为妒忌和猜测，古往今来都是一样的。国家坏了，家破了，人亡了，都是因为猜忌。

"《诗》称'不忮不求,何用不臧',仆自省生平愆咎,不出忮、求二字。"《诗经》说,如果你不妒忌、不奢求、不贪,那其实怎么样都好。曾国藩反省自己一生错误和后悔的地方,都是出于"忮、求二字",忮、求就是妒忌和贪婪。

"今已衰耄,旦夕入地,犹自憾拔除不尽。因环观当世之士大夫,及高位耇长,果能铲除此二字者,亦殊不多得也。"我现在已经老了,五六十岁了,可能明天就去ICU,后天就挂了,仍然觉得除不干净。我又看看周围所谓的士大夫,这些比我年长的人,真能去掉这两个字的,其实也没有几个人。

"忮、求二字,盖妾妇、穿窬兼而有之。自反既不能免此,亦遂怃然愧惧,不复敢道人之短。"妒忌和贪心,妇女和小偷都会有(因为曾国藩处于封建王朝,认为女人比男人差,所以他这么形容。实际上他是说"忮、求二字"所有人都有),回首看自己,也避免不了,又怎么敢说别人妒忌和贪婪?

这是他自醒的一段话。曾国藩是一个好强的人,也成过很多事,他的文章里几乎没有"我不行""我没办法"这样的字眼。他总能在某个状态下,挑出最佳方案。但是在处理妒忌和贪婪这件事上,他说没办法。那没办法,还能怎么办呢?他提出了两个缓解之法,供世人参考。

首先要努力。努力并不是为了完完全全去掉人性,去掉贪婪和妒忌,而是要守住底线。你可以妒忌,可以贪心,但是你不能害别人。这是在处理妒忌和贪婪上的底线——不害人。

其次要宽容。既然你都会妒忌,会贪婪,那对于别人的妒忌和贪婪之心,特别是针对你的,一笑置之,不加批判,因为换了你也可能这样。

我再加一个建议，要适度。我曾问一个很好的作家朋友："你在疫情期间怎么安排时间？"他说："我一天醒着的时间，除去吃饭、上厕所、看片之外，可能有八个小时。我两个小时读书和写作，用另外六个小时妒忌周围人，包括妒忌你。"

我想说，偶尔妒忌是人之常情，但是你光妒忌，成不了事，还不如少花点气力在所谓的妒忌和贪婪上，俯下身段去干就好了，该看书看书，该写作写作，该干事干事。

妒忌这件事，即使去不掉，也要适度。曾国藩自己也做不到"扫除净尽"，如果克制不了，至少保证妒忌是不害人的、有度的，不是过分的。成事从来难，做个成事的人，一生成就无数更难，其中一个大大的关口，就是妒忌和贪婪。

第三，冯氏秘籍

讲了我妈是怎么处理妒忌和贪婪的，曾国藩又是怎么处理妒忌和贪婪的，接下来再分享我的独门秘籍。

坦白讲，我是个好胜心很强的人。我为什么好胜，是因为我实在不想把这么美好的世界留给那帮傻子。但是，这也表明我在很多时候，会妒忌和贪婪。不过，叱咤江湖这些年，对待妒忌和贪婪，我找了一个对自己管用的方法，就是我实在放不下的时候，就去趟重症病房或者墓地。

去重症病房，你会发现，你已经很幸运，得到的已经很多了。你能正常地吃喝拉撒，已经非常幸福了。想象一下你没办法吃喝拉撒，会是什么样子？三四天高烧不退，会是什么样子？所以去重症病房，看看那些病人，你会自然地放下妒忌和贪婪。

另外是去墓地。很多人活在世上，经常忘记一个简单的、颠扑不破的事实，就是人是要死的。你也会死的，我也会死的，那为什么要在活着的时候有那么多贪欲呢？生不带来，死不带去。我们不可能永生，也没有人能够永生。

所以放不下的时候，我建议你去医院重症病房或墓地，逛一逛。

如何战胜自己，战胜逆境

无常是常，人无千日好，花无百日红，逆境来了怎么办？逆境有很多种，有可能天下雨了，有可能娘嫁人了，有可能疫情来了，有可能公司经营不好了，有可能丢了工作……以新冠疫情为例子，讲一讲逆境来了我们怎么办。

你有可能听过我的九字真言：不着急，不害怕，不要脸。这是对于顺境而言。在顺境中，我们在大方向上、大势上，已经走过了二十年。忽然来了百年不遇的逆境——新冠病毒，我送你十字箴言：看脚下，不断行，莫存顺逆。

第一，看脚下

疫情来了，逆境来了，大困难来了，首先不要惊慌失措，自己先把自己吓着。过去有个统计：大地震中，三分之一的死亡都是自己从楼上跳下去摔死的。

疫情这种逆境来了,怎么"看脚下"?最重要的就是改善现金状况。你要看看手上还有多少现钱。英文有个词叫 burning rate,烧的速率,翻译成中文就是"基本消耗"。也就是一年、一个月,甚至一天,从大到小,你的组织、你的家庭、你个人,要消耗多少钱?这是一个非常重要的数字。

疫情来了一个月之后,我做过一个简单的统计,发现百分之六十的企业,手上的现金不够花三个月的,甚至有一半的企业,不够花两个月的。可以想象,如果开不出工资,对员工士气是多大的影响。所以,危机来临之时,第一个要想到的,就是改进现金状况。

例如,你自己的家庭,操持一个家,有现金进项,也会有现金流出。现金流出在逆境的时候,特别是现金进项有可能受到影响的时候,要想到减少家里的基本消耗。怎么减?从衣食住行。

衣,你真的需要那么多衣服吗?食,你真的需要吃那么多吗?住,我问过一个建筑师,一个人最少需要多少居住面积才感觉合适?他的答案非常清晰,包括看书和享受,12平方米就足够了。行,出行可以靠腿。其实你走三千米去吃饭见人,然后再走三千米回来,一天的运动量就够了。超过五千米,你可以坐坐地铁,骑骑共享单车。超过十千米,你可以打车。很多时候,私家车是可以不用的。这样算下来,就已经省下来很多钱了。把能省的省下来,基本消耗降下来,该收的尽量快点去收,应付的尽量少付一点。

如果你的现金能够支撑六个月,甚至十二个月,就有可能活下来,因为先破产的人的生意就有可能是你的了。比如一条街上有三个煎饼店,一个煎饼店两个月后关了,另一个煎饼店四个月后倒闭了,但是你手上还有两三个月的现金,那这条街上的煎饼生意可能就都归你了。

所以面对百年不遇的大逆境，就是要狠——狠狠地削减基本消耗，包括人员、差旅、写字楼费用等。人员，有些人属于严格意义上的"冗员"，他们没有必要留在公司。你会发现，这些人不来，你的公司并没有受太多的影响，甚至运营得更好。没那么多人传小话，没那么多人使心眼，没那么多人造成浪费。当然我并不是说，一旦逆境来了，就裁掉自己的兄弟姐妹，而是说，如果有些人员不能产生价值，在企业中混日子，那么当逆境来临的时候，大家一块儿死，那还不如有一部分人先想想其他的办法，剩下的人把公司救活。大家都减减工资，如果公司变好了，逆境过去再把人招回来也行。全部死掉是最坏的结果。现金流一旦断了，再恢复就是很难的事情。差旅方面，疫情发生后你看到，有些差旅其实没有必要，不用住五星级酒店，不用坐飞机，其实事情也就办了。

除现金流之外，就是稳定自己的"核心上下游"。

"上游"给你提供服务，提供你需要的产品，让你再加工之后卖给你的"下游"。哪些"上游"的服务和产品不可或缺？那在大逆境的时候，你就要跟人家谈一谈：钱能不能晚付一点？能不能保证一下供给？更重要的是不可或缺的服务和产品不要发生断供，一旦断供，你自己的服务和产品就产生不了。在大逆境的时候，这种事情比比皆是，就是所谓的"供应链"停掉了，或者所谓的"核心零部件"停供了，等等。

"下游"是你的主要客户，也就是你的金主，是给你钱、为你创造的价值付款的人。你要看看他们是否还好，是不是能够继续付款？能继续付款的人，把跟他们的合作稳定下来，甚至把给他们的条件调整得更优惠一点。你说：大家都一块儿有五年、十年、十五年了，我们还想继续一起走五年、十年、十五年……咱们在疫情中、在逆境中，抱团取暖，更紧密地结合吧。当然，付款条件、付款金额我们都可以好商量。

总之，"看脚下"就是看现金，看自己核心的"上下游"。

第二，不断行

把自己稳定之后，不要停止努力，无论是在生活上还是在工作上。

需要避免的心智上的最常见的陷阱，就是责怪——怪天、怪地、怪他人。你在手机上骂人、骂社会、骂国外……都没有用的，于事无补。另外，不要花大量时间去跟踪各种新闻。实话讲，这些信息跟你有关系又没关系。如果你想得太多了，对你的生活工作有影响，而对于事情是没有补益的。所以，该干吗就干吗，不要停止行动，不断行。逆境期间，能干吗，让干吗，就干吗。

当年我在华润集团时，有个不成文的规定——推功揽过。把功劳推给其他人："这件事做得好，其中有你更大的功劳。"一旦出现问题，这个级别的最高责任人首先要说："这件事我负责，是我考虑得不周全。"之后再说："这件事其实是有一二三四个内因和外因……"从表面来看，这只是表述次序的不同，多数人是先辩解理由，再说自己可能也做错了一点点，但效果是完全不一样的。多做推功揽过，你会发现身边的朋友越来越多，你的事情做得越来越好。

我们特别忙的时候常畅想，如果有一段独处的时间该有多好！

但真实的情况是，真开始宅了，一两周、一两个月……你才发现，"宅"没有你想象的那么容易。我们会发现自己是好龙的叶公，宅的时候如获至宝地捧着手机，翻看各种微信群，偶尔希望、时常感动、总是义愤……你手机使用时间平均上升了一倍。

以前我总是信誓旦旦地说："时间是一个人唯一真正拥有的财富。我的余生只给三类人花时间——真好玩的人，真好看的人，真的又好看又好玩的人。"但这次宅下来，我越宅越不自在，忽然自省我真的是个好玩的人吗？如果自己都不是一个真好玩的人，凭什么要求别人是个真好玩的人？如果自己都不是一个真好玩的人，即使遇上真好玩的人，又有什么资格占人家的时间？那些宅不住的人、（甚至高一点的要求）宅不爽的人，也是不能和自己相处的人。不能和自己相处的人，早晚也是别人的麻烦。

所以我建议自省之后重新振作，检讨一下，从几件特别小的事做起。你会发现，有些事是一个人做起来就很美好的事。比如，看看天，看看云；找一块没人的地方跑五千米或十千米；自己喝一瓶酒；自己手冲咖啡；不需要出去工作了，断断食，早饭中饭不吃，晚饭吃一顿；做做高强度的间歇训练，十五分钟出一身大汗；读读帖子，泡泡澡，看看过去的书……慢慢地，这一天出溜就过去了。千万要珍惜逆境时能闲下来的时光，给自己充充电，将来杀出去，你会更有劲儿。

另外，"不断行"就是工作、工作、工作。如果工作不停你，你就不要停工作。否则逆境过后，当你重新回到工作岗位时，比较好的结果是发现公司没你运转得也很好，比较差的结果是公司没有你运转得更好了，那你就惨了。

还有一个"不断行"，就是习惯、习惯、习惯。行为心理学研究表明，每天做的行为坚持三个月就形成了习惯。一旦习惯养成，需要六到十二个月，才能把习惯消除。那我们就培养一些好的习惯。

比如战胜拖延症。战胜拖延症的一个小技巧就是微型改进。假如不喜欢早起，那你不见得一定要明天六点起，而是可以微型改进。第二天十一点半起，坚持一个礼拜；然后下一个礼拜十一点起；再下一个礼拜十点半起……经过不到三个月，你就会发现你八点是能起床的。

再举一个例子，减少手机使用时间，先从睡前不看手机开始，然后每周给自己提个要求，降低手机使用时间半个小时。花两个月，手机使用时间就能降到四个小时以下了。

从这个角度来看，逆境过去之后，你身上多了四五个好习惯，它们能陪伴你一生，是一个特别好的事。

曾国藩说："大局日坏，吾辈不可不竭力支持，做一分算一分，在一日撑一日。""大局日坏"，整个局面越来越差。曾国藩就面临当时晚清每天的崩溃。"吾辈不可不竭力支持"，就是我们不能不把自己的心气提起来，能努力做多少就做多少。像曾国藩这样的一方大员、国家重臣，都觉得"我没法做太长远的计划"，但是不做吗？不是的，还是要不断行，做一分算一分，在一日撑一日。

第三，莫存顺逆

不要两分地看所谓的逆境，不要认为"它是逆境"或"它是顺境"。无论顺逆，都是生活的一部分，都是生命的一部分，我们的生命总有起起伏伏，就像一年总有春夏秋冬。日日是好日，你一生中没有一天是坏日子，都是正常的日子，就把它当成正常看，用一个简单的平常心去看。

二十年前,我做管理顾问的时候,有一次在加州半月湾出差。那是个冲浪胜地,我看到有七八个人穿着鲨鱼服,站在冲浪板上,一会儿被浪头推得很高,一会儿被浪头卷倒打翻在海里……当时我突然接到一个越洋电话,是一个做"3C"产品的 CEO 打的。他问了我好几个问题,听我的意见。这个 CEO 说的全都是麻烦事,因为容易做的事他手下的人都已经为他干了。

我跟他说完解决这些管理问题的办法后,问了他一句:"段总,这个日子不好过呀,每天都有这么多的事。"当时他就在电话里一笑,说:"这就是日常啊,这就是我们每天都要面对的事情啊!既然做了高管,遇上的所有东西就都是事啊。这是再日常不过的东西,这就是日子呀!"

我再回看冲浪的那些人,忽然想到"中庸"两个字。在那之前,我总觉得"中庸"是略带负面的词。"中",没有新意;"庸",庸俗。中间没有新意的庸俗,那有什么意思?但是我看冲浪的人在冲浪板上,逆境、顺境、逆境、顺境……在这样一个大环境里面,能够站住就不错了。"中庸"是一种平衡,如果在这种日子里,在这种无常里,能够平衡,能够立住,浪就会让你往前走,日子就会往前,你就会迎来好时光。

真正的高手都有破局思维

面对逆境,"看脚下,不断行,莫存顺逆",只是逆境管理的基本要求,解决的只是基本的生存问题。光是管理逆境,境界还不够高。人间走一遭,要对自己有更高的要求,在逆境中绽放。什么是在逆境中绽放?在逆境中呼风唤雨、力挽狂澜,甚至能够开出美丽的花儿来,才不枉此生。

第一,上天是给人留机会的

有人说,天本来是无情的,但我总是觉得,老天是给人机会的。虽然佛法上说,诸行无常、无常是常,但是大家想想,带有灭绝性质的事件,还是绝对小概率的。所谓的绝境,比如天灾,像智利多次发生的七八级以上的地震加海啸;比如突发的疫情,对于航空业、旅游业等就是天灾。

我于1990年进北京大学读医学预科。老师整天吹牛说，你们真是上了好学校，进了好专业，21世纪是生物的世纪。我们听了热血沸腾的，但一看毕业的师兄师姐，发现要么去科学出版社，要么去某个莫名其妙的实验室，挣最低的工资。然后我们就抓着老师问：您不是说21世纪是生物的世纪吗？老师说他不是指前半个世纪，而是指后半个世纪，是2050年之后。没想到到了2020年，发现21世纪真的是生物的世纪，只不过是病毒的世纪，而不是我们能够享受生物技术的世纪。开玩笑了，但生物的重要性大家有目共睹，因为生物能成为某种绝境的诱因，比如战争。

还有的绝境是真正巨大的技术突破。比如2007年出现的智能手机苹果一代，对于爱立信和诺基亚，就是毁灭性的打击；比如未来可能出现的新能源的技术突破，可能让石油的价格降到很低；比如新媒体的出现，对于纸媒产生了巨大的冲击……

这些天灾、技术突破，都有可能是某种绝境。但是除此之外，多数的逆境只是让你过得不像以前那么舒服，它只是正常轮回中的一个局部，不是绝境。

所以要处理两个误区：一、多数我们不舒服的时候是逆境而不是绝境。二、过分夸大逆境，太被动，对于成事的修行者是不对的。天会留机会给人，当大家都恐慌的时候，你应该想，在这种状态下，我能有什么样的机会。

第二，在逆境中绽放要考虑事在人为

面对逆境，真的成事者会把它看成机会。他甚至会认为，哪怕是看似绝境的逆境，也是一个特别好的修炼场所，是让他艰难困苦玉汝于成的。最彪悍的"悍匪"、最能成事的猛人，甚至不会相信有绝境，他会和绝境对着干，把绝境生生地变成逆境，把逆境变成顺境。

曾国藩曾经三次自杀，可以想象他遇到了何等绝境，如果不到他认为的绝境，即使他是戏精本精，他也不会表演自杀。

第一次是靖港兵败。当时他率领新练的水军，大概两万多人，誓师出征，结果遇上了伏兵。伏兵打得非常凶，过来杀他的人就在几米之外了。兵败如山倒，他觉得悲愤交加，而且大部分死伤的人来自他的老家湖南湘乡。想当初项羽到了乌江边，死活不愿意从乌江过河，因为他觉得无颜再见江东父老。当时的曾国藩万念俱灰，从船上一头扎到江中，想一死了之——也可能他看附近部下比较多，我不知道，这个是瞎编的——被部下救了起来。

第二次是湖口惨败。他的水师进军江西湖口的时候，遇到劲敌石达开，进攻受阻。因为石达开非常明白，湘军水军的长处是船大、船强，但弱点就是笨，移动慢。石达开找了一个机会，诱导湘军水军到了一个可以逐一击破的地方，趁湘军战船被分割成两部分，大小战船不能相互配合，战斗力锐减的时候，向湘军发起大肆进攻。这个时候，曾国藩认为败已经是确定了，他怕落到敌军手里被折磨致死，所以推开舱门滚进江中。幸运的是，他又被部下救起来了。我估计，大概是这次的运气比第一次好。第一次或许还有一点表演的成分，他可能认为，既然被手下拦住了，说明手下对他有信心，那他就继续走吧。第二次遇上石达开这么强的对手，跳江应该是被逼无奈，而被救起来，很有可能就是更大的幸运。

第三次是祁门被困。他不听幕僚的规劝，固执地把总督府定在祁门。祁门是一个非常凶险的地方，只有一条大道跟外界相连，一旦大道被敌军控制，祁门城就会陷于绝境。后来果然出事了，他被太平军以十倍以上的兵力围在了祁门，激战了三天三夜，湘勇的人数天天减少，几乎弹尽粮绝，太平军随时都可能破岭而入，看来老营覆灭在所难免了。即使在这种情况下，曾国藩也没有想过从小路逃跑，心中打定主意要自杀。这个时候，他的一个门生，湘军的猛将鲍超领兵赶到，才把他救了出来。第三次没有自杀行动的自杀，为他立威、立德、立信，起到了很大的作用。大难不死后，他顿悟："大丈夫当死中求生，祸中求福。"这种"祸中求福"，正是在逆境之中，不仅要能稳定住，而且要争取绽放，祸中得福。

举我个人的一个微不足道的例子。2010年，我们盘算在国企环境中创建第一个大规模的医疗服务提供商——华润医疗。2011年，我们的战略规划是"2020年实现100家医院、5万张床的规模"。这听起来激进又疯狂。从2011年创业到2014年我离开了，接着我的核心团队离开了，我的一些同事慢慢走上了领导岗位。2020年，华润医疗的很多同事战斗在疫情的一线。我想看看当年的2020年规划实现得怎么样了，于是问了他们一些公开的数字。到2020年，华润医疗体系管理169家医院，有2.4万张床。这已经接近十年前的战略目标了。当时我就想，虽然有起伏、有逆境，但如果足够彪悍、足够坚强，有些大事是能够被做成的。

第三，一面自救，一面破敌

在看似绝境的逆境下，如果想人为成事，应该怎么做？

引用一下曾国藩的话："凡善弈者，每于棋危劫急之时，一面自救，一面破敌。"善于下棋的人，棋的局势已经很差了，除了活下来，还要想想如何能进攻，不能只是防守。"往往因病成妍，转败为功。善用兵者亦然"，往往因为生病而变得更漂亮、更强壮，转败为功，善于打仗、善于做事的人就会这样。

面对困局，自救是第一重境界，破敌是第二重境界，最后不仅能自救，还能开拓新局面。只能自救、久病成医的人是守成的人，可以破敌、因病成妍的人是可以创业成大事的人。在黑暗中一刻不停地探求破局的机会，如蚕破茧，如月破云，如小鸡破壳，如花破花苞，守得云开见月明。

真正的高手，都有破局思维。真正的猛人，坚信事在人为，因为逆境也能迎风招展、逆风飞扬。

有时候"不努力"是种正确战略

有时候不要太努力，才是更正确的态度。

有人可能会不理解，会说："你不努力，来人间干什么，做卧底吗？"其实我并不是劝大家彻底不努力，而是在有些时候，过分努力得到的结果恰恰是相反的。分三点说明为什么有些时候不要太努力才是更正确的态度。

第一，战略方面，重要的是要"认命"

成功是一种偶然，天命的成分占大头，"时来天地皆同力，运去英雄不自由"。不是做大事的时候，努力做大事容易受伤。我非常清楚，习惯逐鹿中原的英雄，忍一口气，再忍一口气，有些仗不去打，有多难。我在生活和工作中见过，让他们再辛苦、再劳累，他们也不会觉得太苦。你让他把手脚缚住，不去打仗，看他们难受的样子,有时候自己都会眼泪在眼眶里打转。

但有时候不做是更对的选择。"十年磨一剑,霜刃未曾试。今日把示君,谁有不平事。"十年磨一剑是很刻苦的过程,但更苦的是十年磨了一剑,忽然跟你说没仗打了。那个时候其实比能够磨剑、能够努力、能够去打仗更难受。

曾国藩有一句话:"事功之成否,人力居其三,天命居其七。"事情能不能成,你能控制的最多也就三成,七成是天命。天命很复杂,有各种各样的因素——天时、地利、人和、大势、其他人怎么配合、竞争情况等等。

有一首励志歌曲叫《爱拼才会赢》,"三分天注定,七分靠打拼",让你热血沸腾,觉得自己应该多努力,但是在战略上,这种七分靠打拼、三分天注定是不对的。

曾国藩实话实说,七分在天,三分在人。现实往往是残酷的,认清现实的残酷,的确不容易开心,但也不容易幻灭,总比犯傻强。认命是一种不得不做的正确战略。

第二,从战术的角度,有时候需要你收敛

《圣经》说:"日光之下,快跑的未必能赢,力战的未必得胜。"不提成功之类的战略结果,即便在战术上,也要审时度势。如果只涉及自身努力的,你可以在很多时候尽百分之百甚至百分之一百二十的努力,只要不伤身体,比如长跑、断食。即使你有足够的毅力和纪律性驱动自己的身体,但要小心身体有可能会惩罚你。

你的努力如果涉及别人,有的时候可以尽百分之百甚至百分之一百二十的努力,但多数的情况下,尽百分之八十到百分之九十的

努力就可以了。为什么？

1. 如果你有太强的目的性，很有可能遭到别人的反感。

举个我的例子。有人特别想要我的签名，说："冯老师，送我一本签名书吧。"我当时心里想的是，为什么作家就一定要带着自己的书？这得有多自恋，还天天带支签字笔，随时等别人索要签名书？如果要签名，你就不能自己买本书来让我签吗？

后来，我慢慢越来越红了，哪怕是别人给我书让我签，也让我挺痛苦的。虽然这看上去是一件小事，别人说"你就签本书，我闪送给你，然后你再闪送给我"，但他们没有想过，如果我每天都做这种小事，我一天的时间唰地就过去了，什么也做不了了。

很多人不理解我的拒绝。即便我说："你可以去微店买签名本。"有些人还会一直说："我要签名本，您在什么地方，我把书给您寄过去。"遇上这样的人，我会在他的微信备注名后边画个斜杠，写一个"2"，此后带斜杠后边加个"2"的，他不管提什么，我基本上不会搭理了。

2. 你有可能因为跑得太快，遭到别人的妒忌。

1999年，我在美国的一个大医疗器械厂做暑期实习。美国百分之八十的针头注射器都来自这家公司。大家日子都过得很舒服。我早上去干两个小时，然后一天就没有其他事可做了。

有一天，当时的组长，现在想起来人家职位也挺高的，全球市场营销的副总，对我说："小张，工作慢一点，不要那么着急。周围都是比你大二十岁以上的老大姐、小大姐、小姐姐，你太快了，别人就会跟不上。需要其他人的配合，才可以整体呈现团队成果。光你一个人跑，光你一个人努力是没有用的。"

我听了就明白人家说的两点：（1）我一个人努力，跑到最前头，最后的结果也不会呈现,而最后的结果才是最重要的;(2)我跑得太快了,别人跷着二郎腿上网,看我也会生气,这样也不是团队精神,还容易遭到别人妒忌。

3. 长期过分努力做事,会遭到非常严重的抵抗。

在麦肯锡的时候,分析、讨论问题是一个常见的工作方式。有时候会有激烈的讨论(heated discussion),就是大家拍桌子瞪眼,提高嗓门来讲自己的观点,讲自己认为最正确的方案。

我发现常赢的人,会让大家觉得不舒服。如果赢得一个战术上的小胜利,之后的三四天,甚至几个礼拜,会受到一些不好的待遇。

后来,我就跟大家讨论,咱们定一个规则,这种激烈的讨论,不是特别和谐的讨论,一到晚上十二点,必须停。每个人把自己的话咽到肚子里去,各自回家,各找各妈,洗个热水澡,睡觉,第二天咱们再讨论。

神奇的是,这个规则应用到实际工作中之后,百分之八十的问题在洗热水澡、睡觉、吃早饭的过程中消失了。这相当于把两个要打起来的人硬分开,让他们再想想,他们为什么要打。第二天,好多人已经打不起来了,其实只要大家都冷静一下就好了。

再举一个例子。比如应收和应付,"应收"是你应该收别人的钱,"应付"是你应该付给别人的钱。应收,你当然希望是越快越好;应付,希望是越慢越好。这是商业常识。可是其中也有一个度,如果你往死里追,可能因为缺钱,追得很凶,别人三天就付你钱了。但市场的常规是一到二个月才付钱,而你每回三天就追回来了,时间长了,对方还会跟你做生意吗?如果有选择的话,他会找其他催得不这么紧的来合作。这样,表面上你赢得了战斗,实际上失去了整个战争。

第三，不着急，缓称王，是一种正确的态度

曾国藩说："不慌不忙，盈科后进，向后必有一番回甘滋味出来。"别着急，别慌张，你把小河填满，小河满了自然就会慢慢汇成大河，然后大家奔向大海。这实际上说的是人生态度，也是工作态度。不要着急，不要着急立山头，不要着急称王称霸。

但在现实中大家往往相信"成名要趁早""厉害要趁早"。而且现在是个透支时代，大多数人身上有三张以上的信用卡，不仅出名要趁早，买房更要趁早，透支钱包、透支身体、透支情感、透支智商。在这种氛围下，跟大家说"不慌不忙，盈科后进"是很难的，但绝对是对的。反时代潮流而行之，从容些，专注些，慢些，不着急，不害怕，不要脸，向死而生，其实才是真正的对自己好。

成名不要趁早，特别不要成无准备之名。如果没有准备好就立旗、立山头，最后累的一定是你。庄子说："水之积也不厚，则其负大舟也无力。"你积累不够，无法承担你的名声。

你立山头、立旗，就会容易端着说假话，而最容易招祸的就是德不配位。看似立起来了，但是因为下盘不稳，很容易被时代或其他人灭掉，也很容易成为一个笑话。但是如果你准备好了，你就可以从胜利走向胜利。

举个简单的例子。我至少学过八年医学，又从2011年开始做医疗投资，也接近十年了；我读过一百本原版小说，自己撅着屁股写文这么多年，也出了小二十本书……这些不是一天做成的。多数人很难靠第一个胜利就名满天下，而且太早出名，对长远的发展也不是一件好事。

说完上面三点，你可能会问，那还用努力吗？

当然。

1. 你可以不屠龙，但不能不磨剑，你要时刻准备着你的时机到来。你可以把努力集中到去磨剑、长本事上。

2. 能打仗、能力战、能快跑的时候，请力战、快跑、成事。你要具备能够力战、快跑的能力和精力。这是可以努力的地方。

3. 获得某个细分领域最多的知识和最高的智慧。在你竖旗、立山头之前，你在这个细分领域多积累知识和智慧。不要太早就说自己已经具有了，多扪心自问，在你试图称王的领域，你的知识和智慧够不够？

练就一身本事，能成大事时成大事，不能成大事时继续躲在某处练成事的本事。得志行天下，不得志独善其身，淡定而从容。

选择，不仅只是断舍离

我们在生活和工作中，一直有一个选择需要我们做——是随波逐流，还是特立独行？我个人的意见是，成事的人不甘流俗。

第一，选择人才，看其志向

曾国藩有一句话："人才高下，视其志趣。"这个人到底是不是一个人才，不看智商，不看情商，不看我们市面上流行的角度，而看他的志向。

"卑者安流俗庸陋之规，而日趋污下"，志趣比较低下的人才，永远是安于世俗、油腻、潜规则的。一旦接受了这一套，人就会慢慢往下出溜。

志趣高的人才是怎么样的？"高者慕往哲盛隆之轨，而日即高明"，高级人才会向往过去的哲人、圣人，那些高尚的、美好的、更有意义的轨迹。他沿着这个轨迹去走，虽然很痛苦，但是每天都会比昨天好一点，比昨天高明一点。

看人才，你到底是看智商还是情商，如果都不是，看什么？我非常认同曾国藩的说法——"视其志趣"，就是这个人是一个俗人，还是一个脱俗的人。如果是俗人，他会越来越差，哪怕他智商、情商特别高。智商、情商特别高的俗人，往往会变成更大的隐患。如果他志趣很高，不愿意流俗，即使智商、情商比较低，每天也能进步一点。

这句话皮里阳秋，从表面来看，选择人才，要看一个人的志向，"卑者"和"高者"志向不同，结果也不同。但实际上再看一层，这句话的核心字在于"规"和"轨"。

"卑者"，比较差的人才，是守规矩的人。"守规矩"并不是守政策、法规——政策、法规是一定要守的，而是守"墨守成规"的"规"，永远遵守潜规则，永远得过且过，永远在油腻的世界里油腻着。

跟"卑者"相对的是"高者"，"高者"是什么？不是遵守潜规则这个"规"的人，是开辟道路的人。"慕往哲盛隆之轨"，"轨"是轨迹，是一个新的道路。如果给自己一个向上的通道，建立一个向上的理想，你就有可能"日渐上流"。

安于"规"，一生安稳；创新"轨"，一生颠簸。同样的一生，可能是截然不同的活法。

这句话，出自曾国藩写给晚辈的教育信。作为一个德高望重的长者，他教育晚辈，并没有给出明确的答案，只是说，到底是做一个油腻的人，还是做一个不油腻、走自己路的人，你自己去选。

第二，养成好习惯，战胜流俗

如果你问："冯老师，我想做一个走自己路的人，想战胜油腻，拿什么来战胜？"最简单的答案就是，养成好习惯，战胜油腻的世俗。

讲讲我自己的习惯，包括每天、每周和每年的习惯。

在养成一切好习惯以前，要有一个好身体，我的这些习惯是拿身体做打底的。

关于身体，我举一个例子，2009 年中国台湾开始实施被媒体称为"亚洲最严"的体能测试标准。男性军校毕业生，必须在十四分钟内跑完三千米，两分钟仰卧起坐满分八十个，及格四十三个，两分钟俯卧撑满分七十一个，及格五十一个。这意味着如果能做到及格，就是一个身体很强健的年轻人。我试图达到这个号称"亚洲最严"的标准，四十五岁以后，我稍稍放松了一点对自己体能方面的要求，比如，十五分钟跑完三千米就 OK 了，三分钟仰卧起坐能不能做八十个，三分钟俯卧撑能不能做到七十一个。

我每天的习惯很少，只有两个。

第一个就是每天做一百个仰卧起坐、一百个俯卧撑。我通常能做到，但是有时候也做不到，但先设这个标准。

第二个特别简单，就是看着 Kindle 入睡。你可以把 Kindle 换成纸书，只要不是手机。

我对手机有非常理性的抗拒和戒心。手机以及手机 App 里应用的这些 AI，常常会用尽它们的办法来吸引我的眼球，来打断我——像曾国藩说的，"慕往哲盛隆之轨"，就是打断我往上走，经常拉着我往下走。我担心，它们带着我往下出溜，我想睡觉的时候，它总能产生一些效果：别睡，再看会儿。在这种诱惑下，经常一个小时过去了，觉已经不够睡了。

所以我每天的第二个习惯，就是看书入睡，Kindle 也好，纸书也好。Kindle 的好处就是旁边可以躺一个人，那个人可以傻傻地睡了，你接着看自己的，不会太影响他。如果你开个灯看纸书，旁边那个人可能就睡不好了。Kindle 和纸书主要就是这个差别。

如果你整天看着手机里的小道消息、莫名其妙的东西入睡，跟你看着书里的唐诗宋词入睡相比，可能时间长了，长相都会有巨大的差异。

我再依次说一下我每周的习惯。

1. 每周两到三次十千米跑。根据每周的安排和天气，不一定具体是哪天，这样可以放松一点。每月跑到体重公斤数的千米数。

2. 每周两到三次，十五分钟完整版的高强度间歇训练。

3. 每周两到三次，每次不低于一小时的毛笔字。

4. 每周连续轻断食两到三天。这要在某些专业人士的指导下进行。

我现在能做到的，就是争取体重不要高于我大学毕业时候的体重，BMI（身体质量指数）争取小于 19。

5. 每周连续戒酒两天，给肝脏充分的休息时间。年岁大了之后，一个很麻烦的事情就是不太容易开心。喝酒还是一个比较方便的快乐来源。但是喝酒虽然对文章好，对心情好，对身体一定是有害的。这条是我最近给自己加的，给肝脏充分的休息时间，两天滴酒不沾。

6. 每周读两到三卷《资治通鉴》。《资治通鉴》大概是三百卷，每卷大概一万字，整本书大概是三百万字。不要看读得慢，如果一周能读三卷《资治通鉴》，我两年就能把《资治通鉴》读一遍。在我认识的活人中，我还没见到一个人把《资治通鉴》从头到尾读完的。如果你培养出这个习惯，两年就可以读完一遍《资治通鉴》，你就可以比周围十万人更有发言权、更有阅历。为什么不做呢？

每年的习惯、因为涉及一些重大战略问题，这里我就不得不保密了。

摒弃"身心灵",在现实中"修行"

在世间修行,不一定靠"身心灵"。

人,离不开肉身和灵魂,生来就带着,跟着你一起长大。恐龙都可能飞翔,王八都可能有一天脱壳,但人没法抓着自己的头发上天,离开自己的肉身和灵魂。你的肉身和灵魂会陪伴你一辈子,下辈子去哪儿不知道,但这辈子你躲不开。

成事的人更躲不开自己的肉身和灵魂。比如有繁重的工作,我常跟我的团队说,保持身体健康,能应付繁重的工作,也是一个职业选手非常重要的能力。一个职业的管理人,三天两头生病,第一个星期感冒,第二个星期发烧,第三个星期腿瘸了。我十年不去一次医院,你一年去十次医院……这是我强调肉身重要的部分原因。

灵魂,更麻烦。我一直不知道灵魂是什么,后来当了管理者,越来越觉得灵魂的强力和稳定是特别重要的事。打个比方,电视剧里的司令都配一个政委,我原来不理解司令和政委之间的关系,直到我有一天当了 CEO，我发现政委真的很有用。

CEO 很大的责任是做政委。你早上八点进办公室，九点开始开会，中间有一个小时看看邮件。从早上九点到下午五六点，你的主要工作是做政委的工作：接收吐槽，疏导灵魂。进来的人都是带着事来的，找你谈的事都是麻烦事，也都是他解决不了的。谁让你是领导呢？你的灵魂要一直戳在那里。

我当时在想，别人跟我吐槽，我去跟谁吐槽，我的灵魂要怎么办？如果身体坏了，还有医院，西医不行，有中医，但是心灵出事了怎么办？怎么让心灵不出事？

第一，在现实中修行

我被多次劝说参加某些类型的"身心灵"的课，大概脑补此类活动的画面都是风景秀丽、白白的裙子、蓬松的头发，大家在一起吸风饮露，辟谷轻断食。轻断食是早上吃指甲盖大小的一顿，可以喝水，中午再吃指甲盖大小的一顿，可以不限量地喝水，到晚上再吃指甲盖大小的一顿。吃三天，如果你觉得不过瘾，吃七天，还不过瘾，吃一个月。

还有"不语"，见面不说话，用心灵去交流，以及香道、茶道、抄经、自然礼拜、万物皆有灵等"身心灵"的课。

我也觉得画面挺美的，大海边、小树林、白白的裙子、蓬松的头发。我没有去的原因有两个。

1. 去过回来的人——劝我的那些朋友——我没觉得在心智上有什么提高。回来的人有两个特点：首先都觉得自己在身心灵上有提升，只是我没觉得；其次，一定都交了下一次课程的钱。所以他们是去上了一次洗脑课,还是去上了一次身心灵提升课,我就无从判断了。

2. 我认为可以在现实中修行,不一定要到大海边、小树林去修行身心灵。

如何在现实中修行?珍惜每一个不舒服和难受。 在每一个不舒服、难受的时候,跳出自我,把自己的肉身和灵魂,当成人类中的一个,当成另一个他人。你想一想,观察一下,这个人到底怎么了?这个称为"我"的东西,他感受到了什么?他为什么不舒服、为什么难受?我们改变不了基因、原生家庭、环境、教育、遭遇,但我们可以从任何一刻开始觉察"我"这个人到底怎么了。

第二,真正的修行是忍耐、自强

不要把舒服当成天经地义,不要把难受当成马上要丢掉的负担。珍惜这些不舒服、难受,不要总认为自己都是对的。觉能生慧,察觉才能产生智慧,让我们更好地与自己的肉身和灵魂相处,更好地运用自己的肉身和灵魂。

举两个例子,一个是曾国藩最著名的故事。他说:"困心横虑,正是磨炼英雄,玉汝于成。"你不舒服,身心被压制了,有很多东西想不清楚,很焦虑,这正是把你磨炼成英雄的时候。"李申夫尝谓余忮气从不说出,一味忍耐,徐图自强",李申夫(李榕)说,他忮气的时候从来不说,只是忍,希望慢慢地把事做好。"囚引谚曰'好汉打脱牙和血吞'。此二语是余生平咬牙立志之诀","好汉打脱牙和血吞"这句话,一直被曾国藩当成座右铭。好汉,一个能打的人,被打脱牙,血肉模糊,落出来的牙就着血吞到肚子里去。

听上去好像挺简单，你想想就知道有多惨。

曾国藩说他"余庚戌、辛亥间为京师权贵所唾骂"，在京城当官的时候，被京城的权贵臭骂；"癸丑、甲寅为长沙所唾骂"，在癸丑、甲寅年被长沙的人烂骂；"乙卯、丙辰为江西所唾骂"，在江西打仗，又被江西人骂；"以及岳州之败、靖江之败、湖口之败，盖打脱牙之时多矣，无一次不和血吞之"，他三次失败，每次都有自杀的心，最后都忍了下去；"弟来信每怪运气不好，便不似好汉声口"，弟弟每次写信过来，都说什么运气真差，这不是好汉应该说的；"惟有一字不说，咬定牙根，徐图自强而已"，不要抱怨，一个字都不说，咬紧牙根，徐图自强，慢慢让自己越来越强大。

这就是曾国藩的著名故事，屡败屡战，也是他对自己大半生的总结。他不是从成功走向成功，而是从失败走向失败，败到最后发现，没败可败了，成功了。屡战屡败，其实画成句号就失败了，但是屡败屡战，就还有成功的机会。

曾国藩为什么能够屡败屡战？因为他在现实中修行身心灵，在现实中自强。心、身立住，就有机会再次尝试，只要再次尝试，就有机会成功。

修身、修行、修养，现在是流行化了，但无论是在儒家还是在佛家，所谓"修"，都不是喝茶、焚香、看远方那么简单诗意的事。

曾国藩所说的"一味忍耐，徐图自强"，才是修的真实面目。一次"打脱牙和血吞"容易，一次次"打脱牙和血吞"不容易，做个好汉不容易。不去海边，不去庙里，就在现实中的日常琐事里修行。

在商学院写千百份商业计划书，不如你在实践中写一份商业计划书，然后说服一些人信你、投资你，你就可以创业了。当你失败时，所有人都恨你、鄙视你、唾弃你，然后你又写了一份商业计划书，又说服一些人信你、投资你，然后你又败了。如果你败个三四次，最后很有可能成了。这种痛，才是真正的修行。

　　再举一个我自己的例子，我发现身心灵修行时间长了，二十年来，我一直有两份全职工作的工作量。我现在一旦没有全职工作，就非常担心我会变成别人的祸害。因为我会拿别人的事，当成我修行的途径。比如，你的地有没有擦干净，花园有没有弄完美，你跑步为什么不能一千米跑到三分钟以内等，就用这些小事苛求周围人和自己。所以我一定要有一份全职工作，耗光自己，造福其他人。

　　让身心灵，在现实中修行。

以笨拙为本分,求仁得仁

在曾国藩漫长的做事过程中,一直不敢忘和一直强调的是,自己是个读书人。杨绛老师也说过,你的问题就是,读书太少,想得太多。这些成名、成家、立德、立功、立言的先贤先哲,这些过去的猛人,这些过去成事的人,他们几乎无一例外都在强调读书这件事。

第一,以卖弄为丑,以笨拙为本分

先从曾国藩的一句话开始:"吾辈读书人,大约失之笨拙,即当自安于拙,而以勤补之,以慎出之,不可弄巧卖智,而所误更甚。"

这句话是说我们这些读书人,因为我们笨,因为我们拙,在日常工作中也难免因为是一个老实人而失去了机会,我们怎么看这件事?曾国藩说的第一个核心词是"认"。认,就是认可这件事,因为我是一个笨拙的读书人。失去某些机会、某些钱财、某些利益、某些名，无所谓，而且这是应当的，我认。不要把它当成一件坏事，在油腻的世界里做个笨拙的读书人是件好事。

第二个核心词是"勤"。"以勤补之"，说的是以勤劳去补笨拙，而非以投机取巧去补笨拙，以跟风随潮流去补笨拙。

第三个核心词是"慎"。"以慎出之"，当我们以勤补拙，当我们在这个世界上做事，希望能够成事、多成事、多成大事的时候，要谨慎。谨慎油腻，谨慎那些在桌面之下的见不得人的行为、思想、言论和人。需要注意的是什么？"不可弄巧卖智，而所误更甚"，我们本质是个笨拙的读书人，我们拿勤补之。我们很谨慎地冒头，很谨慎地成事、多成事、持续多成事，高筑墙，广积粮，缓称王。我们需要避免的，就是卖弄智慧，不要认为油腻是某种智慧，否则我们的失误会更多。

这是曾国藩非常重要的一句话，告诉我们，在成事、持续成事、持续成大事的修行过程中，自许为读书人的，就要以油腻为耻，以卖弄为丑，以笨拙为本分。因此而有所失，有所缺，那是求仁得仁，读书人就该认命。

这也是我当时读完这句话的深切体会，我们最多在安于笨拙的基础上，比别人勤劳，比常人谨慎，剩下能做成多少事，是天给的。但在实际生活中：一、如果这种笨拙的读书人，又勤奋又谨慎，他很难做不成事；二、如果是笨拙的读书人，又勤奋又谨慎，他能够把风险降到非常低，他会变成一个行走的避雷针。你会发现这个人为什么能够成事、持续成事、持续成大事，而他周围的人却出各种莫名其妙的坏事。那很有可能就是因为他保持了一个读书人的本分。

读书人一定要记住，自己不是社会人。

做凌志人，不做社会人

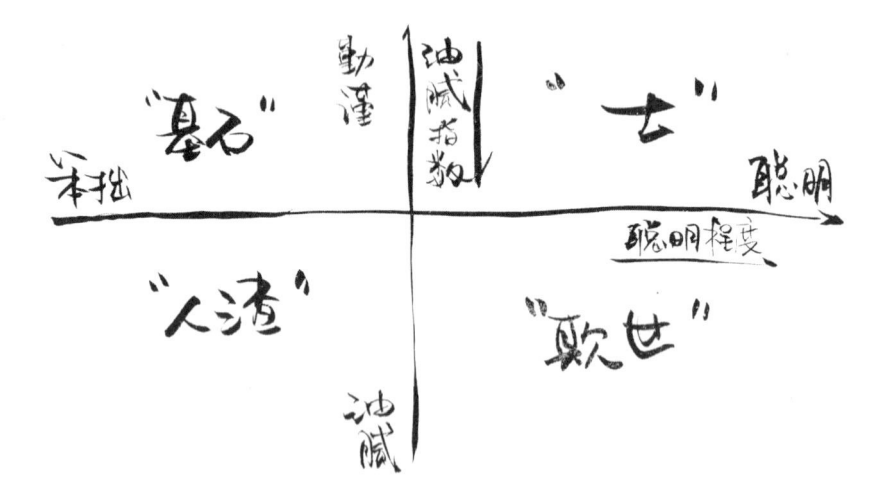

（图示：四象限图。横轴为"聪明程度"，左"笨拙"右"聪明"；纵轴为"油腻指数"，上"勤谨"下"油腻"。左上象限："基石"；右上象限："士"；左下象限："人渣"；右下象限："欺世"。）

请大家画四个象限：横轴，左边是笨拙，右边是聪明，这个轴的维度是聪明程度；纵轴就是竖轴，上边是勤奋谨慎，下边是油腻，这个纵轴的维度，你可以说是油腻指数。

我们用这两个轴，把白纸分成四个象限。左下这个象限是什么？又笨拙又油腻，这种人我们在世界上也常见，他们的定义就是"人渣"。我建议各位躲躲这种人，又笨又油腻，总是希望得到在自己的能力、自己的见识、自己的智识范围之外的事情。

左上象限，可能有点笨拙，但是他非常勤奋谨慎，很本分地把自己的事情做好。这类人叫"基石"，是我们应该找来做朋友的，如果你身边这种人越来越多，你就会成事越来越多，成大事越来越多。这是成就这个世界、成就你的基石。

再看右边。右下象限,这类人聪明,但是油腻。这类人,我定义成"欺世",他们习惯欺负世界。利用聪明降维攻击,哪怕你比我还聪明,我也能提前一步把事办成,你办不成的我能办成,你干不好的我能干好,你得不到的我能得到……这种欺世盗名的人,希望各位远离。这类人不可能做到一直成事、一直成大事、一直持续地成事。历史也多次证明,往往能够在局部短期成事的人,劈他们的雷就在路上。

极少数人在右上象限,又聪明,又勤奋谨慎,这些人往往可遇不可求,会造成某种突破。一个基石型的人,如果能偶尔遇上这种造成突破的人,多占他们一点时间,多跟他们交流,多跟他们一起工作。这些有道德操守、又勤奋谨慎、又有聪明才智的人,能够帮助你打开你作为基石之上的潜力。

第二,得志行天下,不得志则多读书

除了曾国藩交代的"安于拙""以勤补之""以慎出之""不可弄巧卖智",我们传统知识分子对自己还有一种常见的安排,叫得志则行天下,不得志则独善其身。

如果你遇上贵人,遇上机会,你的见识、能力、修行又到了一定程度,别人给你机会让你去干,发挥你的聪明才智,那请努力去做。是关公就该耍大刀,是张飞就应该打人仗,以国为怀,为天下多做一些美好的大事。得志,你行天下。

如果没人赏识你,你遇不上贵人,没有足够的资源让你去行天下;如果在行天下的过程中,因为别人,因为各种不小心、各种意外,有些雷劈到你身上，怎么办？不得不说，这种不得志，对于读书人，甚至对于顶尖的读书人，都是很常见的事。

大家看历史书，常常会看到一个词，"被贬"。如果皇帝觉得你不好，把你发配出都城，去一些偏远的地方。比如苏东坡被贬去海南，我们现在听上去是一件挺惬意的事，可那个时候的海南跟现在的海南是两个概念，那个时候的海南充满瘴气，是非常荒僻的地方。去了之后，有可能一辈子再也回不来了，再也没法跟你的朋友吟诗、作赋、喝酒，再也没有办法看到自己的亲人了。而且也很有可能因为身体状况，你不太抗造，在路上得病，或者就势就挂了。

中国文人、读书人，给自己强调的是，不得志则独善其身。其中含有一种隐隐的倔强，我独善其身，但我在等待下一个行天下的机会，皇帝回心转意了，又有贵人出现了，时来运转，我还可以再去行天下，为世界变得更美好而努力。

不得志则独善其身，怎么做？最常见的办法就是读书，"书中自有颜如玉"，"书中自有千钟粟"，书中自有各种开心的地方，而且读书不仅能让你快乐，还能为你将来再行天下做好一切必要的准备。

所以说，如果你是一个成事的修行者，先别论自己多有名、多有钱，先别跟人比谁更有名、谁更有钱，先问自己读了多少书。

今天你读书了吗？这周你读书了吗？这个月你读书了吗？今年你读了几本书？

我知道你看抖音了，我知道你看微信朋友圈了，我知道你看微博了，我知道你看这些新媒体了。没问题。但我想问你的是：

你读了多少书？纸书和电子书中有多少能给你滋养？你敢回答这个问题吗？你明年能再回答这些问题吗？

最后,送大家一副对联:"世间数百年旧家无非积德,天下第一件好事还是读书。"

怎么通过拯救睡眠实现人生逆袭

跟成事关系最大的是健康问题,失身事小,失眠事大。

之前读者呼声最大的是希望我分享两个题目:第一,如何减肥;第二,如何管理睡眠。减肥这件事,不好分享,因为它跟医学,跟个体有关,涉及面太广。我只有自己个人的实践,我的方式不见得对各位有用。

而睡眠这件事,我相对来讲有发言权。第一,我长期缺少睡眠,所以就希望能够多点睡眠;第二,我跟一些对睡眠有研究的专家仔细聊过这件事;第三,我身边有很多被睡眠问题困扰的成事修行者。"睡眠"这件事我有蛮多一手经验,也有一定的理论知识,可以跟大家分享。

"冯三点":第一,睡眠为什么重要;第二,什么是高质量的睡眠;第三,如何提高睡眠质量。讲讲我个人以及观察成事修炼者的实践。不保证百分之百科学,但保证尽我对于科学的理解,不跟大家胡说八道。

第一，睡眠为什么重要

"食色，性也"，吃东西、对异性有兴趣，这些都是"食色，性也"，都是天生的东西。一顿不吃，饿得慌，一阵不见好姑娘，想得慌，对吧？但睡眠，并不是一件非常自然的事，我每次都有一种感觉，入睡就像死亡一样，而睡醒又如同新生，如同重新从妈妈肚子里出来一次；有可能你不哭了，但是多数人会感觉到所谓的起床气，就是起床之后很生气，想闹一下，想撒个娇，这个很像婴儿刚出生时"哇"的一声哭泣。

还有个问题，你入睡，你清醒，你自己能完全控制吗？我自己是不能完全控制的。我每次入睡，就有点像等风来，会做一些准备、一些铺垫，但我无法控制入睡的时间，无法控制睡多长的时间，甚至也无法控制如何醒来——有可能是自然醒（当然，天天自然醒是很幸福的一件事），有可能是被闹钟叫醒，有可能是午夜梦回豁然惊醒（当然，这不是一个很好的经历）。总之，每次入睡如同小死，每次睡醒如同又生，都不由我控制。

睡眠，跟人脑如何工作密切相关。睡眠，人脑关机了，如何做到的？如何产生？如何持续？如何唤醒？我们知道的并不多。对此大家一定要有清醒的认知，如果你听到有人说"我知道人脑如何工作，我对睡眠完全了解"，这个人很有可能是骗子。

为什么说睡眠重要？运动和吃饭，哪个更重要？我可以明确地跟各位说：吃饭。吃饭和睡眠，哪个更重要？我可以明确地跟各位说：睡眠。

一切疾病都和人体免疫能力相关，包括现在的新冠病毒，哪怕出了很有效的疫苗，也绝不可能对任何打了疫苗的人都管用。疫苗到底管用不管用，其中还有一个重大的因素就是你自身免疫力的强弱，一切免疫力降低都和睡眠不好相关。

三天不吃饭，或者三天吃得很少，对你会不会产生重大影响？不会，不信你可以试试。但是三天不睡觉，或连续三天睡不好，有没有问题？有问题，你干事的效率非常低。这也是为什么我们要在这本书里来讲睡眠问题。

再者，睡眠问题没有药可以解决，而且药也不能吃多，吃多了会有生命危险。而且近几年，以我所知，也没有太多的希望，因为我们不知道人脑到底是在如何工作。

如果用一句话总结睡眠为什么重要，那就是：因为我们不知道睡眠是什么东西，如果睡不好，我们也治不了，但睡眠又跟成事是成正比的，所以睡眠重要。

第二，什么是高质量的睡眠

不是睡的时间长短，不是睡眠中是否多梦，不是睡眠中是否翻身，不是睡眠中是否打鼾，简单来说，是你起床之后是不是有精神干事。如果你睡醒之后有精神干事，那这样的睡眠就是一个高质量的睡眠。

我原来经常想，失眠没准儿是件好事，如果失眠，你就有很多时间可以看书了，可以干事了。后来发现，失眠真的不是一件好事，你以为你醒着，但实际上你完全干不了事。健康时间和非健康时间是不同的，清醒的时间跟失眠的时间也是不同的。

第三，如何提高睡眠质量

有十六条提高睡眠的法则。

1. 保证规律睡眠。你通常什么时候躺下，就争取天天这么做。可以是晚上十一点、晚上十二点，也可以是凌晨一点、凌晨两点，甚至你说："我在北京，我就遵守伦敦的作息时间，早上五六点睡，下午晚饭前再醒，可不可以？"可以。我有一些朋友就是这么做的，我看他们也没有夭折，而且身体还不错。但我暗中观察发现，他们的诀窍就是天天这样做，从来不是一天晚睡，第二天早睡，第三天再晚睡，第四天再早睡。是天天晚睡，或天天早睡，规律睡眠。

2. 保证适合自己的睡眠时间。我见过有些人睡觉睡得很少，一天四个小时就够了。凌晨两点钟放他回去，他躺在床上开始睡，早上六点起床，六点半到七点开早餐会，一起吃早餐聊事。我连续观察过他三次，就是睡四个小时，起来精力旺盛，一点事都没有。

我也见过另外的极端例子。我曾在麦肯锡的一个同事，在项目小组开工之前跟我们讲，说他每天必须睡十个小时或者以上，如果睡不足，他的脑子就不工作。我跟他说，你在麦肯锡工作，还想每天睡十个小时，你真是幸福。但他就是这样在麦肯锡干了一辈子，而且干得非常出色。

3. 睡前撒尿。记住，睡前撒尿。有尿没尿抖三抖，活人不能让尿憋死，睡眠不能让尿破坏掉。

4. 定时拉屎。虽然读者可能会问，冯老师你讲睡觉，为什么要讲拉屎？因为拉屎是人生中非常重要的一部分。拉屎不一定是睡前，你每天可以晚饭前拉屎，中饭前拉屎，睡醒后拉屎，都没关系，主要是定时拉屎。因为，如果你的睡眠是被尿憋醒的，还好，如果是被屎憋醒的，你的睡眠会被彻底破坏。最简单的道理就是撒尿快，拉屎慢，你如果被屎憋醒，去了洗手间，一拉屎，怎么着也得三五分钟，你就彻底醒了，再睡就非常困难。所以定时拉屎，没有屎意，在那个拉屎的时间也要去蹲一下；有屎意，今天已经拉过了，也要去蹲一下。为什么？除了其他各种原因之外，还有一个理由是保证睡眠，提高睡眠质量。

5. 床头放一杯水。 为的是什么？如果你睡觉出了很多汗，有可能被子盖厚了，有可能你盗汗，你口渴了，床头有一杯水，拿起来就喝，喝完了再睡，相当于翻一次身，你的睡眠没有被彻底打断。

6. 不要看手机入睡。 那看什么？看书。看本纸书，看唐诗、宋词、元曲，或者看一本艰涩的书，看一本你看了就困的书。如果你有三四本看了就困的书，一方面，你可以有很好的睡眠；另一方面，因为它非常艰涩，哪怕每回你就看四五页，之后还可以因为你读过这本书，跟别人去吹牛。比如，有本书叫 Being and Time，海德格尔的《存在与时间》，你翻个四五页，跟别人一说，我读过《存在与时间》，我甚至知道英文名叫 Being and Time。原著可能是德文，德文我不知道怎么发音，但我看过几页英文翻译，显得很牛的样子。

为什么临睡要读唐诗、宋词、元曲，读一些诗歌？有诗有词，你就很想背诵，特别是好的诗、好的词，一背就容易犯困。还有，那是一个多么美好的过程，如果你一月、一年、三年、五年、十年都是背着唐诗入睡，你的气质想不好都难。你哪怕长得像猪八戒，或者猪八戒他二姨，如果你十年之中都是背着唐诗入睡，你看上去也像李白、杜甫，或李白的妹妹、杜甫的妹妹。

如果没有纸书，或者你觉得纸书影响枕边人——看纸书要开灯吧,你又没有火眼金睛,不开灯怎么看呢?那换成Kindle,或者其他电子书设备,看书入睡,不要看着手机入睡。我也知道,在现在这个智能手机时代,完全不用手机,每天不花三四个小时在手机上不可能,但是如果你希望睡眠质量高,不要看着手机入睡。

7. 不要太胖。 太胖容易打呼噜,打呼噜有可能会影响睡眠质量。我说"有可能",为什么?因为往往呼吸不顺畅才造成打呼噜,呼吸不顺畅,进氧和排出二氧化碳的过程就没那么有效,长此以往睡眠质量就会受到影响。

8. 静坐,在睡前放下执念。 举个例子,我有一个师弟,小我十岁,跟太太一起创业,创得非常艰难。创业两年后,发现日子很难过下去。因为一直在讨论工作,从办公室回到家里还在讨论工作,一讨论工作,就容易生气,容易吵,特别是夫妻之间,后来婚姻都很危险,更别提公司了。他们毕竟是医学博士,后来想来想去,决定定下一些规则——晚上十一点之后,两人之间不谈生意上的事,十二点之后,各自不要想生意上的事。后来,生意做得也好了,两人关系也变得更好了。

9. 适度性交。 注意,适度性交。现代社会总体性交偏少,而不是性交过多,适度性交能够增进睡眠。不是说你每天晚上都性交,或每天晚上都性交好多次,这样的话的确对睡眠不好。但是,很长时间不性交,很长时间不抱抱,很长时间不皮肤接触皮肤,是影响睡眠的。

10. 保证运动量。 每天适度运动,包括体力运动、脑力运动。我自己就特别明显,如果连着三天不跑步,不做些Tabata或HIIT(均为高强度间歇性训练)这类运动,睡眠一定不好。还有我作为一个长期脑力工作者,如果连续三天不做重脑力工作,比如看一本比较艰涩的书，想一个非常复杂的问题，处理一件非常棘手的事情，写一万字小说……我晚上的睡眠一定不好。

11.适量饮酒，饮酒到量。 这因人而异。有些人根本就滴酒不沾，那相当于没有这一条。对于我来说，喝点酒是助眠的。但我也见过很多朋友喝酒喝到不多不少，然后会午夜之后醒过来。后来他们解决了这个问题，方式是连续两天甚至三天不喝，还有一种方式是喝大一点，半斤酒下去，吭叽，躺倒睡去。当然，前提是你有这个酒量，身体经得住，但依然不能天天这样。所以饮酒适量，饮酒到量。

另外，还有一类人，对酒不感兴趣，或光喝酒睡不着。如果第11条A是饮酒到量，那第11条B是吃点夜宵。午夜之后，没有什么是一个肉夹馍解决不了的，如果真有，那就再补一碗凉皮。

12.咖啡和茶，要因人而异。 我见过对咖啡因或茶碱敏感的人，如果你对茶敏感，要注意，比如，过了中午就不喝茶，过了下午两点就不喝茶；同样也适用于咖啡，过了中午不喝咖啡，过了下午两点不喝咖啡，或者过了晚饭不喝咖啡。

13.接受。 如果睡不着，那就接受这个事实，再躺躺，还睡不着，就心里跟自己默念："没关系，无所谓，明天效率低些，没关系，明天中午我补一点觉，明天晚上睡个好觉。"人非常神奇，不对抗之后，反而能睡一个安稳觉。

14.不作恶，多行善，不极端。 很多人睡不着觉，是因为心不安，做了太多的恶事。因为作恶了，内心不安，有时候午夜梦回，会自己把自己吓一跳。这就是人可爱的地方，如果人没有这种自省，可能人类也活不到今天，自己人就把自己人都干掉了。

换一个角度，如果事情没有做得很完美，有反对的声音，有些噪声，不要太搭理它们。"关你屁事，关我屁事"，内心强大到浑蛋，非常重要。

15. 药物。在这个世界上，存在一些不同类型的安眠药，如果上述 1 到 14 条你持续做了都不行，可以考虑在医生指导下用药。能选的并不多，有些纯植物的，有些是跟褪黑素相关的，有些是跟抗过敏药相关的。祝你好运，调理调理，耐心吃一阵子，希望你用药不要过量，用药不要过杂，在医生指导下用药。

16. 如果真是从 1 到 15 条都不行，药物试了几种，每种都坚持了一阵子，都按时按量吃了，还是不行，那最后只有一招——硬扛。相信你的念力，相信你自己做了那么多善事，这些善行会帮助你睡眠，过一阵子，过几天，你的睡眠就会好转。

希望大家每天都有很好的睡眠，睡醒之后都有一颗按捺不住的做事的心。

分清欲望和志向

欲望管理，重点在于如何区分欲望和志向。

曾国藩说"降伏此心"，把自己的心按下去，非常难；但如果没有这颗心，"柔靡不能成一事"，人太软，就不能成事。

"孟子所谓至刚，孔子所谓贞固，皆从倔强二字做出"，孔子、孟子都说人要从"倔强"做起；"若能去忿欲以养体，存倔强以励志，则日进无疆矣"，人要保持倔强，但是不要把欲望掺在这个倔强里，这样可以养身、立志，这么一步一步走，就可以每天都进步。

如何管理欲望，在我看来，分三点。

第一，如何管理欲望

1. 尊重欲望，尊重自己的好胜心，这是你的能量之源。

如果你忽然有所企图，想赢，想去打，千万不要在起心、起念的瞬间,就"咣叽"砍掉。那些病态"佛系"的人,就是一有了胜负心就砍掉,比如,我今天俯卧,明天再撑。如果产生任何的好胜心,自己的第一个反应都是把它砍掉,那么这辈子的成就会非常有限。所以管理欲望的第一点,就是尊重自己的好胜心,把它当成自己的能量之源。没有能量,什么事也做不了。

2. 警惕自己的好胜心,它很可能是把"双刃剑"。

就像曾国藩讲的,它有可能帮你成就一些事,也有可能引你入邪途。

3. 中庸。

处于矛盾状态中,面对欲望,记住一个原则——中庸。就是别太逼自己一定要没有或一定要有什么好胜心,别求太快的速度,也别求完全没有噪声——能量之源、做事的原始动力好胜心,会带着一些噪声和负面的东西。中庸,就是要尊重噪声,保持它总体的正面能量,帮助我们去做有智慧的、慈悲的、美好的事情。

第二,分清欲望和志向

很多能干的人搞错了一点,把欲望当成了志向,他们求名、求利、求权、求色,求颐指气使,求美食、美酒,求的是个人欲望的满足。真正的猛人,求的是千古文章,求的是宇宙太平,求的是洞察人性,求的是创造天地至美,"为天地立心,为生民立命,为往圣继绝学,为万世开太平",这些是志向,不是欲望。

举一个我个人的例子。2019年年底,在国贸的东南角,我做了我个人的第一个书法艺术展。展览叫"冯唐乐园",是以我的书法和文字作为载体,和十几个年轻艺术家一块儿展现欲望是什么、到底应该如何看待欲望。它只提了问题，没有给答案。

其实"冯唐乐园"这个展览，也是帮助我看清自己欲望的一个努力。

我问过我妈："您在生命的尾声，为什么还有那么多欲望，清心寡欲不就不油腻了吗？为什么您收拾了三天房间，结果什么都没扔掉，还捡回了三盆巨大的蟹爪莲？"我妈当时这么跟我说："如果我没了欲望，就不是活物了。我生，所以我有欲望。我是活物，生而为人，欲望满身。"

那我的问题就是，什么是欲望？近观欲望之海，我想起了什么？因为欲望这件事太复杂，我反而想用文学的艺术角度去观望它。

提起欲望，我当时想了一系列词语：

沸腾、玄妙、午夜、繁星、地震、大雨、枯坐、静观、流水、花开、天理、野草、肉香、自然、轮回、无序、不息、凌乱、危险、兴奋、慌张、风暴、彩虹、生机、运动、破坏、寻常、逃脱、无助、潜入、挣扎、扑火、非我、狂喜、活着、妥协、两难、无奈、接受、裂缝、创造、残缺、沉溺、虚妄、爆炸、驱动、深渊、梦幻……

这些汉语词语，跟我想到的欲望都相关。

我有一系列的问题：一个人一生努力的目标，是让欲望的水波不起，还是消灭一切升起的欲望，还是尽力满足一切挥之不去的欲望而像行尸走肉一样过一生？我在欲望管理中给出了自己认为正确的答案。不能让欲望水波不起，我还是希望它能够水波常起，但我不会尽力去满足自己的一切欲望，我希望挑一些对这个世界能更好一点的欲望。

每个人的答案可能都不一样，也不应该一样，世界美好的程度跟人类的多样性成正比。

第三，构建自己的乐园

在一个油腻的世界里，在无尽的欲望之海里，正确地对待欲望，用中庸的方式把欲望和志向分开，把一部分欲望结合到志向中去，构建自己的乐园，这才是通向幸福之路的选择。这跟其他人无关，跟境遇无关，甚至跟物质条件无关。

这个个人的乐园有可能大到宇宙，以宇宙为维度，其实你我都是尘埃，只要不做出太恶的事情，我们最后都能给自己一个交代。这个乐园也可以小到百平方米的方圆，几个主要的空间，就能构建几乎全部的欲望。

我想有一个书房，类似于抄经处，这个满足眼睛的欲望，可以神交。在书房，古今中外伟大而独特的灵魂，通过文字，经过眼睛，蔓延到手，抵达心灵，纠缠魂魄。

要有一个卧室，满足身体的欲望，它可以是一个游魂处，它可以意淫。在卧室，肉体滚床单，魂魄暂别肉身，自由自在，去它自己想去的地方。我想你，和你无关。休说万事转头空，转头之前皆梦。

需要一个禅室，禅室是一个意识的产物。在禅室，器物简到不能再简，欲望旺到不能再旺，剩下的器物是什么？剩下的欲望是什么？剩下的你是你的哪个部分？

在浴室，扒脱衣服，坦诚相见，我把它命名成"撕经处"，"撕扯"的"撕"，"经书"的"经"，是扯脱。经不能不念，但经不是佛；衣服不能不穿，但衣服不是真我。脱衣如撕经，洗肉身如洗尘世。

还需要有餐厅，餐厅是给舌头的，是喝醉的地方，是不醒处。在餐厅如果不能饮酒，为什么要做成年人？如果菜不好，喝酒；如果酒不好，再多喝点，总能接近开心。醉归，明月随我，一去无回。

最后需要个花园，花园是给鼻子的，是落魄处，是无我。在花园，世间的草木都美，人不是；中药皆苦，你也是。无论如何，不知为何，花总是能治愈的。我不在的时候，请自行进入我的花园。

这个乐园可以很小，小到一个长期的爱好，一个你爱、也爱你的人，一个理想，一场雨，一个吃饭、喝水、喝酒的钵。

愿你和我一样处理好欲望，管理好自己的志向，有个或大或小的自己的乐园。

如何应对年龄危机

男人的中年危机,似乎又称"男人四十综合征"。我不知道女人有没有,按道理来说也是有的,但女人是四十还是四十五,跟绝经期有什么样的关系,我虽然是一个妇科大夫,但我不是社会学家,也没做过类似的研究,不敢说。但是我非常确定,男人在四十岁左右会出现中年危机,所以简称"男人四十综合征"。广义上讲,是指这个人生阶段可能经历事业、健康、家庭、婚姻等各种关卡和危机。

第一,人人都会经历年龄危机

我一直觉得自己还是个少年。

虽然这么说很不要脸,但是骨子里我一直觉得自己还是个少年,我还有梦想,还有力气,甚至在过去两年体重降了接近二十斤。我现在的体重,比大学刚毕业的时候还要轻。我看到一些人,还是习惯性地说"男生""女生",而不是说"老李""老王""老张",因为我不认为自己已经老了。自己感觉还是个少年,还有些少年气,还有很多想知道的东西,还有好奇心,还有很多想干的事,还有一种以国为怀的心。认为通过自己的努力,能够把自己这块材料再多用一点,如果能把自己用得更好一点,也能让世界变得更好一点,让别人的生活变得更愉快一点。

虽然我一直认为自己还是个少年,但我发现世界不是这么想的。

一觉醒来,世界不仅认为我老了,而且还认为,比我小十岁的人——很多80后也已经老了。我环顾四周,发现在所谓的文学圈子里,很多过去一块儿聊过文学、文章的,一块儿喝过啤酒的,变成了某某省某某市的作协副主席、主席。如果看医疗圈,比自己大一点的,也有比自己小不少的,都成了教授。忍看朋辈成教授,忍看朋辈成主席,就发现他们不仅是栋梁,而且已经变成前辈了,所以世界认为我已经老了。

因为在网上办了一张校友卡——"燕缘卡",我回北大看一看。北大的校园,是我认为最美丽的校园,没有之一。到北大校园里一看,怎么那么多小学生?我又走了一圈,忽然意识到,不对,他们都是大学生。明白了,是我老了,是我真的老了。

另外,你看各种消息,比如,女人五十五岁退休,也就是说,再过五年,我的很多同学就彻底不用上班了。微信朋友圈里,一堆调侃我这个岁数的,好几个人已经把名字改成"年近半百×××"或"年至半百×××"。

比如,我还看到腾讯开始劝退高龄员工,所谓"高龄"的定义是1980年到1985年出生的、尚未成为高管的从业者。1980年出生的,已经小我九岁;1985年出生的,已经小我十四岁。可怕呀！某名企是这么说的："宁愿赔偿十亿元，也要优化七千多名三十五岁以上的老员工。"这是我在网上读到的，"三十五岁以上的老员工"。

比如，"四十岁以上的高龄老人凭身份证免费领十个鸡蛋"，这是我亲眼在街上看到的招牌，但是那个鸡蛋，我忍了忍没去领。

我在北京常去一家做新北京菜、叫"拾久"的餐厅。这家餐厅在北京已经开了两三年，老板是一个叫段誉的师傅，名字跟《天龙八部》里的段誉一样。段师傅有一次讲他们餐饮业就说："我们这些70后的老师傅呀……"叨叨说一大堆，后边我就没仔细听，我就对这个称谓——"70后的老师傅"，心里咯噔一声，我这帮人已经变成了老师傅。

我的一个HR朋友对我说得更明白，他知道我在招人，说："冯总，你招人，三十五岁要慎重，四十岁一刀切。"我说："四十岁一刀切是什么意思？""就是，四十岁，一刀切，都不要用，再好也不要用。"

回想我在麦肯锡的师傅，也是在五十岁之前退休的。所以，哪怕我2009年没有离开麦肯锡，一直干到现在，也是该退休的年纪了。

我也在想，我那些文学偶像，比如D.H.劳伦斯、雷蒙德·卡佛，除了亨利·米勒一人之外，到了我这个岁数的，或者已经死了，或者很少写，或者不写了。我的文学偶像，比如王小波、阿城，在我这个岁数，基本就动笔很少，或者基本不出书了。

所以，不管是从事商业的人还是从事文学的人，到我这个岁数，基本就已经老了。虽然你的内心还是少年，但这个世界已经认为你是个老头了。

第二，年龄危机的七个来源

1. 后生可畏。我们 70 后是相对幸运的，50 后、60 后知识结构往往会有欠缺，比如没上过大学，没留过洋，英文不好，或者数学有明显缺陷，但是 80 后、90 后的知识结构和经历结构会比 70 后更好。那麻烦来了，机器人都来跟人抢饭，如果你不做，比你年轻、比你更便宜的人，很有可能干得比你还好、还快。你作为前浪，大概率的事件是你会被后浪拍在沙滩上，拍下之后就死了，再也起不来了。

听过一个比较忧伤的例子，是一个女生，为了保住工作，连生孩子都不敢松懈。在被推进产房前，接了老板一个电话，她跟老板说："老板，你给我几个小时，我生完孩子就马上回来工作，刷邮件，查微信，给您回话。"后生可畏，前浪可怜。

2. 高速增长不在了。你可能力气没以前那么大了，精神头没以前好了，你花一定量的时间学到的东西比以前少了，包括大势。新常态增长已经不是两位数的年增长率了，有可能是个位数，在个别行业有可能还是负数，比如影视。这种高速增长，无论是大势还是小势，无论是社会还是个体，都不存在了。

高速增长不在的时候，你就没有快感了，蛋糕就不能变大了。原来蛋糕越来越大，飞快增大，你哪怕分给别人一块，你自己剩下的也比以前得到的大很多。但蛋糕如果不再变大，甚至变小了，你再分给别人，或别人从你手上抢走一块蛋糕，你手里剩下的已经不如原来那么大，你就产生了危机。

3. 人到中年，事越来越多，操心的地方越来越多。上有老，下有小，周围有需要你照顾的比你弱的人，领导会期望你是中流砥柱，你的下属期望你能够照顾他们往上走。太多的事，无论是工作还是家，核心词都是两个字——"照顾"。

4. 压力越来越大，工作越来越累。领导把活交给你，然后领导去喝酒、去应酬、去度假了，但是你不行，你要在中间顶着。下边，80后、90后，甚至00后说，老子不干了，老子回去再找一份工作。出现这种情况，你不能撂挑子，你甚至要把别人撂下的挑子捡起来，因为你是一组人中几乎没有退路的人。

5. 身体越来越差。我们70后以及相当一部分80后赶上过好时候，但是赶上好时候、高增长不好的地方是，拼得太厉害了，拼酒精、拼精力。高速增长带来的压力，在我们身体上开始逐渐显现，血糖高、血脂高、血压高。四十岁以上，一高没有的，比例不超过三分之一。

6. 花钱的地方越来越多。在你特别忙的时候有一个好处，就是你没时间花钱，你没时间去领会钱能带来的一些有意思的享受。但是，在你慢慢进入了四十岁左右，时间多了一点，每次你用空闲时间享受点东西，比如茶、咖啡、酒、旅游，你发现都是好东西，花钱可以买到更多的愉悦，花钱的地方就变得越来越多；可是，未来的收入来源反而变得更不确定了。因为你不敢保证，你的身体、精力、机会和过去十年相比是更好还是更差了，你甚至不能保证，你像过去十年一样能有稳定的财富增长。那一方面花钱的地方越来越多，一方面未来收入的不确定性越来越大，心里就产生了焦虑。

7. 某种确定性。人到中年，你开始不惑了，知道事业、家庭、婚姻的瓶颈和天花板在什么地方，你出现了倦怠。很多事情你已经做了十年，很多人也已经认识了十年，你知道哪些事情你可以做，哪些事情你做不到。那些曾经给你快感、兴奋感、好奇心的事情不见了，缺少兴奋感就会带来倦怠。

第三，如何解决年龄危机

危机的解决办法，是老生常谈，但却是肺腑之言。我自己就是按下面这七点老老实实干的。

1. 锻炼好身体。好身体永远是一切的本钱，我没见过一个人身体差，还能够认真地面对自己的危机。

2. 在一个好身体的基础上，持续修炼。修炼自己最能够安身立命的本事，一招鲜吃遍天，比如一些比较专业的东西，像战略思维、战略管理、法律、财务、CPA（注册会计师）、CFA（特许注册金融分析师）、税务等。你要有一个专业不能放下，不能断行，这个专业可以是行业专业，可以是职能专业，也可以是综合的成事能力。继续做，不要认为过了三十岁，过了四十岁、五十岁，你就可以躺在自己已经会的东西上睡大觉，不行的，继续修炼。

在修炼的过程中，你换一个角度会认清，年岁大了也有年岁大了的优势。比如，我经历过，我懂得，一件事会是怎么样的，所以类似的事再临头，我不怕，沉得住气；比如，我经历过，我懂得，我情绪管理就会好很多，不会一出点问题就紧张，不会因为一点小的错误就六神无主，不会一出点什么事就拿头去撞墙；比如，我意识到，我在某方面的技术和智慧还是最高等级的；比如，我认识人，人家对我有信任，后浪还小，后浪还没有建立信任；等等。年纪大的优势，要认清。

3. "衰年变法"。就像齐白石说的，六十岁之后，我改变画风，做点新的，做点能让人兴奋的事。比如创业，把情况往最坏了想，这个事业、这笔钱你能不能丢？这两三年的时间，你能不能舍？如果答案是肯定的，"我赔得起"，那创个业，或许两三年之后，不仅解决了你的财富自由问题，也解决了你的中年危机。再比如另类修炼，我做点新的，少年时觉得有兴奋点，但是没有时间去玩的东西，像奥数、佛法、第二三门外语、烹饪、艺术——这些人类已经创造出来的能够愉悦身心的事情，是可以挑一两个自己好好玩玩的。

我们现在的生命预期比一百多年前的生命预期翻了两倍，我们有足够的时间多做一些以前的人一辈子都做不完的事情。智慧的挑战还是有乐趣的，相信我，能够想明白自己以前想不明白的事，做自己以前做不到的事，还是很开心的。

4. **做减法**。减少无效社交，不要什么时候、什么人都去陪。减减减，减少工作关系，减少生活关系，减少不能给你带来愉悦的一切关系、事情、产品，把你最有效的时间放到最能给你快乐的地方去。

5. **减少日常花销**。要想想，一个月最少花多少钱？把钱花在自己真喜欢，也能真享受的地方去。都快五十岁了，不要装，不要装着享受没有快感的东西，如果你不喜欢开车，何必买一辆好车？如果你不喜欢穿漂亮衣服，何必买一身漂亮衣服？已经到了四五十岁，不要装了，要能够说，我就是一个"不要脸的"，就是真实对自己，真实面对自己的内心。我花一块钱能够给我带来一块钱的快乐，那我就花这一块钱；我花一百块钱给我带来一块钱的快乐，那我要想想我这一百块钱有没有更好的地方可以花。

6. **认怂，退居二线**。后浪，你不是有精力、有动力、有能力想往上冲吗？好，你冲，我看着你。你能干，你不要叨叨，你上去做，咱们把责、权、利说清楚，我祝福你。

7. **回归生活**。终于有时间了，多陪陪父母，父母不会长生不老的。我到今天为止最大的遗憾，就是我父亲走得太早，其实他不能算不高寿，他走的时候已经八十三岁了，但是我那会儿总是太忙，陪他的时间太少。所以劝各位，在解决个人危机的时候，把自己多出来的时间花在父母身上，花在最值得花的朋友身上，花在孩子身上。

知人 | PART 2

人人都该懂战略

人人都该懂战略

很多人知道我是写小说的,也有很多人知道我写诗,但是很少有人知道,其实我是顶尖的战略管理专家,色艺双馨,有理论,又有实践,在麦肯锡干过,又在华润干过,自己还创过业。知识背景有西方的麦肯锡,有东方的曾国藩、《二十四史》、《资治通鉴》。

我试图完成一个不可能的任务,就是讲讲战略管理。

为什么不可能完成?

1. 战略管理太重要了。不怕慢,就怕站,更怕走反了。零售、扩大门店、2010年电商来了等这些战略的失误,几乎很难在之后弥补。"一将功成万骨枯","万骨枯"有可能就是战略定错了。一人无能是一个人的无能,一个将才的无能是一支军队的损失。将才最大的问题,并不是能不能上阵,而是能不能把方向定清楚,而且笃定地去执行。方向一错,大家就倒霉,一将无能累死千军。

2. 这个工作太难、太复杂。迈克尔·波特,就是提出"波特五力"

的战略权威，写了三大本关于战略的经典理论书，在MBA中至少是一个学期的课程。麦肯锡呢？不在麦肯锡工作两年，不每周八十到一百个小时地工作，你连战略管理的门都摸不到。

3. 其实是我个人的原因，无知者无畏，我战略管理的经验太多，知道得越多，越难取舍。

但是我还是要讲四点：什么是战略，为什么要做战略，如何做好战略管理，"四勿"是什么。

第一，什么是战略

麦肯锡的定义，战略就是一套完整的行动方案。这套完整的行动方案包括：何处竞争、如何竞争、何时竞争。看上去很简单，但里面有几个核心词，帮大家提取一下。

第一个核心词：行动方案。战略不是一个口号。具体行动要做什么，教到中层经理水平，而不是一把手水平。他知道之后的两三年最该干什么，以及怎么干。

第二个核心词：系统性。何处竞争、如何竞争、何时竞争，这几个关键点之间，商业逻辑是不是通畅，互相有没有矛盾。比如，一个姑娘刚能温饱，你让她去买爱马仕的包，这个是有问题的。一个人刚有点钱，想找点微醺的感觉，你让他买高级红酒就是有问题的。但是如果刚刚温饱的女生，你卖她时尚杂志；刚刚有点钱想喝一口的人，你卖他二锅头，就没问题。这些是系统性的问题。

第三个核心词：合理性。当你已有一套行动方案，而且是系统的时候，之后就要面对一个问题，就是为什么。每一个关键战略要素后面都要有一个"为什么"。何处竞争，为什么这么定？如何竞争，为什么这么定？何时竞争，为什么这么定？

我有一个好朋友罗永浩，他对着话筒比我说得强多了，他能说一百个小时也不累，我说一个小时就完蛋。但是有一天他对我说："冯唐，我要做手机。"我第一个问题，以及到现在还是我的最后一个问题，就是手机是个好东西，但为什么、凭什么是你做。

第二，为什么要做战略

也许会有人说，战略定义我清楚了，但为什么要做它呢？这是领导的事，或是战略部的事，是战略专家、咨询公司的事，跟我有什么关系？也许有领导说，我干吗要跟别人商量、讨论？我拍拍脑袋就出来了，而且跟大家想的比起来，有可能我拍脑袋的更好，比起战略公司提出的方案，我拍脑袋的有可能既省钱，又是真知灼见。这一系列的偏见围绕着要不要做战略管理、为什么要做战略管理。

坦率地说，如果是一家很小的公司，创始人非常有实践经验，有可能不需要战略。这就是麦肯锡很少给小于四百人的公司服务，很少给收入低于五亿元人民币的公司服务的原因。

用我的八个字来总结为什么要做战略——"上下同欲，少走弯路"。欲是欲望、欲想，是大家要想到一块儿去，以及知道目标在哪儿之后，应该按哪些主要步骤去做，这样可以减少走弯路。

华润从2010年开始申报《财富》五百强，这是当时我带队申报的。当年它就进入世界五百强排名395位，之后排名连年大幅上升。2012年是233位，2015年是115位。2019年7月22日，《财富》杂志公布了2019年世界五百强排名，华润以销售额919.9亿美元，名列第80位，排名较去年上升6位。不到十年，也就是从2010年到 2019 年，华润的排名上升了 315 位，这是我知道的有史以来排名升速最快的公司之一。

如果总结，当然里面有人和团队的拼死努力，但是如果你问这个过程涉及的最核心的一百个人，谁都不会否认，战略管控在这一过程中的重要性。

三十万员工，上万亿资产，国内每个省都有员工。怎么管？怎么能形成合力？怎么能达成共识？没有共识不行，有了共识，没有非常具体的步骤也不行，同时也不能做到少走弯路。光在香港的总部，把这事想得再透，下边的人不知道、不认可，具体实施的时候一定不会达到想要的效果。想清楚，避免中间的弯路，"上下同欲，少走弯路"，这就是一个上规模的企业要做战略管理的原因。

举个小的、个人的、跟公司无关的例子。在野外徒步，几个人分到一组，最重要的是什么？是正确的方向。常见的是，不是人没力气了，而是走了一段，走反了，得往回走。有两三次这样的情况，你会发现大家就丧失了信心，对自己，对领路人，对徒步本身都丧失了信心。但如果说"没错，就这个方向，你就这么做吧"，不要小看这种话、这种笃定，在现实生活中，不知道有多重要。

第三，如何做好战略管理——"大处着眼，小处着手"

这句话是曾国藩总结的，如果你想知道曾国藩是怎么把那么多事做好的，如果你想知道那种持续挣钱的大公司是怎么做战略的，就从这八个字开始去想。

1. 大处着眼，即高明。 首先是看大尺度时间，讲战略的时候，你要看过去的十年到二十年，以及未来的五年到十年。其次是看大尺度空间，别人是怎么做的，在二线城市是怎么做的，在一线城市是怎么做的，在国外是怎么做的，在发展中国家是怎么做的，在发达国家是怎么做的。

有一个很好的工具，能帮助大家在大尺度时间、大尺度空间去思考，就是特别简单的"3C"。第一个 C 是 Company，第二个 C 是 Competitor，第三个 C 是 Customer。

第一个 C，意思是你自己从大处着眼，想想你是谁，有哪些长处，现在是干吗的，将来能干吗。当时老罗做手机的时候，我就问他，凭什么是你，你有什么样的优势。

第二个 C，就是你的竞争对手、市场是什么样子，他们过去怎么样，他们的生意做得好不好，他们的利润如何，他们的生意模式是怎样的，他们最强的地方在哪儿。

第三个 C，就是你的客户是谁，谁来买你的服务、产品，他们是哪些人（性别、年龄），他们的心理、购买习惯、购买力是怎样的，甚至他们未来的变化是怎样的。

我写书写了二十年，如果你问我谁读冯唐，他们为什么读冯唐，哪些人是我的竞争对手，作为一个作家，我回答不了这个问题。如果你是我的出版商，不好意思，你必须来回答这个问题。因为我对你来说就是一笔生意、一个产品、一个服务。我作为一个产品，作为一个创造者，反而不需要想那么多，我做好自己，按我自己的理解去表达就好了。如果你逼着工程师，想这些问题是有问题的，但是你逼着 CEO，逼着创始人，逼着管理团队去想这些问题，是再正确、再正当不过了。

2. **小处着手，是精明，讲细节。**战略就是高高在上的吗？错，如果战略落实不到基础，落实不到基层，不能把事情做成，它就立不住。战略从来不会忽视战术、从头到尾的变化，以及优化。

"天妇罗之神"早乙女哲哉炸过二百五十万只虾，他讲，一只虾从海上捞起来，到端到客人面前，要经过二百个以上的环节。每个环节对这二百五十万只虾，都要做一遍。经过反复的落实、反复的优化，才能说真懂一行，才是从小处着手的精明人。

第四，"四勿"："勿意""勿必""勿固""勿我"

1."勿意"，**不要臆想，不要异想天开**。不要"我认为""我以为"，不要你想。你完全可以到现场去看看到底是什么样，去问问专家，专家会告诉你真实的世界是怎样的。

2."勿必"，**不要一定怎样**。不要"一个流程必须这样""一件事一定要这么干"，如果一个人坚持一成不变，经常会出现重大的错误。

3."勿固"，**不要固化印象**。不要说"我就这样了，敌人也就这样了，事情也是这样的，市场也是这样的，客户也是这样的，他们不会产生任何的变化，他们都会按照我想象的他们这样，一直持续待下去……"，事情往往不是你想的"这样"。

4."勿我"，**不要过于自我**。自我是个好东西，一个人没有自我，定不下来事。但是一个人如果总想着我我我，看不到周围，看不到竞争对手，看不到客户，看不到同伴，事情也是没法做下去的，也无法从小处着手，因为他被自己框得太狠了。飘在云里，漂在水面，沉不下去。

举个小例子——订餐，有多少人拿到订餐信息之后，非常清楚穿什么，去哪儿，什么时候去，进哪个包间，坐在什么位置，吃什么，用这个标准来看，百分之九十九的订餐信息是不准确的，至少没有最优化。这种事都不能从小处着手，其他大事怎么能期望他做成？

再举个例子。某天，我收到朋友微信，说咱们碰个面吧，我说好。这个朋友说，在神宫前碰面……是有咖啡馆的那个神宫……那家咖啡馆的阳光很好，我现在就沐浴在阳光之下……这个阳光上面还有一朵像小象一样的云彩，我就在那云彩下边儿等你。我说给我地址。

只有大处，没有小处，落不了地，眼高手低做不成事，不行。只有小处，没有大处，格局不够，自己做不成大事，而且还可能耽误领导的大事。所以"大处着眼，小处着手"的做事法则，看上去简单，其实是一辈子的修炼。

如果你逼问，是选小处着手还是选大处着眼？两害取其轻，我会说，还得选小处着手，至少能成就些小事，再修行修行，成大事可期。不会管一个医院还好，连手都不会洗，那连一个医生都当不好了。

我没见过，干不了小事，但是能干成大事的人。一室不扫，天下也扫不了。但扫了天下，不扫一室，有时候不是不能，而是懒得干了。

什么是终极领导力

我们现在经常会听到"领导力"这个词,但到底什么是领导力?什么又是终极领导力?

分四部分阐明。

第一,什么是终极领导力

什么是终极领导力?这是一个见仁见智的问题。

引领众人去一个未知地方的能力,是我认为最好的定义。

首先,奠定领导力的标准是什么?

对我来说,好的领导力是成事能力,能否成事,能否多成事,能否持续多成事,这就是领导力最后的金标准。

业务技能、巧言善辩、喝酒交际、人脉圈层,甚至颜值魅力……但即便集天地之精华、万般优点于一身,在我看来,不能成事,领导力也无从谈起。只谈战略，实现不了，这个战略也相当于没用；人长得再美，事办不成，在我眼里也是不美的；能喝酒，最后事没办成，酒就是白喝；认识很多人也没用，嘴里一直说人名，说那些伟大的人名，都没有用，因为这些人名没有帮你把事情做成……

所以能否成事，能否多成事，能否持续多成事，是我眼中领导力的金标准。

那么，领导力的构成是什么？这些构成有没有先后顺序？如何练就？都是公说公有理，婆说婆有理。我谈谈我的看法，以及心路历程。

我的朋友老罗做锤子手机的时候，我知道他不愿意听我唠叨太细的事，也不愿意听我唱反调。我想作为朋友，作为一个战略管理专家，总要从我的专业方面给他一些建议。我说，我就给你三点建议，在公司创立的早期：抓大放小、容人、定方向。

其实，在中小公司，对于一个很能干的领导人来讲，这三方面代表了他的领导力。首先能不能抓大放小，不是所有的事情都自己做；其次能不能容人，有一个团队死心塌地跟着你干，不是为了一份工资而打工，整天听你发脾气；最后定方向，能不能给大家指出一个确定的方向，然后去坚持它。

抓大放小、容人、定方向，这是中小公司领导力的构成。

后来，他的公司越做越大了，员工接近千人，他就变得特别累。我就跟他讲，我第一次当CEO的时候，管了上万人。我上头是董事长，他也是我的一个好老哥。我习惯把事说在前头，就问董事长，董事长干什么，CEO干什么。核心问题就是，董事长和CEO的分工应该是什么。他说得很有意思，CEO干，董事长看，就是他看着我去干。那我下一个问题就是，CEO是干什么的，你老罗作为

CEO 应该干什么。

当公司已经接近千人时,那 CEO 可能就需要做三件事——定方向、找人、找钱。

1. 定方向。因为我是做战略管理出身,所以我还是把"定方向"当成领导力非常核心的一部分。方向都定不出来,怎么能领导大家往某个方向去走?笃定的方向,会产生独特魅力,激发自己和员工更多奋力一搏的热情。

2. 找人。找到合适的人,弥补自己能力和天赋的不足,帮助一个集团往前走。

3. 找钱。找钱为什么是领导力构成的一部分?没有钱怎么打仗,没有钱怎么发展?管理者如何找到合适的钱、性价比高的钱、能够跟业务匹配的钱,这个也是高级领导力比较重要的一部分。

第二,终极领导力说到底是个人能力

如果上述的事你都做了,达到了领导力的标准,能干成一些事。这时,你可能还面临一个问题:你最大的风险在哪儿?

很多管理者没有意识到,**领导力说到底,最大的风险是危急时刻**。公司做大,持续运营的时间一长,总会遇到危机。往往关键的一两个危急时刻,决定公司和组织的生死,考验你是不是一个好领导。

对于危机,曾国藩总结过很多看法,我觉得他的看法在今天依旧适用。

"凡危急之时,只有在己者靠得住,其在人者皆不可靠",说的是出现危机的时候,只有你自己靠得住,如果指望别人,都靠不住。这里的危机是真正的危机,不是小危机(比如公司没电、被工商局罚款等),而是大危机(比如现金流断了、主要员工或领导辞职、主要品牌受影响、巨大的公关危机等)。

其他人,"恃之以守,恐其临危而先乱;恃之以战,恐其猛进而骤退",如果你靠他们来守城,守一摊生意,守一个摊子,到了真正危急的时候,他们会自己先乱。如果依靠他们去打仗,去攻伐战取,恐怕会非常快地前进,遇上一点困难又非常快地退却。

曾国藩的意思是,团队其实也靠不住。我们经常说,领导力是能够选人、用人、培养人、留住人。这是领导力非常重要的部分,但我也认同曾国藩说的,终极领导力还是个人的能力、个人的领导力。

曾国藩一直强调团队建设的重要,为什么他又这样说呢?其实他强调的是,团队只是辅助力量。在公司生死存亡的危急时刻,领导者要知道,只有他自己才是可靠的,才是能靠得住的。这要求他亲自上阵,亲力亲为,自己指挥决胜于战场的瞬息变化之间。

不能等、不能靠、不能指望其他人在最关键的时刻,比自己更努力、做出更重要的决策。打硬仗,自己上,这是领导力的最终体现。一个人,扛得住、罩得住,才是成一切大事的根本。

我必须指出,以上我讲的是终极领导力,而不是领导风格。大家在日常工作中,经常遇上一些事必躬亲的领导,也会遇上一些甩手掌柜、完全不管的领导,这两种领导其实在领导风格上都有需要调整的地方。但这里只讲终极领导力,就是最关键、最危急的时候,好的领导应该是什么样子的?一家公司或一个组织能够依靠的是终极领导力,而不是日常领导风格的变化和平衡。

所以做领导还是很难的,不要只看领导平常都把事情分给下属去做了。好的领导,如果看见下属的PPT真做不出来,明天又要给更大的领导去汇报,他应该自己抓起纸笔写PPT。遇上关键的事,决定生死存亡的时候,领导应该站在最前面。

第三,终极领导力是怎样修炼成的

明白什么是终极领导力后,还有另外一个问题:终极领导力是怎么修炼成的?

作为一个终极领导,想拥有终极领导力,但怎么修炼成呢?

我为了练就终极领导力,经过了很多的心路历程,有过一些座右铭,比如曾国藩的"大处着眼,小处着手;群居守口,独居守心"。这句话指导我在麦肯锡做了接近十年的战略规划,没出过什么大错。

另一个切入终极领导力途径的座右铭,是孙中山的一句话:"夫天下之事,其不如人意者固十常八九,总在能坚忍耐烦,劳怨不避,乃能期于有成。"天下的事,不如人意的经常十件事里有八件或九件,你总要坚忍耐烦,不避重活,不被其他人各种不好的说法所打扰,坚持住才可能有成就。这句话指引我在创建华润医疗的前三年里,忍了很多不可忍,吃了很多在想象中吃不了的苦。

曾国藩和孙中山的话,我让好友给我写成毛笔字,挂在墙上,天天看,月月看。

第三个对我修炼终极领导力有帮助的,其实是我妈的一句话。我妈说:"一个男的,生下来带个小鸡鸡,只能自己奔命去。"虽然我没有理解这句话的内在逻辑,但是我妈从我能听懂人话的时候就跟我唠叨这句，我听多了，脑子里就默认它是某种真理。这句话至少告诉我，你没有别人可靠，你要独立，要挣钱，要自求多福，要好自为之。

　　这三句话，让我四十岁之前的人生，受益颇丰。但是四十岁之后，我渐渐感觉到，就这些催人做事、催人拼命变牛的座右铭开始产生副作用，而且年岁越大，副作用越强。

　　我们这些人，从认字开始，就被社会和父母逼着做好学生，任何一门功课，似乎考不到满分就是某种或大或小的耻辱。后来，随着年岁越来越大，你会发现如果总这么做事，你在关键时刻可能已经没力气挺上去了，因为你太多的精力、太多的能量，在过程中已经被充分地消耗掉了。

　　小二十年下来，认真负责，尽心尽力。这些状态，被这些催人奋进的座右铭，狠狠地砸到了血液和骨髓里。工作的确是做好了，但心性会变得特别艰涩生硬，长期睡眠不足，睡个懒觉都会觉得在做梦。十次做梦，两次梦见如临深渊、如履薄冰；五次梦见一棵巨大的议题树，帮助客户厘清问题的核心所在；还有一次是梦见高考，一路赶到考场，却没带准考证。

　　活到快要知天命的年岁，开始自我怀疑，人生如果天天按那些座右铭去活，你会发现这辈子好惨，很快睡眠没了，很快人毁了，很快什么也都没了。我不想总梦见这些提心吊胆的事。但我还想，如果真的出现危急关头，我还能把终极领导力拎出来再使一下子，怎么办？

第四，冯唐九字真言

痛定思痛，我自己写下了九字真言："不着急，不害怕，不要脸。"

"不着急，不害怕，不要脸"意味着什么？

虽然很多人有共鸣，但是大家的理解或许跟我的理解有些差异。人生不同阶段有不同感悟和诉求，各位关照己身，取其精华。

"不着急"，说的是对时间的态度。

"不害怕"，说的是对结果的态度。

"不要脸"，说的是对别人评论的态度。

1. **"不着急"，说的是对时间的态度。**一个人做完该做的努力之后，心里要放下，手里要放下，要做的是等待。有耐心，有定力，给自己足够的时间，给周围人足够的时间，给事物的发生和发展足够的时间。仿佛你已经播了种，浇了水，施了肥，给种子一些时间，给空气、阳光和四季一些时间，给萌发的过程一些时间，你会看到明黄嫩绿的芽儿。

"有时关切是问，有时关切是不问。"有时候不做比做什么都强。这就是"不着急"，对时间的态度，遵从万事万物的发展规律。

2. **"不害怕"，说的是对结果的态度。**自己充分努力了，有足够耐心之后，结果往往是好的。在好消息来临之前，担心结果一定是无用功。我习惯了给自己和团队打气：尽人力，知天命。我的经验是，只要我们尽了人力，天命就会站在我们这一边，实际情况也往往如此。

即使结果不好，也不意味着就到了穷途末路，人生可以依旧豪迈，只要人在，我们可以从头再来。细想想，历史上哪个真正厉害的人物不是多次败得找不到北？只要不害怕，能总结得失，能提起勇气再来一次，就不是真正的失败。

3."不要脸"，说的是对别人评论的态度。这里的"不要脸"并不是没脸没皮，没有责任心。说实话，九字真言里的"不着急""不害怕"看上去难，练久了还是容易做到的，最难做到的是"不要脸"。

做不到的破坏力也特别大。心理学研究表明，自责、后悔、惭愧是负能量等级最高的情绪，"只要想起一生中后悔的事，梅花就落满了南山"。

我安慰自己的话是："我已经尽力了，还要我怎么样，我还能怎么样？咬我呀！咬我呀！"

"诸事无常，无常是常"。一个结果有可能由太多的因素决定，有些因素是你不知道的，更是你控制不了的。"花开满树红，花落万枝空"，别人再说什么，那是别人的事，你不要把它当成自己的事。

一个人尽力之后，要永远地面对自己、面对他人，对宇宙说："我有足够的耐心和定力，面对任何结果和舆论。"

古话讲："是非审之于己，毁誉听之于人，得失安之于数。"如果耐心和定力不够，你就闭上眼，伸出双手，大声喊九遍九字真言，让宇宙听见你的声音。

"不着急，不害怕，不要脸。"

这么做，或许十年、二十年，你渐渐会有一个坚硬的内核，会有终极领导力。

你需要知道的职场沟通规范

职场如何沟通,人和人之间形成一道鸿沟,怎么才能绕过这道鸿沟?

曾国藩在沟通这点上,说得非常少,最重要的,只说过六个字:"多条理,少大言。"

"多条理",是先想清楚,想清楚是表达清楚的基础;很多人表达不清楚,往往是他没有想清楚。"少大言",是不要说废话,集中在要说的事情上。在职场沟通的时候,特别是跟高级领导沟通的时候,尤其要注意这点。如果大家能体会清楚这六个字,对于职场沟通中百分之六十的事情就能够处理和解决好了。

我跟大家分享一下我在工作中总结的十三个职场沟通要点。

第一，倾听

为什么沟通第一条要强调倾听？其实在职场沟通中遇见的困难，一半以上来自你或者对方不去倾听。只有先听，才有可能构建你理解其他人想要说什么，或其他人想要理解你说什么的基础。所以，不要总想着自己想说的，在跟别人沟通的时候，同时也要想想别人在想什么，想说什么，要真心去听。

教大家一个特别简单的诀窍，在你表达意见之前，先问三个问题，再发表自己的意见。这三个问题是：你对这个问题是怎么想的？为什么这样想？有没有其他解决方案？当然这三个问题可以有各种各样的变化，可以是五个问题，甚至是十个问题。但是，下次在你发表意见之前，先至少问三个问题。如果经常这么做，甚至形成这种习惯之后，你会发现自己的沟通能力上了一个台阶。

第二，在倾听的基础上，理解别人的诉求

倾听并不是简单地听明白，而是再进一步，理解一下别人这么想是为什么，甚至多了解一下这个人的背景、这件事的背景，可以帮助你理解他为什么这么想。听不是简单地听，而是带着脑子、带着心去听，并且你要站在他的角度想，如果我是他，我会怎么想。

第三，开放

不要预设答案，不要预设解决方案，不要把沟通的过程当成你下命令的过程。如果你跟另外一个人是明确的上下级关系，那这个

沟通不能严格定义成职场沟通，而是大家把问题讲清楚，你告诉他怎么做就好了。但是，更多的时候，真正的沟通，你需要放松自己的预设，调整心态，不要认为自己一定是对的，不要认为自己已经有答案了；否则的话，你还沟通什么，你还讨论什么？

第四，平等

好的沟通，是大家聊的过程，你一边听，一边想，他为什么这么说，然后你说说自己的意见，看看别人怎么反应。在整个过程中，一个重要的态度是平等，不要居高临下，哪怕你是绝对上级。你要知道，在一线工作的人，他很有可能掌握更多的数据、信息；他作为一个受过良好教育，在这个问题上花比你更多时间的人，很有可能在这件事上的思想比你更强。所以希望各位要平等地、不要居高临下地去聊聊看。

第五，多条理

大家总是希望沟通的效率能高一点。沟通效率要提高，多用"金字塔原则"，"金字塔原则"能够不重不漏地思考和表达。你列举了三点，这三点彼此之间没有重复，合在一起，又对整个问题的全貌几乎有百分之百的描述。

第六，少大言

"少大言"就是越具体越好。情况是什么样子的？背后的关键原因是什么？结论是什么？希望解决的具体措施是什么？越具体越好，不要用那些常用的套话，多用一些具体的、实实在在的街面上的话来表达，这样在职场交流里，反而效果要好得多。

第七，创造一个好的职场沟通环境

老话讲"酒后吐真言"，大家能够彼此就着一瓶啤酒聊聊天，而这种聊天，很有可能比大家面对面在会议室就着一杯白水，聊得要更痛快、更真实、更放松。比如，约个跑步。在锻炼过程中，大家聊一件相对复杂的事情。能够在一个相对扯脱、跟商业环境不太相关的地方，作为一个有温度的个体，和另外一个有温度的个体，聊一件有可能彼此要花点努力才能互相理解的事情，有可能效果会更好。

第八，就事论事

事是怎么样的，之后应该怎么办？在过程中避免情绪化，避免把个人的荣辱、对错和个人的责任放在第一位。常见的情况是，有些特别简单的事，特别明确应该如何去做，对于有些人就是讲不清楚。这时稍稍侧面看一下，就容易明白了，这个人一定是之前对这件事发表过什么意见，或者这件事如果按常识去做之后，会对他产生某种影响，比如某种权力的丢失，某些荣辱的记载。

第九，可长可短

如果你去沟通的对象，有足够多的时间，比如一个小时、两个小时，你可以用"金字塔原则"从上到下、从下到上把各种细节都讲清楚。如果他没有时间，只有上完厕所之后洗手那二十秒，你就可以只讲二十秒，把最重要的话搁在这二十秒去说，你能不能做到？如果想做到，就不得不使用"金字塔原则"，把最重要的一、二、三列清楚，说明白。

第十，职场沟通中多讲事实，少讲个人喜好

观点对观点，理论对理论，通常很难分出对错。比如，我喜欢红色的车，你喜欢绿色的车。我很难说你对，你也很难说我错，但如果我说，红色的车遇到的交通事故少一点，绿色的车遇到的交通事故多一点。你说你的数据显示也是如此，大家就容易形成共识。

第十一，交流时不要庞杂

不要在跟别人交流时还一直看着手机，或你跟对方交流时，对方还在讲着电话。如果希望交流的效率高，那各自都把手机放下，你可以说："你现在有五分钟时间吗？咱们把手机放在旁边聊一会儿。"甚至你可以主动做出姿态，把手机搁在身后，他很有可能也像你一样把手机搁在身后。甚至可以提醒：咱们这五分钟老老实实地、好好地聊几句，你能把手机放下吗？这些都是可以提醒的。

另外要注意的是，不要在特别累的时候交流。比如晚饭后，喝

过酒了，已经累了一天了，这时候再交流很复杂的事，很有可能造成彼此一脑门子官司。希望各位能找到对方最好的交流状态。

什么是最好的交流状态？举几个例子。

比如，之前在麦肯锡，我跟一个法国合伙人一起做项目。发现他有一个特点：中午会抽空去游个泳，我就一直让他的秘书给我约他刚游完泳之后那一个小时。跟他在游泳之后那一个小时交流工作，他情绪很愉快，我交流的事情很容易跟他达成共识，然后我们的事情就推进得特别快。他也会产生很多很有意义的想法，能让我们共同把方案弄得更漂亮、更有意思。

找一个对方最好的交流状态，就是找他最容易听进去话、他最有创造力的时间。

再举一个例子。我原来有一个领导，他是一个脾气比较大的胖子，经常因为自己胖要减肥。所以，他有可能一天从早到晚都不太开心，特别是他处于长期轻断食这种状态。你很难找到一个他心情比较好、可以跟他有效沟通的时间。那我使用的方式就是，带一大包果仁，再带一些很好吃的茶点，摆在他面前，然后把这个袋子给他撕开，我先吃一点，然后我们一边吃、一边交流。你会发现，他血糖高了之后，交流状态就会好很多。

第十二，在职场交流中减少使用口头禅

大家经常会下意识地说"没问题，我搞定"，这种背后隐藏的潜台词是，我已经知道了、我很棒、我没问题、我最好了等等。其实你往往会发现，说这些"没问题，我搞定"的时候，不一定真没问题，不一定能搞定，那还是把这些口头禅收起来吧。

第十三，在职场交流中少情绪化

比如，保持低声调，不要吵，吵是不能解决任何问题的。哪怕你有一股火从胸中涌起来，还是要记住，这股火出去，一定是对这次交流有伤害的。你把这股火压下去，用更低、更缓的声调来讲你要说的话。

比如，喝一瓶香槟，互相倾诉一下衷肠，互相吐吐槽，互相说一些平常在酒前不敢说或说不透的话。但是要小心，酒对有些人，特别是对一些男性，容易激发他的打仗状态。如果他没喝多，可能还可以冷静地跟你谈一些相关的问题，但是喝多之后，他往往会觉得，他说得对，现在的目的并不是谈事，而是他要"敲掉"你，他要"干掉"你，他要在言语上胜过你，等等。后来我发现，对于喝多之后容易激动、容易有很强进攻性的人，可以谈大家都喜欢听的话题，不要谈有严重分歧的话题。

以上之所以没有按照沟通场景去跟大家讲技巧，是因为如果大家能够看懂并不断练习，甚至掌握以上多数的沟通技巧，各位在不同的场景都可以沟通得很好。

带团队的四条铁律

一个成事的人，除了管理自己之外，还要管理项目、管理团队。管理不好团队，其实你也管理不好自己，因为你自己也是一个团队。具体如何管团队，有各种各样的说法和理论，下面我讲讲带团队的四条铁律。

第一，勤

我引曾国藩的一段话："治军以勤字为先，实阅历而知其不可易。"管理军队、带团队，第一个字是"勤"，虽然像句废话，但的确是经历了很多事之后，发现必须以"勤"字为先。

"未有平日不早起，而临敌忽能早起者；未有平日不习劳，而临敌忽能习劳者；未有平日不忍饥耐寒，而临敌忽能忍饥耐寒者。"从来没有平时不早起，而打仗的时候忽然能早起的人；从来没有平时不吃苦耐劳，一旦要打仗的时候就能吃苦耐劳的人；从来没有平时不忍饥挨饿，一旦面临敌人忽然能够忍饥挨饿的人。我完全同意，平时这个人是什么样子，然后他上战场、遇上特别难的项目是另外一个样子，不存在这种人。

"吾辈当共习勤劳，先之以愧厉，继之以痛惩"，我们要一起习惯勤苦耐劳，开始的时候，用思想教育，上思想课，让大家包括你自己在内，知道不足，自己奋进。你要身先士卒，比你的团队提早养成好的习惯，不然人家有足够的理由不信你，不跟着你做。

如果上思想课还不够，那就上纪律课，就是所谓的业绩文化。Performance Management（业绩管理），可以变成很复杂的一套 KPI（Key Performance Indicator，关键绩效指标法），就是用什么样的指标，衡量什么样的人、什么样的位置等。但是也可以非常简单，比如奖勤罚懒、奖优罚劣。奖励，包括物质奖励、精神奖励等；惩罚，包括扣钱、降薪、降职等。

如果上思想课不管用，那就上纪律课，如果还不行，就用大棒子。

曾国藩这段话，一定是基于惨痛的教训而说的。对于自己、小团队或者大队伍，都不要心存任何侥幸，平时做不到的，战时也做不到，其实反过来，平时即使能做到的，战时也不一定能做到，一个月、一年能做到的，不一定五年、十年、一辈子能做到。所以，平时就是战时，不能拿平时当借口。对于自己，每天必须早起、习劳、忍饥耐寒，就是这么简简单单的做人之道。

第二，放

曾国藩说："前曾语阁下以'取人为善，与人为善'。大抵取诸人者，当在小处、实处；与人者，当在大处、空处。""与人为善"现在成了一个成语，意思完全变了。我们回到曾国藩的原义上，他是引用了《孟子》的"取诸人以为善，是与人为善者也。故君子莫大乎与人为善"。君子是指士大夫、执政者、团队的领导者。执政者并不是管得很细，并不是要事事躬亲，他们最要做到的是带领老百姓向好的方向发展。"与人为善"的本义是带领老百姓向好的方向发展，不是说对人要善。

要实现与人为善、全民奔小康，第一步就是要总结、提炼、吸收老百姓的好经验和好想法。绝大多数人认为特别好的事、特别向往的事，就应该是执政者最该推动的事。你是给谁服务的，执政为谁？为的是绝大多数人。一切以人为本，不是一句口号，要真的把老百姓而不是其他放在一切行动的出发点上，这就是曾国藩引用的"取诸人以为善"。

看上去挺简单的，但我见过的很多管理者，做的都是从自己出发的事，自己认为这样做好。勿意，勿必，勿固，勿我，别总说我以为如何如何，别总认为必须如何如何，别总强调过去如何如何，别总维护自己，别总把自己放在最核心和最高处。

如果你管理团队，是以你为中心出发去管，你会发现，会遇到很多障碍，会做很多无用功甚至产生坏结果的功。但你反过来，从老百姓、从团队成员的角度出发，知道他们在想什么，然后你就放手让他们去做，这才是真正的以人为本，你也可以事半功倍。

曾国藩进一步细化了这两个步骤。首先，总结、提炼老百姓或者团队成员的好想法和做法，重心落在小处、实处。老百姓想说点话、想跳跳舞，你就让他说点话、跳跳舞。大话空话、不可能错的话就是废话，不是犯懒，就是犯坏。其次，引导老百姓奔小康，要指引方向和远景，不必规定细节。你总结出小处、实处，就让老百姓去干，相信老百姓，相信高手在民间，不干涉老百姓怎么做，他们会找到方法。

做官如此，做管理也一样。我自己做医院投资，几乎每家医院都跟我说，他们以人为本。可实际情况却是，有的是以当地领导为本，从领导的方便、舒服、利益出发。下面再以大专家为本，以大专家的方便、医生的方便甚至护士护工的方便为本。还有的可能是以投资者的利益最大化为本。这其实跟以人为本不是一回事，以人为本是以患者为本，以普通的医护人员的工作需要为本。真能做到以这两个为本、有质量又有服务的医院，实话讲太少见了。

再举一个历史上的小例子。1978年11月24日的晚上，安徽省凤阳县凤梨公社小岗村西头严立华家，低矮残破的茅屋里挤满了十八个农民。他们在开一个秘密会议，讨论一件事情。最后，诞生了一份不到百字的包干保证书。其中最重要的三条内容：一是分田到户，包产到户；二是不再伸手向国家要钱要粮；三是如果干部因为这个坐牢，社员保证把他们的小孩养活到十八岁。1979年10月，小岗村打谷场上一片金黄，经计量，当年粮食总产量66吨，相当于整个生产队1966年到1970年五年的粮食产量。

你看，其实没有做任何事情，只是放手让群众、让老百姓、让团队去干，这些最基本的奖勤罚懒，几乎是打响了改革开放的第一枪，迎来了之后数十年的承平。

"放手"的"放"，才是真的以人为本，切记。

第三，势力

曾国藩说："用兵之道，最忌势穷力竭。力，则指将士之精力言之；势，则指大计大局，及粮饷之接续、人才之可继言之。"势是全局，是计划的前瞻性和人力物力的可持续性。全局是什么样子的，粮草是不是跟得上，人才的后辈是不是顶得上。对于势，带兵打仗的人，最需要估计的是，是否有取胜的可能，有多少可能。不影响最重要战略目标的前提下，节流到骨头，手上的现金还能烧多少个月，多少核心管理人员会走，还需要补充多少，还能不能找到替手。其实做管理、做领导是一件很烦的事，就烦在这些东西，你要天天、周周、月月盘点，如果有缺，要想着怎么补上，谁来补，怎么补，等等。

力，是指实战。全局有大致的概念了，并不意味着具体打仗的时候一定能赢。你把这个势、局都安排好了，具体打仗的时候，能不能遇事平事、遇河搭桥、遇山开道。力，是实战，是团队在执行战略中解决问题的能力和动力。

我总强调，一星期干八十个小时，你再增加一点，干九十或一百个小时，再往上那是要出人命的，要出精神病了。所以，势穷力竭是用兵大忌，你本来手上有一把好牌，但是势头没了，团队干不动了，本来已经有战略上的胜算，但是痛失好局。这种情况我也见过多次。

第四，理想

"古来名将得士卒之心，盖有在于钱财之外者"，真的名将，能让人一直跟着他的，没有钱一定不行，但有钱不意味着一定行。一个好团队，不是靠薪酬维持的。

"后世将弁专恃粮重饷优为牢笼兵心之具，其本为已浅矣"，后代这些带兵打仗的、带团队的，总是仗着粮食多、给钱多来笼络人心，其实这个修为已经是很浅的了。为什么？"是以金多则奋勇蚁附，利尽则冷落兽散"，你钱多的时候，很多人在你旁边聚着，钱一没，大家就作鸟兽散了，你门前冷落鞍马稀。钱重要不重要？重要。是不是最重要的？不是。

这句话是曾国藩给他的CFO（首席财务官）写的。CFO过来找曾国藩要加钱加薪，曾国藩果断拒绝了，讲了一番道理。那"钱财之外者"是什么？曾国藩没说，我来告诉你，有两点。一是伟大的理想。我们在做一件能让世界变得更美好的事，一件开天辟地的事，一件解决社会最痛点的事，一件前人从来没有做过的、能让我们子孙享受好几代的事。大家会觉得，我们是一块儿做非常了不起的事，这对团队有巨大的激励作用。二是给团队干事的机会。除了理想之外，他如果能干，就让他多干，如果能成事，一定要给他一个环境，让他多成事、多成大事，成为一个伟大的成事者。

带团队的四条铁律："勤"字为先；该放手的时候放手；维持好势能，不要让团队势穷力竭；最后不仅用钱激励团队，还要讲理想、讲精神。

如何制定团队激励政策

公司一定要思考，要去做激励，在现实工作中常会遇到问题。比如，做了所谓的激励也没什么用，无非是完成了 KPI，奖励一两千块钱；比如，激励政策是做了，但设的门槛高，大家不知道怎么实现，努力到死也达不到；比如，激励政策是给了，员工也做了，但是公司不兑现。

究竟怎样的政策，才是真正的激励政策？为什么要做激励政策？它在公司管理的大背景下有什么作用？作为领导层应该怎么激励？

团队激励，技术上的细节，需要专业咨询机构提供。这里我就三个关键点展开。

第一，何谓业绩理念

二十年前，我在麦肯锡做的第三个项目，是一个公司内部项目，当时为什么做这个项目？因为有一个问题一直困扰我，也困扰着大家，就是一个基业长青的企业到底应该是什么样的？

《财富》五百强企业起起伏伏，有时候企业进去，有时候企业掉出来。如果拿三十年作为时间维度，会发现曾经进入《财富》五百强的企业，三十年之后还在五百强里的，概率不超过百分之五十。那问题来了：什么样的企业能够进入《财富》五百强，并且长盛不衰三十年？从这些企业学到的关键点，能否适用于亚洲企业，甚至中国企业？

答案是：能在《财富》五百强中长盛不衰的企业，有五件事一定要做好。这五件事同样适用于亚洲企业，适用于中国企业。

第一件事，要志存高远，要有一个愿景，这个愿景是企业存在的价值和最终目的。就像一个人一样，他要志存高远，他要想到不朽，才有可能不朽，如果想速朽，那很快就会被人忘记。做一个基业长青的企业，如何能够长久地为人类和地球创造价值、财富、服务和产品，好的企业通常都会立住这样的愿景。

第二件事，有非常切实具体的可以衡量，以及经常会调整的近期、中期、长期目标。会有一年的、三五年的、十年的目标，这个目标也是可以衡量的，经过一段时间，还会调整一下。

第三件事，组织架构一定要相对扁平，而且组织架构中的核心，要有明确的责权利（责任、权力、利益）。一个组织要相对扁平，才能够让管理信息通畅地流通，比如，事情做好了、做差了，知道最出力的、最应该负责的团队是谁。

第四件事，要有业绩反馈。经过一年、半年，甚至一个季度、一个月的努力，要非常清楚地沿着战略，设定好的宏观目标、近期目标，判断到底做得如何。你的组织、团队知不知道谁做得好、谁做得差，内部是不是相对透明，而不是你好、我好、大家好。内部要相对透明，外部也要相对透明，你总觉得自己做得好，但是跟外界的主要竞争对手相比是不是做得足够好，不能只是自己嗨。

第五件事，结果管理，形成闭环。设了愿景、目标，组织往前去做了，最后拿到业绩反馈，要奖勤罚懒。如果持续做得差，该开除就开除，该降级就降级；如果持续做得好，该升职要升职，该加薪要加薪。这就是结果管理。

这五件必须做的事，欧美基业长青的企业做得都相当不错。挪到亚洲，挪到中国，我们当时也做了很多访谈、问卷，有意思的是，亚洲企业，特别是中国企业，相对要"温良恭俭让"一点。比如，愿景会定得更高远、宏大，但是目标没有那么具体，组织没有那么扁平，业绩反馈老板知道，但是自己的团队内部不是相对透明的。

最大短板是结果管理。如果做得坏、持续坏，怎么样呢？我们毕竟还是一个人情社会，往往老板不敢下手开掉这个人，那么降薪、让这个人挪开位置，不让他挡住后浪前进的脚步。

以上讲的共性，好的企业都会有，但是企业管理不是铁板一块，它有很多地方可以相对灵活。从管理的层面来看，有两组杠杆体现了不同企业的风格，一组叫协调控制，另一组叫激励。

控制、激励，是管理学中两个重要的议题。

控制，再进一层，有三种侧重点不同的控制。

第一种是控制人。把人的选、用、育、留，人的分工做好，百分之八十的事情就做好了。

第二种是控制财务。它不会花那么多精力在人的选、用、育、留上,而是在财务上下功夫。也就是让你去做一件事,一定时间后,我要看到财务结果。特别是一些发展较完善、增长没有那么快的行业中比较成熟的企业,会看重财务控制。最后的财务报表上,收入、利润、成本……差出百分之五,股价变化会非常大。原因就是比较成熟的企业在比较成熟的行业里,财务控制理应比较好。如果它实际产生的财务回报跟预算的数字,差异稍稍大一点,就说明管理出现了严重的问题。

第三种是控制运营。生产型或者产品主导型企业,它主要的管理维度是沿着运营,通过控制产品或服务,按一定的时间、质量、成本递交到市场去,完成对市场的占有、对市场的控制。

所以不同的企业、行业、完善程度,用的杠杆可能不一样。

一个大型企业,几万甚至几十万人,光靠控制,就没有足够的动力来成事、持续成事、持续成大事。这时候就需要另一个重要的议题——激励。

第二,业绩理念下的三种激励形式

激励靠什么?激励也有三个杠杆。一是 Money,钱;二是 Opportunities and Position,机会和职位;三是 Values and Believes,价值观和理想。

激励,曾国藩没直接讲过,但他应该知道、实践过。他弟弟曾国荃透露过这一点,"挥金如土,杀人如麻,爱才如命",也有另外一种说法,"爱财如命"。特别是湘军后期,升官发财是他们重要的推进手段,很像某种风险投资,高风险、高回报。打下这个城池,烧杀抢掠,回家之后吃香的、喝辣的,娶一个老婆,娶两个老婆……这是过去清朝的时候。但是,如果没有激励,很难想象这么多人在那个时代、那种环境下能够拼死。同理,一个好企业,如果想基业长青,想中长期一直能够成事、多成事、成大事,必须有财务激励、机会激励、理想激励。

第三,三种激励的实操要点

财务激励、机会激励、理想激励,在实操中应该注意什么,避免什么?

财务激励常见的错误:

1. 平均主义。大家看上去都有奖金,都有期权,如果每个人相差只是百分之十、百分之十五,甚至百分之二十,那就相当于没有激励。都有激励就相当于都没有激励。平均主义一定要避免。

2. 不和战略挂钩。财务激励和你的战略没有关系。我总是跟CEO讲,要有系统性。战略指挥棒指到哪儿,之后的激励要到哪儿,而不是战略是战略,激励是激励。两张皮,战略完成了,或完不成了,跟财务激励一点关系都没有,这是大忌。财务激励要和战略挂钩,要和战略目标的达成严格挂钩。

3. 一把手舍不得给钱。一把手老想把钱搁在自己的腰包里。"财散人聚,财聚人散",如果一把手经常把百分之八十甚至更多的钱,搁在自己腰包里,不跟大家分,兄弟们没法跟他干的。

机会激励,要注意以下几点:

1. 不要怕用年轻人。一些CEO,特别是年岁大一点的CEO经常说，现在的年轻人真是不能干，真是懒，真是很佛系……后来我就问：您当CEO的时候几岁呀？他说：三十二三岁。我说：您刚才说的年轻人，他三十几岁？他说：三十八九岁了哦。我说：对，历史上很多建功立业的，咱就不举霍去病的例子了，现在成名立万的很多猛人、很多CEO，他们真的独当一面的时候，往往是三十出头。我想说，已经有江湖地位的、成名成家的CEO，多给年轻人机会，多用机会来激励他们，甚至比给钱效果更好；让他们去逐鹿中原，让他们去攻城略地，把他们身上的青春、能力，发挥到极致。

2. 要相信学习能力和常识的力量。想拿机会激励一组人或一个人，但你担心，这组人、这个人身上没有做这件事需要的核心能力。说白了，人虽然好，但他干不了你想让他干的这件事。尽管如此，还是一定要相信学习能力和常识的力量。他如果做成过事，有基本的大学教育，又带过团队，又正值三十岁出头，你把战略、目标、机会都给他安排好，通过他的学习能力和常识，他能把事情做好。这是东方管理智慧中非常核心的一点，相信通才教育，相信一个合格的官吏是既可以治水，又可以管两三个县，又可以挖运河的。

管理上也是一样。当时在华润，能卖怡宝水的人，去卖啤酒，也不见得差多少；他能卖啤酒，就可能能做水泥；做水泥的，有可能去发电；能发电的，有可能能去纺织……这种团队的学习能力和常识的力量，是职业经理人应该倚仗的地方。作为领导，应该相信你手下具备的能力和力量。

3. 要避免山头主义。给机会的时候，要注意，不要在一个赛道给一个人长期的机会。该互调的互调，该轮转的轮转，帮他学习更多的技能，为他提供提高学习能力和常识力量的机会。同时，避免在一个集团里，出现太多的山头，如果出现四五个山头，而且尾大不掉，整个集团很难长治久安。

最后讲讲理想激励。

理想激励在东方管理里用得特别多。不管有些人爱听不爱听，不管有些人已经听出茧子了，作为一个CEO，公司的理想、愿景，必须常讲，而且必须结合战略讲。要常说，公司存在的意义是什么，要给人间带来什么样的产品和服务，所以这三年、五年的战略是什么样子，今年我们要做什么事情。

1. 必须讲。哪怕你周围的人已经听了一二十遍，你就当自己话多。直到周围的人，你提第一句，他们能说出第十句的程度，才能做到：中层及其以上，大家想法是类似的，对于战略、愿景是很熟悉的；大家愿意为一个理想，共同去奋斗。

2. 要注意真诚。哪怕你已经讲了一百遍，你依然要发自肺腑地认可自己这个理想，要发自肺腑地认为自己讲的是对的。

3. 如果大家有隔阂、界限，讲理想激励的时候，可以让大家喝点酒。酒在讲理想的时候是个好东西。

最后再次强调，制定团队激励是一把手工程，作为CEO，要带着你的HR的头儿、战略部的头儿、财务的头儿，共同参与，制订出一套真正有激励作用的计划。它跟你的人、要做的事情、手上有的财力物力密切相关，要强调系统性。

麦肯锡的信任公式

成事中很大的一个痛点是缺乏信任。因为没有信任，很多事办不成，别人不信你，不给你资源，不给你时间，不给你机会。有了信任，我们才能去结交我们生命中的贵人；有了贵人相助，一起团结更多可以团结的人，我们就能变成一个成事的高手，共同把事情做成做好。那么如何建立信任？

针对这个问题，麦肯锡经常运用一个高级管理人的信任公式。可能你会奇怪，信任还有公式？这是西方的一种管理理念。它试图把一个复杂的东西科学化，把一个比较软的东西硬化。信任是一个非常软的、模糊的东西，而麦肯锡用一个公式，最简洁地表达出信任是什么，以及为了建立信任，你能怎么做。运用信任公式，和你一生中少有的贵人好好相处，是特别重要的事情。

第一，成功要素——结交贵人

我非常恨成功学，但是成功确实是每个人都想要的。中国古人有成功十要素：一命，二运，三风水，四积阴德，五读书，六名，七相，八敬神，九交贵人，十养生。提示注意"九交贵人，十养生"，身体是革命的本钱，身体那么重要，但是贵人还在身体之前。而结交贵人之前的"一命，二运，三风水"，跟自身努力关系都不大，但是"交贵人"是可以努力做到的，至少可以努力做得更好。如果让我排，我会把人为的成功要素"交贵人"挪到更前，可能排在前三。

我一生中的贵人有好几个，除了天天撑我的、给我挫折教育的老妈妈，至少还有如下几个人。

首先是我学医学的导师郎景和、沈铿，他俩教会我非常简单的两件事。一是精益求精。精益求精意味着在患者和死神之间，你是最后一道防线，意味着你跟病人说的治疗方案是这个世界上最后的医疗智慧，所以你的压力很大。二是君子之交淡如水，不必多见面。有一次见到郎景和、沈铿大夫，他俩说："海鹏（我本名），毕业之后，我们见你只有四面。"后来我想，虽然二十年已经过去了，我们只见过四面，但是有这样的老师在，你就知道"患者和死亡之间，你是最后一道防线"。虽然不必见面，但你还能感受到来自老师的压力。

其次是在麦肯锡遇到的两个贵人。一个是TC，他是带我最久的人，训练我的基本功和拴局能力。他每次见我，问的第一个问题就是"Are things under control？"（事情是否在掌控之中？）。其实无非是两点。一是解决问题的流程进行得怎么样，是否在控制之中？二是时间线是否在控制之中，是否能够按时、按质量解决问题?因为在麦肯锡的工作就是解决问题。另一个是鲍达民,麦肯锡原全球管理合伙人、全球总裁,2019年任加拿大驻中国大使。他告诉我:"尽管你非常强,但更强的是,激发周围人的潜能。"一个再强的人发挥自己的最强面,你也只是一个人,不能做很多的事情,所以你要和周围的人一起激发潜能,让这种潜能成为合能,共同做事。

最后一个贵人是在商业上教会我如何落地做事的人。我一直记得他跟我说的话:"冯唐,你一直要想三件事,其实说白了是一件事:挣钱。如何挣钱,如何多挣钱,如何持续地多挣钱。"讲虚头巴脑的故事没有用,最终要看的是怎么能够形成一个生意模式,如何调动一支大部队,如何在一个广袤的市场中持续地多挣钱。

每回当我想不清楚事情的时候,我总想一想,这些贵人教会我的东西,好像他们就站在我背后,督促我说:"精益求精;控局;激发周围人的潜能;挣钱,多挣钱,持续多挣钱,是一个生意人的商业良心……"

以我的定义,贵人不是有钱人、有权人,不是帮你遇事平事的人,而是像在暗夜海洋里点亮方向的灯塔一样的人,是你摔断腿之后能当拐杖一样的人,是非常不开心的时候像酒一样的人,是渴了很久之后像水一样的人。

结交贵人太重要了。珍惜这么三五个人,一辈子。

第二,运用信任公式结交贵人

这就涉及刚才讲的"麦肯锡信任公式"。

麦肯锡的生意模式,是一小撮极其聪明、教育背景极好的人,服务于大公司的 CEO 们，让大公司更大、更强，同时让这一小撮人解决商业问题的功力在极短的时间内迅速提高，并过上体面生活。总结一下就是两点：帮 CEO 解决问题，帮公司本身的咨询顾问提高解决问题的能力。

麦肯锡的管理极度扁平，各个合伙人共用管理平台，有很大的自主权。这种生意模式，最重要的基石就是信任，我们内部就需要信任公式。我刚才讲到的 TC 和鲍达民，我们彼此都运用这个信任公式，建立了长期的信任关系。

另外，就是公司服务的《财富》五百强企业，以及这些大企业的 CEO 对麦肯锡合伙人的信任。这是另一层信任。无论是内部的信任，还是外部的信任，都把"信任"提到了最重要的位置。再有一层，就是合伙人和项目团队经理、咨询顾问之间的信任，以及咨询团队之间的信任。

信任建立起来极难，建立之后又极容易被破坏。它像玻璃一样脆，像水晶一样难以掩饰。你信任一个人还是不信任一个人，你心里像明镜一样。

特别是对于一个管理公司，CEO 和合伙人之间的信任很重要。如果他信任你，他可以给你无数他认为最重要的问题、最难解决的问题、最私密的问题，你因此获得生意，获得进步的机会。

我曾经问过客户："你为什么要用我？"他说："虽然我觉得你很贵，你的团队很贵，每当想起这件事时，我就恨得牙根疼。我要做多少个集装箱、造多少只船，才能负担你们一支团队在我公司里待三个月到半年的费用。但是，我是这么想的，我的生意足够大，麻烦事足够多，我把一部分麻烦事，特别是需要动脑子的麻烦事交给你和你的团队，我就可以在这些事上高枕无忧了。你对这些事的焦虑会比我多。这样，虽然我觉得很贵，但是贵得值得。"

他的这种"值得"，最终就落到一个信任公式上：信任＝（可信度 × 可靠度 × 可亲度）÷ 自私度。

1. 可信度。

可信度就是你是一个什么样的人，你的团队是一个什么样的团队，你周围的专家是不是这方面的顶级专家。其实常见的问题是，很多人不知道自己在说什么，不懂装懂，很多专家只是那一小方面的专家，他既没有其他相关领域的专家能力，也没有办法问到那些专家的意见。

并不是说我和我的团队能够解决所有的问题，但是团队里有些成员会是某些子领域的真正专家，以及我们有足够的常识和方法论，有足够的专家资源，能够把相关的专家引来，并把他们的想法拎出来。把很多专家的意见形成最后的真知灼见，这就是可信度。简单地说，就是你和你的团队，以及相关的专家是不是这方面顶级的专家，你的能力是不是解决问题的顶级能力。

2. 可靠度。

可靠度就是个人、团队以及能调动的资源，是不是能够全心扑在项目上，是不是能够保质、按时、按价格把答应的事情办完。你说的事，我能不能信；你答应的东西，能不能完成。英文叫 reliability，就是能不能 rely upon you，能不能信任你，能不能依靠你。

可靠度跟可信度不完全一样。你有可能是某领域的顶级专家，说的话可信，但是我不知道下星期还能不能找到你这个人，你是不是把具体信息收集完了，能不能把具体意见给到我。所以，可信度与可靠度是相关的，但不是一回事。

3. 可亲度。

可亲度英文是 intimacy，就是你和你的团队以及能调动的资源，是不是跟我很亲近。 没有生意的时候，我愿不愿意见他，我愿不愿意跟他在工作之外喝杯茶、喝杯酒，甚至达到更高层次。比如我有一个儿子，我愿不愿意让他多跟这个人接触，甚至跟这个人一块儿工作。这就是可亲度。可亲度的核心，是你招不招别人喜欢。可亲度看上去跟专业性没关系，但是在实际工作中，在建立信任中，是非常重要的。

我建议到了高阶的管理者，应该在工作之外有一点点爱好，喝个茶、喝个酒、插个花、跑个步、旅个游……这样，你和你的贵人除了工作之外，还能有点别的聊的，能建立一些非工作相关的友谊。如果只是纯工作，你很难和那个人有长期的联系。大家换了工作，不在一个地方居住了，不在一个城市，不在一个国家，不在一个大洲……你会发现你们渐行渐远。但是有一些工作之外的爱好，比如你们都喜欢宋词，都喜欢写小说，都喜欢喝手冲咖啡，你们可能慢慢还会走得很近。

前面三个"度"——可信度（这个人是不是专家）、可靠度（这人是不是能交活）、可亲度（这个人跟我是不是很舒服），是除号上边的被除数，它们是一个相乘关系，它们任越大越好。

4. 自私度。

自私度就是你在多大程度上把自己的利益放在我的利益之上或之前， 或者说你考虑你个人的利益多于考虑我的利益，你考虑你团队的利益多于考虑我公司的利益，你为了多挣我的钱，会把我的利益放在后边……还是相反，你不想让我多花钱，你哪怕挣不到钱也会说该说的话，做该做的事。

我最好的客户，也是我生命中的一些贵人，其实这些关键点是他们跟我讲的：你能挣钱的时候，你觉得你不该挣，你没挣，所以之后，我会让你挣到更多的钱。一个能够把其他人的利益，特别是生命中贵人的利益，放在自己利益之前的人，一个能拎得清的人，往往会走得更远。说白了，所有的便宜都被你占了，人家凭什么跟你相处。如果你把自己利益的很大一部分给了别人，那别人会越来越多、越来越长时间地希望跟你相处。

这就是麦肯锡的信任公式：

信任 ＝（可信度 × 可靠度 × 可亲度）÷ 自私度

举一个古代的例子，清代的中兴四大名臣曾张左李，其中两个是曾国藩和李鸿章。曾国藩对李鸿章说："信，只不说假话耳，然却极难。""信"这个东西，也没那么复杂，看上去只是不说假话，但是非常非常难。"吾辈当从此一字下手"，我们应该从这一个字下手，也就是"信"，真实的、不说谎话的信。"今日说定之话，明日勿因小利害而变"，今天说定的话，明天不要因为得到一点小利就改变。整段话里，"信"有两层意思：一是不说假话，二是不要变。按广东人的话说是"口齿当作金"，说的话是金子，就是不变的东西，不要因为小利而变。其实这个小利跟麦肯锡信任公式里的第4点"自私度"相关，如果你因为一点小利就变了，那我跟你怎么能建立信任呢？

这句话虽然很简单，但放在晚清的历史大背景中，让人非常感叹。曾国藩和李鸿章之间，先是上下级，后是师友，然后是同事。两人都是翰林，既饱读诗书，又带兵打仗，有理论、有实践，能密谋、能周全。以上级和老师的身份，曾国藩教给李鸿章的，却是一句大白话的道理：讲信用，不说假话，极难。

最后，建立信任是一件非常非常不容易的事情，不一定能身体力行，但是考虑到信任这么重要，希望你能一步一步开始做起来——做一个可信的人、可靠的人、可亲的人，做一个尽量忘掉自私自利的人。

如何成为中层干部

如何挑选中层干部？这个问题转一个角度，就是如何成为一个好的中层干部。如果你是高层领导，你需要知道如何挑选一个好的中层领导；如果你刚参加工作或者还是中层干部以下，你可以从如何成为一个好的中层干部这个角度去看。

什么是好的中层干部？曾国藩讲了四"不"：不笨、不怕死、不急急于名利、不惜力。我加了一个，不贪财。

第一，不笨

这个标准好像有点低，但在实际工作中会发现，很多人对自己有更高的预期。认为自己很聪明的，可能只是不笨而已；认为自己不笨的，可能是真笨。我说的"不笨"是一个客观的标准。

曾国藩的要求相对高一点，他说："带勇之人，第一要才堪治民。"要有才，才能够治理团队、治理老百姓。什么是不笨，什么是有才？在成事角度上来看，就是有条理，少大言，多落实。

1. 有条理，能够把事想清楚、说明白。常常能看到一些不是很成熟的中层干部，问他一件事是怎么回事，他说得回去再问问人，再收集点资料。如果高层领导没有那么多时间，这种现象又出现了好几次，他对你的信心会降低，会觉得你让他多了很多麻烦。在把基层信息数据收集清楚的基础上，能够归纳总结你的管理建议，把结论给领导，这就是有条理。

2. 少大言，不要吹牛。不要在做事的时候，总想着说自己有多好、多牛，等事做完了，打开一瓶酒，再讲。做事的时候，少一些大话，不要把自己架上去，不要让自我价值感强加于事情之上，不要为了满足自我价值感，做出将来会后悔的事。少大言，少说点大话，多做点实事。

3. 多落实。说过的事情要做到，如果做不到要反馈，不要一件事交下去之后就没了，黑不提白不提，就希望别人能忘掉这件事。这实际上是最可怕的。

第二，不怕"死"

"不怕死"是曾国藩在打仗的时候说的。在和平时期，"不怕死"意味着什么？是不要怕犯错，不要墨守成规，要敢于尝试、敢于牺牲。

举个我自己的例子。我在做华润医疗创始 CEO 的时候，考虑是不是收购徐州的某家矿山的医院。徐州离北京不远不近，这家医院的面积不大不小，但徐州是四省通衢，民风彪悍，这么一家医院不是太大，又不太好管，做坏的可能性很大，做好则需要长时间的投入。

我忽然发现没人可派，好多中层干部都在躲。有的说有老婆孩子，有的说父母年岁大了，有的说没有这方面的经验，有的说自己身体不好……都有各种理由来躲事。那个时候，我特别感激一个人，他说："领导，让我去吧。我想来想去，您手上这二三十人，我去最合适。"他真的去了，干得还挺好的。从我的角度，我非常感激他在那一瞬间愿意冒风险，愿意尝试一些新鲜事物。

有了那次矿山医院的成功，我们之后才敢探索将企业的、矿山的、铁路的……附属医院归到华润医疗的方向。作为中层不怕犯错、不怕死、敢于尝试，是领导特别喜欢的一种品质。

第三，不急急于名利

不要急急于名利，不要老想着闪烁、排名第一，这毕竟不是考试。

一定不要说，我现在应该有什么样的名利，应该受到什么样的认可和重视，应该得到什么样的奖金和升迁……这些事情你最好先不要问，只问耕耘，不问收获，你做得好的，领导看得到，手下、同事也看得到。你自己内心要告诉自己，不要着急获得认可。

在这点上，我有一个不好的倾向，我什么事都喜欢争第一。我知道自己有这个毛病，那我处理的方式就是先问自己，在想闪烁之前，有没有这个基础。我先做好学徒，打好基础，等机会来，接着深挖，长期深挖。我打好了基础，又耐得住寂寞，长期深挖，然后某个机会来了，我拿到了第一。这是实至名归，别人也没什么好说的。

举个例子，1998 年我开始写"北京三部曲"的第一部《万物生长》，最后一部是 2007 年出版的《北京，北京》。这个"北京三部曲"——《万物生长》《十八岁给我一个姑娘》《北京，北京》，都已经成为某种程度的经典。一步一步写，一步一步迈，现在都有了影视作品，如果你想看汉语讲的青春，想看北京，想看改革开放的早期，你躲不过这个三部曲。

我举这个例子，并不是想吹牛，而是想说，你看一个三部曲，我折腾了十年，然后把相关的东西又折腾了十年。即使天赋如我还是想先打好基础，等机会来了再争取做到某些领域的第一。所以，不要急急于名利，不要刚写了两三万字，就说为什么大奖还没有砸到我头上。不要急急于名利，太着急，反而会走得更慢。

第四，不惜力

在成事这件事上，做比说重要，你索性拎起棒子，把事做了，把仗打了，而不总是拿话去哄人，拿话去说明这件事有多重要。

做比说重要，说比想重要。太多人想很多不说出来，更不会去做。所以，领导最喜欢的中层干部是，说得少，做得多，不惜力气去做，而不只是想想，偶尔跟别人说一说，但从来不行动。不要老想，你有什么想法说出来，跟大家表达出来，提合理化建议。

无论是说，还是做，还是想，重要的不是你替领导去想，而是你作为中层干部，多想细节，多想技术上、战术上如何实现，多想到底面临哪些操作上的困难点，以及如何在技术上、战术上处理掉它。注意细节，通过做事说话，把一个一个的难点克服掉，这就是不惜力。

第五，不贪财

中层不要贪财。你可能会问，为什么不强调高层不该贪财，所有人都不该贪财？首先，中层比高层离钱更近，有更多的采买权，更容易接近贪污受贿的前沿；其次，他有可能相对更缺钱，把钱看得更重。所以高层出事，有可能出大事，但是如果中层贪财，他会更早出事。

我曾经问一个投资做得特别好的企业家。他在大企业里做二把手，曾经是我最重要的客户之一。我说："您投资的诀窍是什么？您是如何做到——至少我观察——没有一次严重的失败？您是比别人聪明吗，还是比别人更努力，还是比别人资源更多，还是老天对你更好？到底是为什么，您在企业里做投资，做得比我看到的很多人都好？"

然后他就笑："你是不是觉得我不比别人聪明，觉得我走了很多捷径？"我说："不是，我只是很好奇为什么有些坑您没掉进去过。"

他很认真地跟我说："冯唐，如果你问我投资的诀窍，两个字——'公心'，三个字——'不谋私'。这两个字或三个字是一个意思，就是不要把个人的利益掺到里面去。不贪财，贪财容易出事，而且时间长了，贪财出的事就是大事。不要因为自己贪某个数额的钱财，让公家损失十倍、一百倍甚至一千倍的钱。你只要秉着公心，不谋私，去考虑这个案子，在多数情况下，你会胜过很多谋私的、有私心的聪明人。"

当时给我的感触还是蛮大的，而且现在也很受益。其实大家如果用成事的方法论，加上基本的MBA的教育、基本的商业训练，不会犯特别重大的错误。但是如果不能秉着公心，不能做到不谋私，很有可能跌大跟头。

这五条综合起来，如果都能做到，就是一个很好的中层干部，也具备了很好的成为一个高级干部的基础。

曾国藩说："大抵有忠义血性，则四者相从以俱至。"如果你内心是善良的、忠诚的，是有义气、有血性的，你就可能做到不笨，不怕死，不急急于名利，不惜力。在拥有了这些品质的同时，你还能在大是大非面前不贪财，那你就是一个合格的中层干部或初级干部。作为一个中层干部或初级干部，能把这些当成自己的做人标准，是非常实用的。我也是按这个标准来要求自己的。我非常佩服华润集团用人的方法，不是在所有时候、所有情况下，都用一流人才。有的人不是一流的智商、情商，但能做到一流的业绩。这是怎么做到的呢？我一直在思考这个问题，现在有了结论：首先是战略管控，其次是选好中层。

他可能智商、情商没有很高，但在管理环境下，他至少不笨。他不怕死，敢于尝试，敢于牺牲，敢于推功揽过。他不急急于名利，能够吃一些亏，能够不那么着急被晋升、奖金所鼓励。他不惜力，愿意一周工作七八十个甚至九十个小时，拎着包就走，把力气花在做生意上。他不贪财，公事公办，不谋私利。华润用这种二流、三流的人才，就是因为他们能够做到上面的"五不"，能把一家大公司的多项多元化的业务越做越好。

能成事的中层干部，如果有一定的数量，这家公司、机构一定能够成事。

我之前好奇念珠为什么是一百零八颗。后来看到华润集团在培养第一梯队、第二梯队、第三梯队的干部的时候，我想到，如果说有八个能成事的，大家三观相同，在同一个层面，稍稍分分工，这八个人（别说是一百零八个）就可以成一些大事。如果能有一百零八个特别能成事的中层干部，别说大事了，甚至能够治国平天下。

如果你觉得，这个五步太多了，能不能再精减一点，那我挑三步，不贪财、不怕死、不惜力。不贪财、不怕死、不惜力，就是一个合格的好干部，假以时日、假以时机，就很有可能成为一个高级干部。

CEO 的工作是什么

刚参加工作的时候,我经常有一个疑问——领导是干吗的?觉得那些 CEO、CFO、CAO(行政总监)……整天晃悠着开个会,拍个板,日子过得也太爽了吧。

直到 2011 年,我做了华润医疗的创始 CEO,才慢慢开始了解 CEO 是做什么的。

CEO 到底整天在干什么?把这件事想清楚了,即使你不是 CEO,也至少知道了 CEO 在想什么,以及他们是不是在做正确的事情,是不是把时间用在了正确的地方。

第一,找人、找钱、定方向

曾国藩说:"为政之道,得人、治事二者并重。"做官之道,就两件事:得人、治事。其实就是找人、干活。

"得人不外四事，曰广收、慎用、勤教、严绳。"广泛招人、谨慎使用、辛勤教导、严格管理。曾国藩的言论跟现代 HR 的理论和实践非常相符。现代人才管理有四方面：选、用、育、留。即选人、用人、培育人、留人。当然这个"留人"，也包括开除人。

"治事不外四端，曰经分、纶合、详思、约守。"作为一个战略专家，我可以很负责地讲，这其实跟现代的战略管理也非常契合。"治事"就是做项目。"经分"就是一定要分析到最细节、最扎实、最落地的地方，分析到地摊、街面、街头，分析到你具体的客户。"纶合"是通盘斟酌，可以沉到深深的海底，也要能拔到高高的山上，要想大局是什么。"详思、约守"就是规划周全，执行坚决。执行战略的人，要非常清楚自己在什么时间干什么事情，这样大家一起做一个相对复杂的事情时，才能保证在相对合适的时间达到预期的效果。

执行坚决，看上去像是一句废话，其实不是。病人没被医生治好，最大的原因是什么？是病人不遵医嘱。我做了这么多年战略，最烦的就是人不听话。

举个例子。我有一个二货妈，她经常在群里说："哎呀，我头晕。"我说："血压怎么样？你给我看看你现在的血压。"她拿那个电子血压计一看，血压太高了。我接着问："你过去一个星期有没有按时按量吃抗压药？"我妈说："我脑子不晕的时候，就不吃了。是药三分毒，对吧？我晕的时候，偶尔吃吃。"我说："你是医生还是我是医生啊？！"虽然这话跟一般的患者不能讲，但跟自己妈可以敞开说。

当时在手机屏幕前，我手是抓成鹰爪状的："好不容易给你做了诊断，调了药，定了治疗方案，你不听。你为什么不听？"我妈就说:"医生也有傻的。"我想说,那你……那你就不要找我了,你就不要说头疼了!——我当然不能这么讲了。我就说:"老太太,为了你好,为了大家好,为了世界和平,请你按时按量去吃药。你一定要明白这一点,并不是没症状,就可以不吃药。"只是,每次苦口婆心说一番后,我依然不知道,明天她会不会按时吃药。

说起来像是笑话,但在现实生活中这种事比比皆是。很多好的战略落不了地,原因就是执行不坚决。一个没想透、没想好的战略,如果坚决执行,会误事,会死人;一个想透了、想好了的战略,如果不坚决执行,也会死人,也会误事。

举个例子。有个做水的公司,水在华南地区卖得特别好,市场占有率很高。他们卖水,会有一个战略问题:能不能做其他品类?能不能延伸到其他地方去?后来他们研发了一个新品,跟红牛相对的一款饮料。红牛是累了、困了喝红牛,但是成年人有另外一面的需求,特别想放松的时候喝什么,当时他们从这个理念研发了一款饮料。

当时战略规定得非常清晰:我们掘井及泉,先在一个核心城市,让它成为当地现象级的饮料,然后把这个市场打得相对透,在功能饮料里面有一定的占有率、口碑,让一些客户形成长期饮用的习惯。但战略具体执行期间,CEO有一天晚上给我打了一个时间很长的电话。他说:"这个战略是咱们一块儿定的,我非常同意。但是,我顶不住了,其他几个区域的一把手跟我说,他们也要一起卖这款饮料。"当时我跟这老哥说,不行。

打仗需要有胜算。别说四五个区,两个城市、两个区域同时开打,都不敢保证能够产生声量;没有足够的声量,就没有足够的第一次购买者;没有足够的第一次购买者,不能口耳相传到别人那里去,就没有足够的第二三次、反复长期购买者。这是一个瀑布,在很多品类、品牌那里都已经被验证无数次了。我跟他说,我们只能找一个区域往死里打,咱们打赢了,慢慢再去打别的区域,再去打别的品类。

结果非常可惜,最后这位老哥还是没守住。当然,我完全理解他为什么没有守住,各个区域已经一二十年没有看到新品了,看到新品兴奋,迫切需要握在手中。没守住,这个东西最后也没卖起来。

这个例子说明,"约守"很重要,除了定一个好战略,在执行战略的时候,一定要坚决,再坚决。

CEO整天该干什么? 我的总结跟曾国藩说的类似,但更好记。**三方面:找人、找钱、定方向。** 曾国藩讲的得人、治事,就是我说的找人、定方向。他没说找钱,因为他是个官员,找钱这事归朝廷负责。但作为一个CEO,找钱有时候可能比找人更重要,比定方向更重要。因为没钱就没法找人,定了方向也没法执行。

我原来在华润,因为华润是大型国企,我也没想到找钱这么重要、这么难。到了中信资本后,我才发现找钱非常重要。所以,CEO找人、找钱、定方向,之后尽量尽情玩耍,保持身心健康。

第二,在关键时刻识人、用人

找人,有两个重要的衍生问题:一是找什么样的人?二是怎么找到这些人?

曾国藩说:"专从危难之际,默察朴拙之人,则几矣。"**选择在危难的时候,默默观察哪些人能做到朴实厚道,这正是识别人才**

的好方法。

"老实和尚不老实",这是我常说的、古龙小说里的一句话。貌似忠厚老实的人,其实内心鸡贼得很。生活中这样的人不在少数。

没有什么人的脑门上大写一个"渣"字,在确定一个人的基本素质,确信其靠谱程度之后,如何辨识他的心性修为?要等到重要节点,"Moment of Choice",关键时刻。为什么我常说"宁用朴拙君子,不用聪明小人"?因为危难之际,朴拙之人最靠得住;聪明人会多想,会油腻,会撒谎,会逃跑,会给自己找借口,也就是靠不住。剩下的朴拙之人,有可能站在你旁边,一直陪你度过最艰难的时刻。

为什么要找关键时刻,平常为什么不容易看出来?因为我们都是普通人。平常,大家都可以做谦谦君子,都可以把事情做得漂亮,既然市场好,你分一点我分一点,大家都有饭吃。只有到了关键时刻,才能看出来,哪些人是富贵不能淫、贫贱不能移、威武不能屈的朴拙君子。

最后,关键时刻看朴拙的人,怎么判断他们?用我前面讲的信任公式,信任=(可信度×可靠度×可亲度)÷自私度。你用这个信任公式,看这个人是不是万事都从你的角度想,是不是在你倒霉的时候还能陪你抽根烟、喝杯酒,是不是能把自己的私利放在公司的利益、团队的利益甚至你的利益之后。

如果你能找到在关键时刻富贵不能淫、贫贱不能移、威武不能屈的朴拙君子,而且这些人愿意跟着你同甘共苦,恭喜你,请善待他们。

高级领导的关键点

虽然你现在可能不是高级领导,但是我坚信,在读完这本书,而且身体力行十年、二十年,你会成为高级领导。

第一,知人、晓事

高级领导应该是什么样的?曾国藩写过一段话,把高级领导应该什么样、做什么以及怎么做说清楚了。

"大非易辨,似是之非难辨。窃谓居高位者,以知人、晓事二者为职。""大非易辨",比如吃喝嫖赌抽、坑蒙拐骗偷、敲寡妇门、挖绝户坟这种大是大非是容易辨别的,但是一种似是而非的、似非而是的事就不容易判断了。居高位的人,就是所谓的高级领导,最重要的是知人晓事。

"知人诚不易学,晓事则可以阅历黾勉得之。"想知道一个人,不容易学。没有坏人脑门上写俩字"坏人",好人写俩字"好人"。你看一个人走过来,脑门上写俩字"好人",你只能说遇上了一个"二货"。那怎么判断,这个人是好人还是坏人,是能干的人还是不能干的人,这是非常难学的。知人很难,而明白事理这件事可以通过阅历,通过不断地做事培养见识,通过努力得到。

"晓事,则无论同己异己,均可徐徐开悟,以冀和衷。不晓事,则挟私固谬,秉公亦谬;小人固谬,君子亦谬;乡原固谬,狂狷亦谬。"如果明白事理,无论别人是不是跟你一伙儿的,慢慢就事论事,你会逐渐开悟,得到和谐的解决方案。如果不晓事,怀着私心是错,秉公做事也是错;小人是错,君子也是错;言行不一、伪善是错,说话很直也是错。

"重以不知人,则终古相背而驰,绝非和协之理。"你不晓事,再加上又不知人,则从头到尾做得不对,不能做到平衡、和谐、中庸,不能和他人和睦做事。

因为曾国藩强调了知人晓事的重要性,以及晓事比知人更容易做到,他接着就说:"故恒言以分别君子、小人为要,而鄙论则谓天下无一成不变之君子,无一成不变之小人。"中国的传统智慧,一直说君子是君子,小人是小人。曾国藩在这块儿挑战中国的传统智慧,他认为,天下没有一成不变的君子,也没有一成不变的小人。

他后边又进一步阐释他的观点,说"今日能知人、能晓事,则为君子;明日不知人、不晓事,则为小人"。你今天能知人晓事,你就是君子;明天不能知人晓事,就是小人。"寅刻公正光明,则为君子;卯刻偏私掩暧,则为小人",你一时公正光明,你就是君子;你在另一个时辰阴暗狭隘,你就是小人。这是他的观点,我不完全同意,后面我会展开细讲。

他接着说："故群誉群毁之所在，下走常穆然深念，不敢附和。"不参与别人对其他人的评论，一旦听到大家都夸一个人或骂一个人，他就不说话，默默地走过去，不敢附和。

以我对曾国藩的了解，他并不是一个非常厚道的人，他有他刻薄的地方。我本身也不是一个非常宽厚的人，时常也会腹诽。我能体会到他在一大堆人夸一个人或骂一个人的时候，心里很想凑过去跟着夸或跟着骂，跟大家一块儿八卦、吐槽、毒舌。但是他刚才说的知人晓事的辩证关系，让他不敢说，也不能说，就默默地走过去了。

这段话讲的是高级领导的管理艺术，总体来说，管理学是很难的，它并不是一门绝对的科学。尽管相关的一些学科，已经在一定程度上成了科学，比如经济学、金融学等，但管理学整体还是一门艺术。管理人员，特别是高级管理人员，和诗人一样，在可见的未来，还很难被 AI 代替。

在曾国藩看来，管理学的难度有几个层次。

1. **一切皆模糊**。刚才说了，大是大非容易判断，但似是而非的东西非常多，以及非常难判别。想一想，在我们成人的世界里，你周围的亲人和朋友，只要不是太笨，总能找到借口说自己是对的。绝大多数管理决策似是而非，似非而是；绝大多数的人似忠而奸，似奸而忠。每个成人做任何事情，都能找出理由和借口。每件成人做出的事情，都能从不同角度去解读。这也是为什么有发言权是很好的一件事，就是你总能给自己找一堆说法，说这么做其实是特别正确的。一切皆模糊，是管理学的第一个难度。

2. **知人最难**。识人识面不识心，你怎么能知道这个人，是非常难的一件事。面试的时候，只有半个小时，你怎么知道这个被面试的人能否胜任某个工作？即便你能判断他的行为能力、硬技巧，那你怎么能判断他是不是能跟你的团队配合，是不是人品非常好。没人会说自己人品不好，没人会说自己不是一个很好的团队工作者。你怎么知道他有潜力成为十年之后的领袖？平时老实谨慎的人，你怎么知道在危急时刻，这个人还依然老实谨慎？你怎么知道这个人手握重权之后，不会干出坏事，不会起杀心？知人是要有天赋、要犯很多错误才能做好的一件事。

3. **晓事也不容易**。比起知人，晓事是更好的着力点，在这点上我完全同意曾国藩说的。你努力多读书（比如《资治通鉴》）、多做事，阅历多了，你就会徐徐开悟，多少有点明白事了，在商业判断上也就多少能够平和公允了。

4. **不晓事，君子也没用**。小人做错了是错的，君子做错了也是错的。刚才说管理是模糊的，知人是难的，晓事也是难的，更可怕的是，哪怕你知道他是一个好人，但他业绩非常差，他也不是一个成事的人。

5. **对事不对人**。先别忙着定某人是君子还是小人，没有一成不变的君子，也没有一成不变的小人。

第二，宁用朴拙君子，不用聪明小人

做管理的人，职责有两个：一是知人善用；二是懂得做事的规则和逻辑，就是所谓的晓事。曾国藩对居高位有深刻的体会。大是大非，黑白分明，但黑白分明的事是少数，实际发生的事情更多是处于灰色领域，实际做事的人面对更多的困境，是非成败都在变化。这是曾国藩在晚清这么一个特定的历史时期，做了那么多的大事后深刻体会到的。

针对刚才曾国藩这段对于高级领导的说法，我了解他的苦衷，知人特别难，人心变得快，老实和尚不老实，正人君子办傻事，甚至持续地办傻事，特别是在末世、在末法时刻。但是，我还是反对他这个观点，这个观点突破了他成事方法论的底线，是他的污点。

我坚定地认为，**人先于事，宁用朴拙君子，不用聪明小人。当然要有业绩，但是要先讲价值观**。在华润有这么一句常说的话："业绩不向辛苦低头。"什么意思呢？每个人都辛苦，你光跟我讲说，你多苦多累，你干到多晚，你熬了多少个夜，你如何累到身体不行，等等，但是如果你没有业绩，没有成果，不好意思，我不能向你的辛苦低头，不能认同你的辛苦。

但是后面还有一句："价值观不向业绩低头。"如果你丧失底线，获得了业绩，这个业绩不是我们要的业绩。如果不能坚守"业绩不向辛苦低头，价值观不向业绩低头"，会出现什么？一个团队里就会有相当比例的小人——很能干但是品性不好的人，他们会不惜使用降维攻击。

我的作家朋友大刘，在《三体》里说过"降维攻击"。小人能够降维去打击，你有道德，他没道德，你站着，他趴下，你要遵守规则，他不遵守规则，那这个被降维打击的人就占据劣势，去降维打击的人就有优势。如果说只强调业绩，不强调价值观，时间长了，你会发现一个团队里一定有相当比例的小人。业绩文化越强，小人使用降维攻击的可能性就越大，这样的团队成就的事功越来越大，控制的难度也越来越大。战车被能干的小人们绑架，时间就会变成我们的敌人，翻车的风险与日俱增。

在末世，成事的人容易追求速效，容易忽略对于朴拙君子的培养，容易向聪明小人和降维攻击低头。这种心态和做法也加速了末世的败亡。曾、张、左、李这四大名臣，造就了晚清的中兴之后，再也没有出现这样成事的人，大清朝很快就在内忧外患中烟消云散了。刚才曾国藩讲的事大于人、业绩大于价值观的用人原则，或许在他去世之后对晚清的速朽做出了重要贡献。

如何避免团队油腻的结构化

在个体去油腻的基础上,如何避免一个团队的油腻化?

"油腻"这个词,是我几年前在杂文《如何避免成为一个油腻的中年猥琐男》中提出的。很多人对这个词非常敏感,因为我们所处的环境的确有容易油腻的地方。

一个人的油腻是自己的事,一个团队的油腻是一组人的事。团队油腻与否,向上影响到整个社会,向下影响到个人。所以,如何避免团队的油腻化非常重要。

第一,敢坦诚,敢尖锐,敢不同

曾国藩说:"二三十年来,士大夫习于优容苟安,揄修袂而养姁步,倡为一种不白不黑、不痛不痒之风。"这二三十年来,这些做官的、做 KoI(关键意见领袖)的、做公知(公共知识分子)的人,都愿意苟且偷安,非常优雅从容地待着,希望得过且过,你好我好大家好。

"见有慷慨感激以鸣不平者,则相与议其后,以为是不更事,轻浅而好自见。"如果有人慷慨激昂,奋不顾身,说一些不平则鸣的话,这些士大夫就在背后议论,说此人少不更事,不上道。

"国藩昔厕六曹,目击此等风味,盖已痛恨次骨。"曾国藩原来在六部历练,看到这种风气,恨到骨髓。他看到油腻已经结构化了。

古往今来,风气依旧。油腻不仅是个人的事,朝廷如此,企业也如此。

"国藩从宦有年,饱阅京洛风尘,达官贵人优容养望,与在下者软熟和同之象,盖已稔知之而惯尝之,积不能平,乃变而为慷慨激烈、轩爽肮脏之一途。思欲稍易三四十年来不白不黑、不痛不痒、牢不可破之习,而矫枉过正,或不免流于意气之偏,以是屡蹈愆尤,丛讥取戾。而仁人君子,固不当责以中庸之道,且当怜其有所激而矫之之苦衷也。"

这段话曾国藩是说:"我当官很多年,熟悉京城官场的风雨变幻。在上位的人,生活安逸,只求名望;在下位的人,像个面团,直捣糨糊。对于这种官场习气,这么多年看惯了,也受够了,积郁在心,我不平则鸣。为了改变这三四十年来黑白不分、不痛不痒的风气,我做官说话,开始变得慷慨激昂、正大刚猛,我矫枉必须过正。但是这种积习,不会因为我一个人就轻易改变。我有时免不了考虑得不周全,意气用事,由此经常被嘀咕,被埋怨,被讽刺,被怨恨,被排挤,被打压。所以,我曾国藩希望各位仁人君子、同道中人,别要求我只行中庸之道,而且希望怜惜我奋起矫正的一片苦心。"

曾国藩一生在官场,又在中央六部清闲地坐过办公室,也在基层前线打过仗、流过血。后人只看到他的风光,却很少看到他的苦恼。

做企业其实跟做人有类似的地方,企业是人构成的,是多个人的群体。如果想基业长青,要容纳、奖励能表达不同意见和持不同意见的人。这个我是从心底认同的。

作为一个文人、一个诗人,面对这个世界,我给自己定下一条规矩,七十岁以前我不毒舌,不臧否人物,不说别人坏话。但是做企业,我非常赞同曾国藩的话,就是要鼓励持异见者,鼓励敢于坦诚、敢于尖锐、敢于不同的人。只有这样,才能避免一个企业的油腻,只有避免了一个企业的油腻,这个企业才能基业长青,才能一直有生命力、一直能够面对无常的世界、能够做得越来越好。

第二,企业如何做到不油腻

1. 一把手要有脑子。

要对油腻有觉悟,不要同流合污,不要降维攻击,一定要定好底线和权宜之计。底线就是哪怕这个油腻的世界给我们挣某些钱的机会,我们不去挣,把底线设好守住。权宜之计就是我们毕竟要在这个油腻的世界生存,那作为一个团队,哪些事情相对来讲可以做,可以不那么计较。要有一个有脑子的一把手,把底线和权宜之计定好。

一把手要有焦虑感和危机感,他要明白,在这么一个容易油腻的世界里,可能团队中相当一部分人会变得油腻,要能够把这些人身上的油腻控制住,让他们变得更加清爽一些。

除了对油腻的觉悟和对油腻的焦虑,还要求这个一把手受过良好的训练,有从实践中得来的见识,即对油腻有防范,对油腻的团队有防范，对油腻的个体有焦虑，但还能把事情做成，还要经历过市场历练。这样的一把手，不多，但并不是没有，如果遇上一个有脑子的一把手，你要尽量地帮他，帮他建立一个不油腻的团队。

在这个一把手的领导下，你也可以帮他创造一个相对不油腻的内部世界。外部你管不了那么多，内部却可以做一些屏蔽。比如，有些人负责处理某些关系，就把某些相关的事情外包出去，其他人不要碰；有些人只负责产品和服务的开发，不要碰相对油腻的事情；有些人负责销售和售后，大家把分工形成，就会形成相对的屏蔽。

2. 分配好利益。

要让团队明白，在桌面上是可以挣到钱的，不油腻，也可以过上像样的、体面的生活。至少在内部要分配好，不能因为不油腻，所以有人挣不到钱。如果是这样的话，不油腻的内部环境是形成不了的。

3. 明确底线。

作为团队的管理者，你要管好身边的人，比如你的团队成员、司机，以及家人。然后跟你的团队成员形成明确的底线，一旦底线被突破，必须坚决处理。这个底线你要先跟大家说清楚，比如你可以列出"经理人十戒"，其中一戒是不能在公司之外拥有任何股权，你以及你的直系亲属在公司之外也不能因为公司而获得利益。

4. 真诚沟通。

要反复去真诚沟通。在这么一个油腻世界里，为什么我们的团队不想油腻、不能油腻？我们到底怎么做，为什么这么做？一个月沟通不够，那就两三个月、两三年，持续沟通。老员工、新员工都要沟通。

如果在明确底线和持续真诚沟通之后，还有人突破底线，必须坚决处理。该扣奖金扣奖金，该降职降职，该开除开除，该送司法机关送司法机关，一定要处理，否则，这个闭环无法形成，就形成不了一个相对不油腻的内部世界。

5. 创造一个相对不油腻的团队，要长期执行下去，面对各种轮回和起伏，不为所动。

为什么强调长期主义？因为一个不油腻的企业文化，需要"传帮带"和因材施教。如果有些人不能履行这种文化，该淘汰就淘汰，同时加入认同这种文化的新人，不断优化团队。

作为一个不油腻的个体，需要长期的、艰辛的努力；作为一个不油腻的团队，有可能需要核心的一小撮人，以及核心之外的几十个人长期的、艰辛的努力。但这种对于去油腻的努力是值得的，如果我们所有的团队都不做这种去油腻的努力，那我们的世界会变成一个越来越差的世界。

保持团队锐气的五条秘籍

如果你是一个团队领导,在一个工作环境中,带团队最应该忌讳的事情是什么?

曾国藩是这么说的:"锐气暗损,最为兵家所忌。"带兵打仗,最怕没有了那股锐气。

第一,能不能干,让不让干,想不想干

我跟很多做过大事的人聊过,成一件事,最需要的是什么?最怕的是什么?最后总结为三个必要条件:一是这件事你能干,你有能力去干;二是这件事让你干,政策、法规、大形势、体制、机制让你干;三是这件事你想干,你有动力去干,你有热情、激情去干。如果非要在这三点里拎出更重要的,还是你想不想干。

能不能干这件事,重要不重要?重要。但是不能干是可以解决

的，你可以学习，可以补充你的团队和组织能力。

政策、法规、大形势、体制、机制让不让你干，重要不重要？非常重要。但它不是决定性因素，因为它是变动的，很多政策、法规、大形势、体制、机制并不是铁板一块，随着时间、各种力量的努力，会产生变化，原来不让干的，现在让干了，原来不让包产到户，现在可以，现在可以多劳多得、奖勤罚懒了，所以当时在蛇口才会提出"时间就是金钱，效率就是生命"。改革开放四十年，实际上都是在制度、体制、机制上，看哪些事能让世界变得更美好，可以让干。所以它不是固定、一成不变的。

想不想干？这件事是你最能抓得着、看得到的。如果不想干，再好的能力你不会用，再好的体制、机制，你也不会享受到好处。"锐气暗损"，当你的锐气已经没了，斗志也没有了时，你就什么也做不成了。

曾国藩说："用兵无他谬巧，常存有余不尽之气而已。"我们总说，时间是我们的朋友，前提就是你的锐气一直在。曾国藩讲，打仗用兵，尽管打打杀杀复杂，如果只需要一种机巧，就是锐气源源不断。一直想拿第一、想成事、想让世界变得更美好，不想把这么美好的世界留给那些二货，就是"常存有余不尽之气"。除了你之外，你的核心团队、中层甚至普通员工，如果都有这种劲儿，你们一定有能力去做事，一定能够等到体制、机制变得更容易做事的那一天。但是，如果没有"有余不尽"的锐气，不好意思，所有的机会、所有的风都是给别人设的，不是给你设的。

"有余不尽之气"的"气"其实就是精神。所谓团队有锐气，就是团队有心气儿，就是有强烈的好战心和必胜的欲望。我最敬佩的老哥，在给他的团队、员工讲事情的时候，最令我感动的话是"我是个战士""我们是战士"。

带兵、带团队其实没有太多机巧,最重要的一点就是让团队有绵绵不尽的心气儿,胜不骄,败不馁,永远不可抑制地跳动着要争取更大胜利的心。如果一些事让团队的心气儿潜消暗损,没了斗志,没了动力,接下来哪怕胜面依旧巨大,但就是不想胜了。你可以牵着一匹马到河边,但是你没法逼一匹马去喝水。没了斗志,赢不了战争,哪怕你有一切。一杯酒下肚,一时斗志昂扬不难,就像写文章的人,偶尔写一篇好的千字文,觉得写得不错,得到一些掌声,这并不难。但是长期用兵,长期让团队保持心气儿,是极难的。锐气暗损,想争胜的心慢慢地消损,最为兵家所忌。

第二,如何保持团队锐气

曾国藩没讲如何"常存有余不尽之气",但是他多次提及,如何不让锐气暗损。我总结了五点。

1. **带队的人最好是个狂热的阿尔法人。**男的也好,女的也好,最好是一个阿尔法人类。阿尔法人类有哪几个特征?我的总结是三个"A":Aggressive,他要一直保持一个非常强的好胜心;Acquisitive,他非常想获得;Accumulative,他不仅想获得,想胜利,而且"贪得无厌",想一直胜,一直获得。(听着有点像我妈……)

带团队的人,最好在似乎不可能胜利的状态下取得过胜利,这样的人会产生巨大的信心,继续去好胜强取,继续"贪得无厌"。

带团队的人,最好有魅力或者手腕,让团队有时候盲目地去相信他,能够跟着他走。在看似没希望的时候,只要他说有希望,团队就认为有希望;在看似没有方向的时候,只要他定方向,坚持这个方向，团队就愿意信他。下次遇上更困难的情况，他还能更加坚定地确定一个方向，大家又跟他走，他又胜了。这种仗只要打三次，这个团队就接近于无敌了。

2. 选择本性乐观、好胜的人加入团队。我经常有一种判断，就是那种相对悲观的应该去做艺术、做研究，不要做商业，干不好。我在麦肯锡第一次见客户，对方忽然来了一个电话，他抓起电话聊了半个小时，聊的都是很烦的事，后来他就跟我讲，烦是一个好的高级管理者的日常，他只能面对各种烦而不烦，才能在这么一个环境中做好。

如果你团队里有三四个看什么都悲观的，一点没好胜心的、特别佛系的人。他们一直在团队里宣扬负面的、悲观的、不进取的情绪，什么"人类啊，没啥指望""大海呀，过不去啊""路上有狮子啊"等，你可以想想，这个团队最后会是什么样的气氛。其实，说这些人佛系，是对佛系的误解，佛是乐观的、往前走的，只是能拿得起、放得下而已。

3. 如果想一直保有锐气，需要制定长期制胜的战略。中长期要往什么地方走，只有变成一个愿景，在大家心中，上下同欲，这样的团队，它的锐气才会一直在。

4. 必须有一个有挑战的、有胜算的、有诱惑力的近期目标。光有长期战略，大家总想着长期，身上没有任何的压力、兴奋点了。有时候团队需要一个甚至几个短期的胜利，来鼓舞士气。比如"这个月我们多卖了十万""这半年我们市场份额又增了百分之二十"，这些对团队是有巨大的鼓励作用的。千万不要小看短期目标的实现。

"有胜算"的意思是，不要故意去打没胜算的仗，偶尔一两个去碰碰运气可以，但多数要有胜算。"有诱惑力"是这个仗如果打赢了，你的团队、相关的有功的人，有什么好处？要有非常具体的好处。我见过太多这种近期目标没有实现，一个主要的原因就是，失败后板子打不到任何人身上，成功后好处分不到任何人身上。胜，没有奖励；败，没有惩罚——在日常工作中比比皆是。所以制定有挑战的、有胜算的、有诱惑力的近期目标，让大家一个一个去实现，这样对保持锐气非常重要。

5. 永远让团队有事情做。在最差的大环境里，哪怕看不出明确的短期目标，都要让团队有事情做，不能让大家闲着。逼他们去学习、野营，甚至做一些基础研究，哪怕没有短期的事情做，也不能让团队闲着。闲是很可怕的，闲则生事。有仗打，打仗；没仗打，备战。

怎样看待公司的规章制度

讲规章制度管理,先从曾国藩的一句话开始:"立法不难,行法为难。"意思是,设立法并不难,但是这些法制法规能够执行,相对要困难一点。"以后总求实实行之,且常常行之",立法之后要切实地、老老实实地去执行,而且经常去执行。"应事接物时,须从人情物理中之极粗极浅处着眼,莫从深处细处看",在执行这些法、这些规则,跟人打交道、跟人一起做事的时候,要从人情、事理、最浅显的地方去看,不要在细处看那么清楚,不要太较真。

曾国藩这段话,字里行间有两层意思。

第一层意思,是规则。建立规则容易,执行规则难。对于规则,其实很多人总认为制定一个完美的规则最重要,其实不是。制定并不完美但能够充分执行的规则,要远远比制定完美规则而不去执行好得多。规则制定后,要扎扎实实地执行,不间断地执行。

第二层意思,是人情。规则是人定的规则,执行是人去执行,所以在规则的里里外外、前前后后、上上下下，都有两个字——"人情"。做事要落实到具体，应事接物，揣摩人心，宜粗不宜细，宜浅不宜深。事情能做，大家能一起共事就好，别考验人性，考验人性的都输了；别想太多，也不需要知道那么多，能长时间做到最基本的就已经很不错了。

有些太小、太草根的公司，没有任何规则。有些公司，有各种各样的规章。但立规章是一回事，按规章办事是另一回事，规章的人性化又是另外一回事。层层递减下来，其实有很多执行的规章，以及执行过程中不讲人性的规章，实际上比没有规章、规则还要糟糕。

隔一年，最好再梳理一遍现有的规章，对于任何企业可能都适用。做做减法，没减掉的就留下，留下的落到实处，切实执行。

在职场中有很多员工会抱怨公司的流程太多、太冗长、太刻板、太教条，没有灵活多元的企业文化，怎么能有创新？

有一类观点甚至是，考勤开始严格起来，领导天天开始强调纪律，说明这个公司业务发展已经进入缓慢，甚至到了严重的瓶颈期，只能不停在这些事上去苛刻。这个说法，有它一定的道理，但并不是说，规章制度就是一个洪水猛兽，刻板地去遵守规章制度就是走向衰败的象征。

第一，规章制度的本质是协调和控制

从一个管理专家的角度来看，规章制度的本质是什么？是协调和控制。大家怎么配合，去做一个复杂的事情，以及如何控制这个事情的风险。

为什么说没有规章制度不行？

1. 没有规章制度，效率低。

我带过上万人的团队，一万个人，一万个心，你基本可以确定，大家的心想的都不一样。你再退两三步，甚至退一万步说，即使重心都相同，大家想的都一样，都想做成一件事，都不想谋私利，但遇上具体的事，如何能保证大家做法相同？如何能保证大家配合有效？如何能保证大家能够在风险可控的状态下，把事情完成？坦率地讲，没有规章制度，并不是说所有问题都解决不了，只是即使问题解决了，效率也可能很低，而且在这个过程中，因为没有规章制度，大家不知道应该怎么去做，风险也绝对不会小。

2011年我和我的团队一起创建了华润医疗，当时有一个老哥创业非常成功——他把城市燃气行业，从无到有，做到中国最好最大，甚至亚洲最好最大——我问他："老哥，你对我有什么建议？"他说得非常简单："你是战略专家，你在战略方向、战略部署、战略敏感度方面比我强。我只提醒你一点，在创业开始的时候，团队要听你的。"

当时我想这句话想了很久，团队要听我的，我要有威信。但在解决"团队要听我的"这个问题之前，还有一个问题就是，他们听什么，我的方向是什么，以及做事的方式和方法是什么。而做事的方式和方法中的很大一部分是规章制度。后来在创业的初期，我花了很多的工夫来制定规章制度。在有了规章制度之后，又用一个神奇的方式解决了"团队听我的"这件事。这个神奇的方式是民主集中制。如果你有了规章制度，也不能保证团队一定听你的，但如果你没有规章制度，我可以保证团队一定不听你的。

2. 没有规章制度，很难规模化。

举个例子，如果你想用一个新团队去管理一所新医院，甚至是从零开始建一所新医院，那新团队建立、管理、运营一所新医院，怎么能够做到事情有条理？怎么能够在成事的过程中，保证文化、价值跟你整个集团的文化和价值不偏离？你的管理手册在哪儿，你的运营手册在哪儿？而管理手册、运营手册就是规章制度。

3. 没有规章制度，风险会高。

也许有人会说，没有规章制度，在某些事上会产生神奇的效果。的确，某些时候没有规章制度，产生了一些意想不到的效果，但从总体管理上，这并不是件好事。因为它风险太高了，投机取巧不能长久，个人英雄主义也不能长久。因为不能确定，个人是不是每次都能在大家的协调配合下完成这件事，也不能确定每次风险是否都在可控的范围内。的确，有些时候个人冒了巨大的风险，没有产生坏的结果，但并不意味着，每次都这么幸运。因为你不是一个人，你后边是团队、是公司，不能让一个人或一个小团队，经常去冒大团队、大公司不能冒的风险。

第二，如何制定和执行规章制度

1. 制定规章制度围绕三个维度：运营制度、财务制度、人事制度。 如果再精练一些，一个是运营手册，一个是管理手册。

公司的一个维度是运营制度。公司从提供产品和服务，到最后收钱和客户维护，大家应该明确如何配合，谁负责什么，互相之间如何沟通信息和如何做决策。

另一个维度是管理制度，特别是财务制度和人事制度。比如应收应付的管理、现金的管理、贷款的管理、借款的管理，比如业绩管理、招聘管理、干部培养制度，等等。

2. 运营制度、财务制度、人事制度建立了之后，重要的是行胜于言。执行，执行，执行，不断执行，坚决执行已经制定好、大家已经同意的规则。

举个简单的例子。在我曾经非常用心建一所大型儿童医院的时候，我们花了四个月的时间，重新梳理了它的业绩管理制度。这个过程中，我们访谈了接近一千个人，最后定出一个制度，管理层做出决定后，开始执行。

执行制度后的第二个月，原来管理层中非常重要的一个人，找到我说："冯董事长，这件事不能这样做，这个管理制度执行不下去。"我问："为什么？"他说："你看，这个麻醉科的主任，因为执行业绩管理制度之后，他的业绩奖金从一万元上升到三万元，接近四万元。"我说："那又怎样？"他说："这样不行的！"我说："为什么不行？"他说："涨得太高太快了！"我说："数算对了没？"他说："算对了。"我说："符合咱们新的业绩管理制度不？"他说："符合。"后来我就跟他讲："不好意思，管理要讲诚信，人要讲诚信，一个新的制度、新的改革，也要讲诚信。别说他这个月挣四万元，如果这个月按新的管理制度算出来，他挣四十万元，我们也要照付，我来负这个责。"

如果你定了一个制度，特别是在早期，有丝毫的犹豫、摇摆、不执行，不好意思，你定的制度就是废纸一张。

3. 积攒执行中的问题，一年或半年后修正。并不是说，一旦颁布制度，在制度执行过程中绝对不可以修改。如果问题太大，可以临时开特别委员会商讨。通常是一年之后再修订，如果问题挺多，最快半年修订，不要不修订，也不要修订得太频繁。

4."二八原则",定制度不要求全,尽量浅显,否则很难做执行。如果不能执行,会影响管理层的威信,影响一把手的威信。

5. 在执行过程中,对团队,特别是团队的核心人员,不要太去想彼此做事的行为动机。就像不要总把办公室装修得跟家一样,也不一定要把工作团队处得太亲密无间,不必都成百分之百的亲人,有点距离挺好的,能共事就好。

我有一个很好的团队成员,跟我一起工作了很久,久到什么程度?我们一起摸爬滚打十年以上。坦率地讲,我甚至不知道他的性取向,完全没见过他的太太,或者说没见过他的合伙人,但这些完全不影响我对他的信任,以及我们在工作中的配合。

也劝各位,好的团队不一定要亲密无间,成为亲人,彼此之间没有秘密。只要大家能够配合,按照规章制度,把事干好,能够有福同享,有难同当,就可以了。

第三,光靠规章制度不行

1. 即使是最好的规章制度,也解决不了团队的动力问题。团队的动力靠什么解决?我在其他文章里讲过,要靠理想、共同的事业;要靠钱,也就是说,大家如果把事情做好,要分到足够的钱,能够过上体面的生活。还要靠什么?靠所谓的事业,就是你做得越好,你会有更大的责任,你会管更多的人,你会成更大的事。成事本身是很有诱惑力的一件事。

2. 即使是最好的规章制度,也解决不了能力问题,代替不了人才管理。比如培训,正式的、非正式的培训,你定好了规章制度,并不意味着万事大吉。有些CEO说:"我已经把规章制度都定好了,有一个管理手册、一个运营手册。我把两本手册'咣叽'扔在桌面上，是不是就可以睡大觉了？我是不是就可以去忙别的事了？"不是。定好了规章制度，不意味着万事大吉，你的团队不一定有动力，你的团队不一定有能力，去解决他们工作中面对的问题。特别是最开始，这个CEO还是不得不撸起袖子自己下场去干。

3. 再好的规章制度，也会限制某些天才。如果你认为这件事对于这个小天才、这个天才小团队需要网开一面，那你就在规章制度中明确指出来。比如，在规章制度中，明确这个小天才、这个天才小团队的投资权限、用人权限等，可以跟其他人、其他团队不一样。你要跟其他人、其他团队说清楚，为什么不一样，怎么不一样，为什么这对整个公司会好。甚至在组织架构上，可以把他们设成特别行动小组，跟CEO直接汇报。再比如，你甚至在他们发展起来之后，给他们一个愿景，给他们一个遥远的目标，让他们单独去上市，单独IPO。

百分之九十九的人不会开会

我们谁都不喜欢开会,但是我不得不说,如果想成事,请把开会作为你最喜欢的运动,修炼成你最擅长的运动。

我们为什么要开会?有句老话叫"二人同心,其利断金"。如果两个人想的事,能够发自内心地彼此认同,他们做出共同的动作能产生的效果,像切掉金子的宝剑一样锋利。如果想产生这么大的价值,那只有一个办法,就是面对面地开会。

还有句老话叫:"知人知面不知心。"隔着那么大的社会背景、成长背景的差异,你们很难对一个词都产生同样的概念,何况对一件事,所以说必须开会交流。

我在美国读全职MBA期间,学到了一个关键词——communication(交流)。交流是通过什么形式?开会。交流不好的时候去做事,很有可能是破坏价值。

百分之九十九的领导都不会开会。会议往往有以下四大痛点。

1.冗长。领导夸自己一个小时，骂员工一个小时，互相扯淡一个小时，除了领导话痨，还有下属话痨，抓住自己那点屁事，从头说到尾。还有一些爱说竞争对手坏话的话痨，总是说自己有多好，别人有多差。

2.无效。会议不准时，没有议题，没有准备，讨论的时候不聚焦，最后达不成共识，当然也没有执行。

3.伤感情。本来还是好朋友，还是好的领导下属关系，开着开着掰了，摔门而去，朋友都没得做了。

4.冷场。开会就是走形式，宣布一下决议，问谁谁也不说，领导说什么大家都举手说领导说得好。开这种会有什么意思呢？如果只是领导宣布一下决策，那为什么不写个邮件呢？

麦肯锡的开会法是全球《财富》五百强公司的开会法。在我过去二十年繁重的管理工作中，几乎每天开三个以上的会，总数超过两万个。这两万个会提炼的经验，能做两天面对面的培训。这里只谈三步——会前、会中、会后，如何管理会议。

第一，会前：不召开无准备的会

1.会前做好五个"W"。

What，开会的主要内容是什么，目的是什么。

When，何时开会。不能说："啊，明天上午开。"上午几点开？要精确到分钟。

Who，谁来开会，谁做主持，谁做发言，谁做记录，每个人来做什么，通知到每个人。

Where，何地开会。

Why，为什么开会要讲这个问题。不能简单粗暴地说"OK，明天过来开会"，而是要把会议目的讲清楚。大家了解此事，才会对此事有动力，开会效果才会好。

2. 会议材料提前一天发到参会人手上。除非是头脑风暴会，否则给大家二十四小时的时间来消化会议内容。

3. 会议主讲人会前做好演讲准备。一个秘诀就是，如果你想被大家了解，想获得更多的机会，在会前好好做好演讲准备，是最快的捷径。不要浪费任何一个能在大家面前发言的机会。

会议准备的一个常见误区是：你有一个小时的准备时间，却花五十五分钟在完善PPT，重新润色。你应该要做的是想想怎么讲。你明天只有五分钟，面对一堆高管，一年可能只有几次这样的机会，为什么不花一个小时，甚至两个小时，好好练这五分钟要讲的东西？这五分钟讲好了，给别人留下深刻的印象，别人知道你的表达清晰、思维缜密，你将来就会有更多的机会。

4. 会议细节再发一遍。如果有电话拨入号码或密码，你如果两天前给，有可能这个信息已经消失在茫茫的E-mail或消息中。在会前两三个小时再发一遍，大家就不用再翻记录，让参会人的麻烦越少越好。

以上是会前的一些准备，能做到这样，你已经成功了一半。

第二，会中：不结束没结论的会

1. 到场必须准时。不能准时的人控制不了自己的时间，控制不了自己时间的人，也就是控制不了自己生命的人。从根本上，这样的人不会是一个好的管理者。交通拥堵永远不是借口，北京、上海永远会堵。我发现一个特点,到了高阶的领导,百分之八十的人会提前十分钟到十五分钟到会场。

2. 比较严肃、正式的会,最好有一个主持人。主持人是控局的人,这个人要把整个流程管理好,什么时间讨论什么事情,还有就是解决问题。有些人是光管时间,没意识到时间是用来解决问题的。一个好的主持人,能一步一步地解决一个个不成形的问题,到最后让大家达成共识。

下面是给会议主持人的一些小技巧。

(1) 在最开始的时候,可以强调四个"P"。第一个P是Purpose,也就是告诉大家会议的目的是什么。第二个P是Preview,告诉大家这个会有几项内容,做一个预览。第三个P是Procedure,也就是这个会怎么进行。你可以说,我们这是一个头脑风暴会,大家有任何意见,可以随时举手说。也可以说咱们是一个汇报会,先由主讲人讲多少分钟,讲完之后,有多少分钟是大家的讨论时间,还有最后的总结时间是多少。先把流程跟大家说好。最后一个P是Pay off,就是这个会希望最后达成什么共识,或者完成什么决策、安排什么事情。一个Pay off让大家对于会议的效果有一个预期,对最后达到的效果会很有帮助。也可以把最想要达到的效果放在最前面讲。

(2) 如果会议里有陌生人,大家第一次相见,一定要彼此介绍,这是起码的礼貌。介绍的时候突出各自的姓名,以及背景和身份。比如他是一个大分子生物药的专家,国家"千人计划"的其中一个。这样当其他人听他讲大分子药物的技术细节的时候,就会把他的发言当成专家意见。而他讲管理、营销这些事情,就可以把他当成一个从常识角度讲管理问题的人。大家带着一定的重点去听会有更好的效果。

（3）在欧美开会一定会介绍逃生门。万一发生火灾、地震，应该从哪里跑，最近的逃生门在哪儿。

（4）运用白板做关键记录。有时候大家讨论，特别是在空气比较稀薄的地方，温度比较热的会议室，已经讨论两三个小时了，大家的脑子很容易变木，如果你有一个白板，站起来记录下讨论中的关键，对解决问题的推进有相当好的作用。

（5）帮助有些说不清楚的人，提炼关键点。有时候，有些人有点内容，但说不出来。你作为主持人就要把他的关键点提出来，最后跟他确认你提出的，是不是他想说的。这样方便探究不同的意见，做好 1 + 1 > 2。

（6）如果大家的争执不能产生结论，或者争论跟会议主旨无关的问题，那怎么办？Parking lot，你单列出一张纸，说这几件事情，讨论完这次会议的问题之后再讨论，或者再安排会议讨论。把跟会议主旨无关的争论点单列出来，就是 Parking lot。

（7）争论失控的时候，时间被拖延的时候，回到原点。提醒大家，这个会议的目的是什么，有什么要解决的问题，应该如何来讨论，等等。

（8）控制好话痨和情绪化状态的人。有两类人，一类人把事情都想好了再说，另一类人是在说话的过程中把问题想明白。后者有他们的优点，但是在有些会上，有可能成为会议的破坏者，说得太多了，带着情绪说，占用太多的时间。这种时候，你可以递给他一瓶水，必要的时候，你要站起来说某某某，您的说话时间到了。

如果大家都进入话痨和情绪化的状态，特别是有很激烈的情绪状态，我的建议是停止会议。没有什么是睡觉不能解决的。明天再讨论争执的这些点，百分之九十的争执点已经没了，甚至百分之百的争执点已经没了。我们只是太累、太情绪化了，只是为了争论而争论而已。情绪管理非常重要，我们都还是人。

（9）控制大家玩手机。接电话的时候请他去会议室外接。如果能做到这一点，坦率地讲，在现在这个商业环境里，这个会已经做得比其他百分之五十的会要好了。

（10）总结提炼发言人的观点，达成共识。达成共识有很多小技巧，最重要的技巧就是民主集中制。在会上要给大家足够的时间、足够的空间、足够的自由度去说话。每个人都把话说完了，最后民主集中表决。

这种民主集中，又有几种方式。比如从长单子到短单子，大家提供的解决方案有A、B、C、D、E，能不能把最不靠谱的筛掉，只剩A、B、C，然后对A、B、C进行举手表决。

还有一个方式，就是诉诸权威。开会一定有一个级别最高的负责人，如果举手表决之后发现票数相差不多，那就让他做最后的总结发言，定这个会议的决策是什么，以及他为什么这么定。让他一个人的意见比平均每个人的意见多一些权重。

你看一个主持人，还是需要做好多事的。一个人如果能主持好会议，其实就已经是一个挺好的管理者了。

3. 发言人遵循两个最重要的原则：一是要守时，二是金字塔原则。 给你十分钟，你就说十分钟，不要讲得太长，讲得长就是占用别人的时间。想守时，想用时短，又想把东西说明白，要苦练"金字塔原则"。这是一个思考问题和表达问题的结构化原则。不重不漏，你说的几个点，要基本上覆盖所需要说的全貌，同时又彼此没有重复。"不重不漏"这四个字，用普通的中文表达，就是一个中心、三五个基本点，说完了就可以了。

4. 参会人有反对的责任。既不是主持人，又不是发言人，这个参加会的人要做什么？在麦肯锡，我们给每个人灌输一个观念，就是反对的责任(Obligation to dissent)。公司给你工资，给你时间，让你参加一个会议，不是让你去喝水的，不是让你在笔记本上练硬笔书法的。你要听大家的发言，一旦有任何意见，哪怕你是最小的职员，也有反对的责任。这一点再怎么强调都不过分，因为往往参会的初级管理人员、初级工作人员，对一线的信息收集最全、最敏感，可能最没有成见，又是最没有利益冲突的人。他如果看出一个问题，产生了反对情绪和反对意见，这时候不说，对于整件事可能有非常大的风险。会议定了决策之后再翻盘是一个很费事的工作。在定决策之前，如果有人有反对意见，你能鼓励他说出来，对整个风险控制是一个极大的帮助。

5. 相对正式的会议，最好有一个的书面会议纪要，哪怕很简单。这样大家不会逼着彼此去想会议上讲了什么，最后做了什么决策。因为人是有弱点的，有时候只想听自己喜欢听的，只想记自己想记的。如果我们对当时的情景产生罗生门一般的状态，大家想的都不一样，听的都不一样，记的都不一样，怎么办？这时候如果有一页会议纪要，重新看一眼，问题就解决了。

第三，会后：不允许不落实的会

做了会议准备，好好开了个会，并不代表就结束了。离开会议室，只是这个会议效果的开始。会后要做到两点：一个是Follow through，一个是Feedback。

1.Follow through，**督促执行**。有可能是主持人做这个工作，有可能是一把手做这个工作，有可能是记录人做这个工作。这就是会议做的决策：谁，什么时候，干什么，递交什么东西，得有人去盯着，要隔三岔五看这件事做到什么程度了，又发生了什么新的情况。

2.Feedback，**结果反馈**。具体执行的人有义务跟相关领导反馈。反馈上次开的会做了什么决策，让他做什么事情，他去做了，结果发生了什么。如果需要，再召集一次会议；如果不需要，也要告诉相关的领导，事情怎么样了。

我在实际管理工作中，特别不赞同团队成员的一种态度：这件事拖拖就过去了，或许冯老师就忘了。从"成事心法"的角度，我不得不说，不一定每件事都能做成，但是要做到件件有落实，事事有回应。养成这个习惯，你会发现很多事也就做成了。

如何倾听不同的意见

做人不能只听夸的,维系关系不能只靠夸赞。不论恋爱,还是婚姻,甚至工作,需要平衡感,需要相互听到对方的声音,尤其是反对的声音。

如何倾听不同的意见?

想倾听不同意见,有两个最核心的问题:一、你要鼓励别人说出来;二、如何去听,如何去判断。这两方面缺一不可。

如果人家不愿意,或者没有完全说出来,你怎么去听?如果人家说出来,你不会听,或者不想听,人家也不会继续说。所以这两件事情,是相辅相成的,如果做得好,构成一个正向循环;如果做得不好,就会构成一个恶性循环,甚至死循环,你再也听不到别人的好意见了。

这是管理中常见也很难处理的一件事。

第一，如何鼓励别人把不同意见说出来

在麦肯锡，有一条铁律——"Obligation to dissent"，就是你有反对的责任。注意，是"责任"。公司培养你，给你花时间，给你工资，如果在大家讨论的时候，级别比你高的人说的东西，你不同意，你不是有权利说反对意见，而是你有责任说。

当听到不同意见的时候，麦肯锡还有一套"三步走"话术。

1. 必须感谢，要谢谢人家。说"谢谢 Jenny 提意见""谢谢 Henry 提意见"。

2. 需要停顿一下，重复一下别人说的意见，让对方感觉到，你尊重他的意见。

3. 如果同意对方的反对意见，就表示同意，非常真诚地表示同意。如果不同意，不必争论，不必反对，说一句，"我会认真考虑，感谢你的意见，我会再想一下"。

这一套话术，在麦肯锡几乎形成铁律。如果不这么做，底层的信息很难一层层传到上边。如果你是 CEO，你与一线员工有可能隔着两层、三层，甚至四层。各公司的组织结构不一样，是否扁平也不一定。在这样的情况下，如果不让大家把意见说出来，特别是不同意见说出来，你会发现你离实际情况越来越远，公司的风险也会越来越大。

因为你不在一线，一定要记住这一点。

第二，如何形成文化

其实人有一个很神奇的特点：别人夸你九句，骂你一句，你往

往只记得骂你的那一句,会对负面的评价非常敏感、非常不舒服。而对好的评价你会越听越觉得不够,越听越觉得顺,越听越想听。你会经常想,怎么还没有人夸我,怎么今天这个人不夸我,为什么这个人昨天夸了我五句今天才三句,等等。

如果一个机构把这种人性扩大到极致,大家只会说好话,慢慢就变成只会夸人的小人。整个机构,就会把问题越拖越久、越拖越多,直到有一天实在包不住就露出来了。

这也是为什么中国历朝历代都鼓励谏官。像魏徵,他能够秉心直谏,自己想什么,就能够坦诚地说出来,哪怕批评的是皇上,他也能说出来。之所以有鼓励谏官这种传统,恰恰是因为,能把反对意见公开大胆说出来非常难。

在一个机构也是一样,你作为一个有较高位置的管理者、成事者,会有很多人说你好话,很少有人说你不好。我有一个诀窍,因为我的书越卖越好,干的事越来越多,黑我的人就越来越多。最开始我还去拉黑,偶尔还会有一些想法:我要不要回应一下、反驳一下?我现在处理的方式就是:首先一律不拉黑;其次一律不反驳;最后我偶尔还会去找一找是怎么骂的,谁最近以新颖的方式骂我。有时候用这种方式,让自己冷静一下,对我来说,是一盆挺好的凉水。

当你跟周围人明确说,你希望听到不同意见,并慢慢培养出这种氛围的时候,下面的问题就是,如何去听不同意见。

第三,如何听取不同意见

对这个问题,曾国藩是这么说的。

"用人极难,听言亦殊不易。"你想人尽其才,物尽其用,其实是很难的。你听别人给你的意见,也是不容易的。"全赖见多识广,熟思审处,方寸中有一定之权衡。"

1. **见多识广**。真的想听别人的意见,想要很好地、有建设性地听别人的意见,全靠你见多识广。

2. **熟思审处**。不能别人说啥就是啥,或者别人一说反对,你就坚持自己的意见,这两种极端都不可取。你需要做的是,反复多次思考,谨慎给出意见。不要认为自己总是对的,也不要总是听别人的。一个成事的人、一个好的管理者,是不可能没主意的。多数时候有可能你是对的,但在有时候你要考虑别人的意见也可能是对的。

3. **权衡**。权衡各方利益和各个方案,有公平心、有主次、有取舍,综合地做出判断。这是听意见最后一步要做的,也就是形成管理决策。

怎么做出管理决策?我再给出一个非常实用的框架工具,分三步。

(1)**列出备选方案**。一件事有哪几种可行的方案。

(2)**列出每种方案的优点、缺点**。没有一种方案是十全十美的,如果真有一种方案十全十美,大家就不用讨论了,你一说,我就听。

(3)**给出建议**。要给领导明确的态度。因为几个方案有怎样的缺点、优点,以你的见识,你认为应该怎么办,你选择方案A,还是B,不要让领导做选择题。

其实这么做的好处有很多。

(1)培养你的判断能力和见识。时间长了,你提出十个建议,领导都同意了,说明你也不错。

(2)减少领导的工作量。领导有很多的工作,需要应付很多人,你让他省一点力气，他就会做事效率更高一点。

（3）第一个做决策的、提出建议的人可能是你，而不是领导。因为你最接近一线，了解的情况最全面，你做判断，再让领导说对和不对，这样是最合理、风险最小的。反过来，如果领导基于你给他的不足的事实，做出判断。你因为他是领导，碍于面子，不愿意发出反对的声音。前面说的"Obligation to dissent"，在现实生活中，大部分人是不愿意反对领导意见的。这样时间长了，风险就会越积越多，管理效率也会越来越低。

举个例子，在疫情期间，某超一线美妆品牌，销售大受影响。品牌总监跟我讲，在2020年的第一季度，销售下降率为百分之七八十，甚至百分之九十。

我问："你们的品牌力不是很强吗？"

品牌总监说："冯老师，我们的销售模式都是线下导购模式。当你进高端的商场，有导购小姐介绍，有店面的陈设、广告……看到这些实体，眼花缭乱，心里非常舒服，感觉买这么一个高档品牌，自己也变得高档起来。而当疫情一来时，商场关掉，逛街的人越来越少。这对于品牌来说，就产生了一个管理问题，怎么进军电商？已经不是要不要做电商，而是怎么做电商。"

高端品牌如何进入电商，一定会存在几种方案。

第一种选择是全面外包。从广告文案到推广，到支付、物流、客服……全包给别人，自己还做线下的生意。无非是把线下的产品，委托不同的第三方来做线上的推广和销售。

第二种选择是全面自己干，从广告文案、推广、支付、物流、客服等。

第三种选择是有些自己做，有些外包，比如广告文案外包，物流、客服自己来做。几个不同的方案，一定都有优点、缺点。对于不同品牌，一定会有一个最合适它的方式。在列出每种方案的优点、缺点后，给出意见。

要利用"庸众"的无知

众情管理是什么?即如何更好地管理大家的情绪。

曾国藩说:"愚民无知,于素所未见未闻之事,辄疑其难于上天。"老百姓愚蠢、无知,在他们过去没有看过、听过的事情上,他们会认为这些事情像上青天一样难。"一人告退,百人附和",愚民中有一个人说,不干了,不跟你玩了,赶快跑,吓坏了,那一百个人就跟着跑,跟着认同,"其实并无真知灼见"。"假令一人称好,即千人同声称好矣",反之,有一个人说好,你也会看到有一百个人,甚至几百个、上千个人跟着往前走。

表面上这句话的意思是,群众无知,只会盲从。实际的意思是,一个好的领导,如果他能掌握时机,在合适的时机振臂一呼,就能够起到以一当十、以十当百、以百当千的作用,这就是精英的素质,也是领导的艺术。庸众无知,是个事实。这个事实,常常令人悲哀,也常常被各种领袖人物利用。你不洗他们的脑子,别人也会洗他们的脑子。

曾国藩这句话,如果用来作恶,常常能做成大恶;如果用之行善,也能做成大善事。那我就借此跟大家分享五点关于如何更好地管理大家的情绪。

第一,领袖要笃定

成事躲不开的就是一个领袖。这个领袖,要看得清战略,甚至退一步,他至少认为自己看得清,至少对未来的方向、自己要做的战略举措,非常笃定。做到这些其实是不容易的。从正面去看,这需要特别好的战略素养,需要有建立在过去业绩上的信心。从相对负面去看,这个领袖需要偏执,需要自信,甚至需要有些盲目的自信,这样才有可能更好地管理众情。

第二,战略要坚定

针对战略,常见的理解是,战略是领袖的一句口号:"我们要实现××。"这是愿景,是宏伟目标,但不是战略。什么是战略?战略就是如果一个领袖带着他的班子、他的核心团队,把这个战略制定出来了,这个组织的中层要非常清楚,在之后的三年里的每一个月做什么,以及为什么去做。让这个组织中的三四个中层分头去默写,下个月该做什么,公司最重要的目标是什么。他们默写的东西应该有百分之八十的类似,这样才能证明这家公司有一个好的战略。

不得不说,如果是新团队,情况复杂且紧急,制定战略必须相对简洁,甚至相对独断。意思就是上面说的那个领袖,完全可以说,你愿意跟着我走,大家一起走,你不相信我,你自己走开。这也是司马迁在《史记·滑稽列传》中说的一句话:"民可以乐成,不可与虑始。"这些庸众、这些群众,可以坐享其成,但是不可以和这些庸众、这些民众来考虑最开始的战略。战略要由 CEO 定。当然,如果情况不紧急,不是新团队,大家还是可以严格地去按战略规划的方式做,但是在紧急情况下,我同意"民可以乐成,不可与虑始"。

第三,抓住一起冲的契机

要有一个好的契机。这种契机,在众情管理上往往是一个关键点,在这个关键点上大家需要一个方向。好比在漫漫的长夜,在一个不知道方向、没有 GPS,也没有北斗星指向的地方,大家应该往何处去?这种时候,需要明快决断。像做艺术最强调的"可贵者胆,所要者魂",需要领袖、核心班子的胆量,需要能抓住现在事情中最重要的部分,判断什么样的方向几乎是最对的。你需要这么一个往前冲的契机,但在这个契机上,如果你不做决策,一定是"死"。

第四,把战略诉求口号化

要有个口号。这个口号,要跟制定的战略有契同性,同时,要把你的战略诉求口号化。口号就是老人太也能明白,老头听了也能嗨起来。

比如,在秦朝的时候,大家就讲"王侯将相宁有种乎?",王侯将相,他们难道天生基因跟我们不一样吗?

比如，曾国藩在起兵打太平天国之前，他说："举中国数千年礼仪人伦，诗书典则，一旦扫地荡尽。此岂独我大清之变，乃开辟以来名教之奇变。"太平天国是把我们数千年的礼仪人伦、诗书典则都摧毁了，断了我们的根，这不只是在大清朝的奇变，也是开天辟地以来，我们儒教，我们名教，面临的最大的危险。"我孔子、孟子之所痛哭于九原"，我们亲爱的孔子、孟子，因为这样在地下痛哭。"凡读书识字者，又乌可袖手安坐，不思一为之所也"，我们这种读书识礼的人，又怎么能袖手旁观，看着这种礼崩乐坏持续呢？

曾国藩在跟太平天国开战之前，写的文章中最重要的就是有口号化的诉求。大家一听到口号就义愤填膺，觉得我要去干！之后大家也是遵从这样的原则——比如，"驱除鞑虏，恢复中华"；比如，"为中华之崛起而读书"；比如，"分地主的粮，上地主的床"——这些把某种战略化成口号，都是屡试不爽的尝试。

你有可能会问我："我没战略，还想有个口号，怎么办？"教你一个诀窍，如果做不到有逻辑，做不到有战略，做不到动员，那就数字化，比如"五讲四美三热爱""三好学生"等等。

第五，坚持

在前面我分享过，我有一个老哥，在我创办华润医疗的时候，给我的第一个建议是，要让我的团队听我的；给我的第二个建议是两个字——"坚持"。让你的团队持续听你的，你持续相信自己制定的战略，坚持执行下去。不要因为一个月、半年、一年，甚至两年，局部的艰难困苦，局部的暂时失利，而改变你的战略方向。

修过成事心法的人，不会轻易被自己的情绪、利益、虚荣把持，而他制订的战略方向也不会差得太远。那战略方向基本正确之后，带着团队坚持，掘井及泉，就变成制胜成事中最重要的一个因素。你一旦坚持，一旦推动自己掘井及泉，那时间就成了你的朋友。定好口号和战略只是开始，接着还需要坚持，除了不断行之外，就是要反复唠叨。如果你是CEO，话一定要多，要让你的团队基本能够背出来你到底是怎么想的。我自己到了五十岁，厌倦了唠叨，所以才想起写《冯唐成事心法》，让团队反复去看，让大家反复去看。

变革管理：以不变应万变

变革管理的另外一面：以不变应万变。

其实在实际的工作和生活中，百分之八十的情境下，最好的变革管理是不变，以不变应万变。听上去是个悖论，但是你在不变的前提下，维持和保护固有的东西，并且改善相应的不足——"开着车的时候换轮胎"，在很多情况下，是可以应万变的。

变革管理，如果切一刀，一个维度是变革制度，另一个维度是变革人。关于这两个维度，曾国藩有句话——"先哲称'利不什，不变法'，吾谓：人不什，不易旧"。意思是，先哲说，如果没有十倍的利益就不去变法；如果没有十倍的人才储备，或者说，新人没有比旧人好十倍，这种情况下，不换人。

这两个维度看似简单，但无论是生意模式，还是做生意模式的人，这两个合在一起，差不多就是一个能成事的组织的最重要的部分。

顺着曾国藩这两个维度,谈谈变革管理。

第一,制度改革,"利不什,不变法"

I. 有些事是亘古不变的。

比如,佛陀现在还是佛陀,耶稣还是耶稣,孔子还是孔子,老子还是老子,曾国藩还是曾国藩,这些智慧层面的东西并没有明显的改变。

记得我刚去麦肯锡的时候,第一天,新人介绍,让我熟悉这个公司,熟悉公司的工作环境、生活环境。当时会找一个资深的合伙人,我记着那次是Gordon Orr(欧高敦)来跟我们说,公司是什么样子的,你会遇到什么事情,你会遇到什么大的困扰,如果遇上这些困扰应该怎么办。然后Gordon说,你们有什么问题问我呀?我当时年幼无知,也年轻气盛,很二货地举手说,Gordon,我要问问题。我说,已经21世纪了,非欧几何、量子物理,包括像AI的进步,各种数、理、化、天、地、生、文、史、哲的进步,已经有这么多更新了,麦肯锡作为一家有一百年历史的管理公司,围绕着战略管理来做商业管理的咨询,会不会出现"时代变了,科技进步了,这些管理的智慧、管理的方法,对于今天它不适用了?"。

当时Gordon认真想了一下,很坦诚地跟我说,以他所知,他觉得这些管理智慧,哪怕是一百年前的,甚至五百年前、一千年前的管理智慧,至今仍然适用。

有人问我:"我能理解,麦肯锡一直在用西方的管理智慧在做管理实践,这么多年都在持续地改善,持续地进步,那你为什么会对东方的管理智慧,特别是对曾国藩的管理智慧这么看重?"不得不说，以麦肯锡为代表的西方管理智慧，并没有因为科技的进步、时间的推移而变得毫无用处，绝大部分的智慧到现在依旧有用。与此类似，以《二十四史》、以《资治通鉴》、以曾国藩的理念为代表的东方管理智慧，到今天，特别是在中国，也依旧适用。

我坚信，如果曾国藩能活到今天，还是能够当上大集团的CEO，或者某个官员的，他的战略思维和管理智慧，在相当大的程度上还是适用于今天的。

2. 存在即合理，再不合理，也有合理性。

一个公司，它现在的生意模式、企业文化、规章制度，当你看到各种不合理的地方时，不要用头抢天，用头撞地说，为什么会这样？你试着换一个角度去理解。很有可能这个企业现在这么做、过去这么做、延续到今天还这么做，是有它的道理的。这个在很大程度上是企业的基因，是他骨子里的东西，这骨子里的东西在过去显现，一直延续到今天，它这种存在，就具备一定的合理性。这种合理性，是希望大家试图理解，而不是永远说为什么、为什么、为什么，因为我们大家不是在演电视剧，不是在看电视剧，而是在具体的实际的工作、生活中想成事、持续成事、持续多成事。那与其去挑战这些所谓的不合理性，不如在你挑战之前，想想有哪些是合理的，即使不合理，它是如何形成的，它形成的根本原因是什么。

3. 为什么"利不什，不变法"？

因为变革很难。要明确现状，无论是公司的情况，还是团队的情况，甚至包括你自己的能力、状态，都是在过去漫长的时间里，集众多力量，共同作用之后的结果。一个公司、一个团队，以及你自己的成事基因，其实是极其难改变的，它是一个众多积累的过程。

曾经有句话："百代皆行秦政制。""政制"不是我们现在理解的政治，而是规则，是这个社会的组织形式、行事方式。秦朝之后，各朝各代的很多规章制度、很多带引号的"法"，都是秦朝时候制定的。它们在过去的两千多年里，的确有各种各样的修修补补，各种各样的完善，但并没有根本的变化。

4. 渐变往往是更有效的变革。

通常在工作中，我一听到"销售渠道要革命""销售架构要革命""营销方式要革命"……就意识到巨大的风险。空喊没有用，太快的变革，团队很有可能跟不上。其实渐变，在绝大多数情况下，比翻天覆地的革命，对一个公司更有效。特别是这些渐变结合了公司战略的制定和公司的执行，在公司战略制定和执行过程中逐渐发生改变。作为一个CEO，作为一个核心团队，心中有一个要达到的目标，为了达到这个战略目标，每年、每月、每周应该干什么，在干的过程中，需要培养哪些组织能力，需要培养哪些价值观。把这些东西想好，在执行过程中逐渐突出，在做事中，在成事中，逐渐变革。少说多做，会比你说"OK，我要改革了""我要大面积革命了"这样强得多。

5. 如果真要变，认清主要问题，分析好左左右右前前后后。

问题的根源是什么？我如果要解决这个问题，有哪些方案？哪些方案有什么样的好处和坏处？主选方案是什么，备选方案是什么？推进这个方案有什么样的路线图？中间可能会遇上什么样的问题？我有什么样的应急预案？……把这些东西完完整整地想清楚想明白，然后狠狠去改。

必须强调一点，在这个过程中要充分准备，特别是充分准备克服困难，把困难想象得比你想象的再多两倍、五倍，甚至十倍。

以上是对变革制度"利不什，不变法"的五点看法。

第二，人事变革，"人不什，不易旧"

新人没有好过旧人十倍，无论他的情商、智商，还是成事的能力，如果没有好过旧人十倍，不要淘汰旧人。为什么这样说？

1. 喜新厌旧是人之常情。

作为一个管理者，常常出现的问题是：你看见一个小伙子，觉得这小伙子挺能干，挺好，商学院毕业，国外大公司历练过，说拿过来，我给他一百的薪水，他给我创造一万的价值。这种喜新厌旧、这种小算盘，是人之常情。

从心理学的角度解读，人和人相见，最开始是蜜月期，所谓的"相见欢"，所谓的"若人生只如初见"。第二期就是冲突期，过了一阵子，大家逐渐露出牙齿和爪子，逐渐显示出脾气，显示出每个人的特点，这样非常强的一组人就会彼此冲突。第三期是要么改善期，要么恶化期；要么大家从冲突期，通过改善彼此的工作方式和工作习惯，达到改善的目的；要么变得更差，彼此不说话，彼此不能共事，彼此甚至不通电子邮件，甚至互删微信，互相拉黑。第四期是所谓的平稳期，恶化就平平地恶化，大家老死不相往来，或者平稳期在改善期之后，我们也不是那么喜欢，我们也不是那么讨厌，我们是百分之八十的喜欢，百分之二十的讨厌，我们能够平稳地继续下去。

2. 信任非常难以建立。

大家要知道，如果作为一个组织想成事、持续成事、持续成大事，需要彼此互相配合，在彼此互相配合之前和之下，是互相信任的。这种信任，需要很长时间磨合才能产生，需要经事，也就是要一起干事，一起多干事，一起多干大事，才能有真正的信任。光喝酒，光尬聊，没有用。日久见真心，患难出真情，如果没有经过事，这种信任很难建立，你很难期待一个全新的组织能有很高的效率，且能长期有很高的效率，这几乎不可能。这种信任，是旧人对旧人的信任，而不是对新人的信任。

3. 兔死狐悲。

人都有一颗同理心，如果你对旧人太狠，杀旧人杀得太多，清旧人清得特别厉害，会出现很大的问题。如果你对新人永远比对老人好，就不得不接受老人兔死狐悲的心理，以及老人的动力、老人的忠诚度等各种问题。如果老人大面积出现问题，你这个组织的组织能力会受到严重的损害。

4. 如果你真想淘汰某个旧人、某些旧人，我的建议是，在淘汰前给他们充分的机会，最少两次，时间最短一年。

给他们机会之后，发现他们还是不行，确定要淘汰他们，那想一想。可不可以把他们转到其他岗位上去？而不是直接让他们卷铺盖走人。甚至他们的权被去掉之后，其他的待遇，我建议不要变，甚至还要提升。

总之，变革管理的另一面，一种看似悖论、但是更有效的方式，是以不变应万变。没有十倍的利益，不需改革制度；没有十倍的人才储备，或者新人没有好过旧人十倍，不要淘汰旧人。这句话偏保守，但也从一个侧面体现了两个残酷的事实：从长期看，需要变以及真正能变的法，并不多；从长期看，真正能更好用的人才，并不多。

如何在团队中用民主集中制达成共识

民主集中制，不是集中讲民主集中制，而是讲在团队中使用民主集中制这种方法达成共识。这个问题也是一个团队经常面临的很令人尴尬的问题。胡适曾经也讲："民主是幼稚园的政治。"

在商业环境中如何利用民主集中制？一方面，民主集中制好像是可以让每个人都有发言权，都有存在感，都能得到锻炼和成长；但另一方面，似乎又会让很多工作效率明显降低。那在商业环境中，到底是"一言堂"效率更高、效果更好，还是民主效果更好、效率更高呢？

围绕民主集中制，讲三个问题。

第一，为什么要有民主集中制

答案是，两个极端都不对。哪两个极端？一个极端是绝对集中，

"一言堂"，领导/CEO/领袖一个人说了，就定了。看上去效率高，但是有几个非常大的问题。

1. 有可能他百分之九十战略方向对，决策对；但也有可能剩下的百分之十，他错了。这种绝对集中形成的高效率，有可能造成风险增大，一旦错了，几乎没有办法弥补。特别是当这个一把手年纪大了，身体变差时，他的知识结构变得不适应新的技术发展，不适应新的商业模式的发展，这种时候，他出错的概率比较高。因为他的决策，往往是基于他之前成功的案子、成功的经验，以及他自己的知识结构、自己的见识、自己的经历做出的。

2. 哪怕这个领导还是年富力强，还是非常睿智，还是在绝大多数的决策上能够做出正确的判断，但这个领导意气用事，为了树立威信而树立威信。他围绕着商业判断来树立自己的威信，让自己爽。这种时候，如果是绝对集中，效率的确很高，但是对于整个团队、整个机构来说，风险巨大。

与绝对集中相反的另一个极端是绝对民主。它会出现的问题是效率非常低，没有人来负责。

再者，你会发现，智慧有高低，高的智慧集中在少数人的头脑里。如果绝对民主，一人一票，差的主意、没有智慧的主意，很有可能笑到最后，成为最后的集体决策，这样问题就大了。效率低，而且风险并不一定降低，因为最差的主意很有可能被更多人投票选出。

读过一个文献，说在旧社会，最开始实施所谓的民主选举，一人一票选村里的村长，结果怎么样？村里的大流氓被选成了村长。为什么？因为大流氓敢使钱，敢动刀，敢吆喝大家听他的，不听就动刀。

绝对集中、绝对民主，都可能有问题，所以才要有民主集中制，达成某种程度的平衡才是最好的方式。

第二，如何在商业环境中实施民主集中

1. 先民主。在实施民主集中制的时候，要先民主，发言的必须发言，反对的必须反对，倾听的必须倾听。

发言是真的发言，不是假的发言，不是说，今天天气不错啊，大家很辛苦啊，领导很努力啊，我们面临机会又面临挑战啊，这些"片儿汤话"。要发言，要真的发言，每个参与的人对这个问题必须产生想法，必须说话。

反对的必须反对，这更重要。当你看到一个问题，你觉得不对，这个方向有一、二、三、四、五几个大问题，如果你不说，实话讲，领导很有可能没有你想得全面，领导甚至想不到，其他人就是想到了也未必会说出来，或者未必会意识到。

必须倾听。有些领导、有些 CEO、有些一把手，其实他不是在倾听，他是在找别人的话里有哪些言论能够支撑他的想法，哪些人跟他的意见一致，哪些人反对他的意见，这不叫倾听，这叫挑着听。什么叫倾听？倾听，是把自己放空，把自己的想法先放在一边，听听别人在说什么，别人怎么看这个问题。倾听，是要把身子往前倾过去，把心放空，去听别人的意见。

先民主，还有一些要注意的事项，比如，要控制时间，不能形成"一言堂"。再比如，一个会争取控制在一小时以内，一小时分成三段：有一部分人介绍情况；中间大家纷纷发言来讨论；最后形成决策。第一部分是十分钟，最后一部分是十分钟，中间四十分钟有八个人要发言，那主持会议的人要控制好时间，不要让一个人

的发言超过十分钟。如果说,会议主持人不能控制好时间,实际上这个所谓的充分民主也做不到,这时候领导要行使主持人的角色,控制好时间。

好的领导在控制发言时间之外,还要判断发言的质量。领导要倾心去听。有些人不见得善于表达,但他可能知道很多事实,甚至对决策都有自己一些独到的见解和判断,那相关的领导听到他的话之后,甚至问一些深入的问题,进一步把信息和一些真知灼见,从发言人的脑子里拉出来。

所以,必须发言,必须倾听,必须反对,控制好发言的时间,甚至问深入的问题。好的民主,从来不简单,很考验参与者和领导者。其实要把这种发言、这种开会、这种民主当成成事的修行,当成多成事、持续多成事的最好的修行方式之一。

2. 民主之后再集中。大家都已经把话说完了,那最后,如果意见都统一,没问题,如果意见出现不同,怎么办?是下级听上级的,是多数听少数的,还是少数听多数的?这就要定好决策机制。其实决策机制没有绝对的正确,比如,你可以说我们的投资委员会有七个人,要全体同意才能过会,没问题;你也可以说,我是一个绝对多数,"绝对多数"你可以定义成三分之二是多数,你也可以定义成百分之五十一是多数;你甚至也可以定,如果在决策委员会中出现争议,最高位的领导决策。这些都没问题,都是行之有效的决策机制。无论你民主得多么充分,如果没有集中,没有决策,就不是一个好的团队。

先民主,再集中,民主集中制一旦形成决策之后,往前推进,这个决策就是大家共同的决策,这个推进就是大家共同的决策落实。哪怕最后效果不好,没有成事,彼此不要明里暗里相互指责,不要在背后说，你看，那天会上我是怎么怎么想的，他们没听我的，最后怎么怎么样。这种事特别影响情绪，特别破坏企业文化，一定要纠正，一定要小心再小心。

3. 必要时重新修正决策机制。如果经过半年、一年的实践，发现这种民主集中决策机制有偏差，可以更民主一点，或者更集中一点。

第三，采取什么心态

作为领袖、CEO，他有战略坚守，在战略执行过程中，他敢于承担责任，敢于面对困难，坚持不懈、不动摇。最后，这个领袖在民主集中制实施过程中，他能够推功揽过。不管别人怎么讲，不管他的决策有没有经过民主集中制的流程，他还是最后拍板的那个人。

除了一把手、领袖之外，副手、核心团队在民主集中制过程中应该是什么样的心态？上面提到过，你有反对的责任，出发点并不是为了显得你有多牛、多智慧、多伟大，而是为了团队的共同利益、领导的利益、自身的利益。完全不想自己的利益，完全不顾自己的团队、自己的部门，不对。但把自身的利益永远搁在整个大团队利益之上，总是搁在领导利益之上，你作为副手，作为核心团队人员，你很有可能走不了太远。

另外，作为副手，不要开小会，不要立山头。你最不该做的，就是民主集中制制定了决策之后，实施过程中出现这样那样的问题，你拉起小山头，开起小会，跟别人说，你看，当初我就是这么说的，他们不听，他们真是傻呀。可能你内心潜台词是，我太牛了，我多牛啊，我是世界上最伟大的人。但是，这只能让你一时爽，对你的小团队不利，对大团队也不利，对领导也不利，因为你违反了民主集中制，你这样形成不了集体的合力。

最后，有领袖，有核心团队，那我们作为群众应该干什么？

1. 要主动发言。把它当成一种权利和责任。

2. 要自信。不要因为自己是个小喽啰、最一线的人，就觉得，我为什么要发言呢，我这么判断对吗？不要管对不对，你要给出论点、论据、论证，给出自己有信心的发言。

最后，这是一个进阶的对群众的要求——你要做比较。比较有两层意思：一层是你是怎么说的，其他人是怎么说的，CEO最后是怎么总结的，最后的决策是怎么做的；另一层是你的判断跟最后实际发生的情况是否相符，哪些不相符，哪些比你判断的要好，哪些比你判断的要差，这些好和差，底层的原因是什么。

如果在民主集中制执行的过程中，你总是主动发言，总是很自信地主动发言，总是比较自己的判断、领导们的判断，以及实际未来发生的情况，你会进步飞快。

说到底，无论是领袖/CEO、副手／核心团队、群众，在民主集中制中要秉着八个字："尽心尽力，尽职尽责"。

如何设计晋升机制

在我的管理实践中,"晋升机制"是绕不过去的课题。如何设置晋升机制?

首先,大公司和小公司在晋升机制的设计上,本质没有不同。只是大公司复杂一些,小公司简单一些。

其次,公司晋升机制,要紧扣公司战略。我见过太多做错的公司,他们的晋升机制设计,脱离了他们的公司战略,形成所谓的"两张皮",公司战略是公司战略,晋升机制是晋升机制,这是最要不得的。紧扣公司战略,意味着三个维度:以战略为基础的业绩,以战略为基础的文化,以战略为基础的潜力。

公司最重要的管理思路,无非围绕两个维度:一是管理,二是控制。不同的公司有不同的管控模式,可以分为三类:一是财务管控,二是战略管控,三是运营管控。

第一，晋升机制紧扣公司战略

公司的规模越大，业务越复杂，越倾向于财务管控。它核心的要求是在同等风险下，投资回报最高，或者是在同等投资回报下，风险最低。因为公司太大，管运营、管战略，都管不过来，就倾向于收钱就好，平衡好风险和回报、投入的关系。

相反，在另外一个极端，**公司越小，业务越单一，越倾向于运营管理。**你只开了一个有两个包间、八个吧台位的天妇罗专门料理店，如果是这样，那管好中饭和晚饭就好。

看世界各地、古往今来的大概率事件，都是这三种管控：财务管控、战略管控、运营管控。

以战略管控为核心，战略管控相对是一个更好的平衡，它不像运营管控管得那么细，又不像财务管控管得那么宽，它对很多多元化业务的企业，有相当的适用性。而且**战略管控是晋升机制设计背后最应该强调的管控。**

第二，晋升考评多元化

提到战略管控，不得不提GE（General Electric，通用电气公司）和华润。在华润以GE为老师的过程中，捏出了华润第一版"6S"；在2015年左右，提出了"6S"的2.0版本，现在还在使用2.0版本。

这个"6S"，就是6个"System"，6个系统构成。"6S"，是华润从自身特点出发，探索的多元化管控企业的管理模式，包括以下6个系统：战略规划体系、商业计划体系、业绩评价体系、管理报告体系、内部审计体系、经理人考评体系。

其中的逻辑是：

第一步，战略规划体系，要明确集团下属业务单元中长期的战略。如果以三年为期：一、要做什么事；二、要完成什么战略目标；三、会形成什么样的财务回报；四、需要什么样的资源支持。这是非常简要的战略规划体系的精髓。

第二步，商业计划体系。商业计划体系建立在战略规划体系之上——你有了三年中长期规划，那最近的这一年应该干什么？谁负责什么，要提交什么，要什么样的资源，最后形成什么样的财务表现……其实就是三年规划和一年的详细的商业计划，或者叫"商业预算"。

第三步，业绩评价体系。一年执行商业计划，三年执行战略规划，那要如何来考评这个团队？这几个人做得是好还是不好？关键要看哪些战略指标？业绩评价体系，是晋升机制中一个最重要的输入。业绩不向辛苦低头，要清晰用什么样的标准评价业绩是好还是不好？

第四步，管理报告体系。作为一个管理上万亿元资产的集团，如何能够非常准确、及时地看到管理数据？半年、一个季度、一个月、一个星期能看到什么样的数据？搁到各层管理者面前，这个管理报告应该长成什么样？

第五步，内部审计体系。管的是在战略规划体系、商业计划体系、业绩评价体系、管理报告体系这几个体系运营过程中，数据的真实可靠，人的真实可靠，有没有作假，有没有做坏事？

第六步，经理人考评体系。这一点是晋升机制中最重要的一部分。那考评哪几方面？先是业绩评价体系，这个体系要紧扣商业计划，商业计划又要紧扣战略规划。他的战略目标，一定要相对好地达成。

经理人考评体系，还有一部分是考评文化认同、文化执行、文化实践。如果你光有业绩，并不认同企业文化，那不好意思，还是不能晋升你。

业绩维度，企业文化维度有了，还差一个维度——潜力，就是作为一个职业经理人，你是不是有足够的潜力晋升到下一个维度？你从一个初级管理者，有没有潜力晋升到中级管理者，再晋升到高级管理者，你有没有可能成为一个利润中心的下一个CEO？业绩、文化、潜力这三个维度，都是经理人考评体系中一定要认真考虑的。

以上不是纸面上的理论，都是在华润、GE这种大型多元化集团长期被实践的理论，并且这些理论被其他的很多公司局部，甚至全面地效法过。

"6S"系统使华润集团多元化企业管理模式更科学有序，整体管理框架更加扁平；管理层又可以及时、准确地获取管理信息，有效地促进总部战略管控能力的提升和战略导向型企业的组成。实际上就是公司整个经营体系要围绕着公司的战略目标、战略规划去制定和执行；甚至包括公司的经理人评价体系，以及公司经理人评价体系中最重要的组成部分——晋升机制，要升对人，也要知道为什么去升他。

上万亿元资产的大公司按照"6S"去执行，小公司是不是也要这么做？要这么做，规矩、原则是一样的。小公司，也要想三年的战略是什么；一年的商业计划是什么；业绩如何评价；管理报告哪怕只有两项，应该长成什么样；也要有某种内审机制，能确保人、财、物的准确和合法；还要有经理人考评体系，哪怕团队只有二十人，也要选出最合格的人。简化，但是逻辑不能变。

以上说的是，无论大公司还是小公司，晋升机制的本质并无不同。但晋升机制的设计，要紧扣公司的战略，围绕战略业绩达成、企业文化践行、战略实施潜力这三个维度去考量晋升的人，去培养成事者，让他们能够多成事、持续成事、持续成大事。

规模不大的公司，如果也是按大公司的路数去做晋升机制设计，会不会令很多人绝望？比如，如果直属的主管、总监不走，业务做得不错的人就一直很难有升迁机会。

这是有一定误导性的想法。换一个角度，如果按照刚才说的"6S"的思路、战略管控的思路，把小公司做大，大家就都有机会；如果不按照这个思路走，蛋糕做不大，那对于一些有潜力的人，的确存在天花板问题；这些有潜力的人，如果把自己翅膀变硬，他就可以跳槽。

知世

PART 3

成事者的自我修养

怎样做一个讨人喜欢的人

"如何讨喜",如何招人喜欢。讲三点:第一点,喜欢是怎么回事,以及喜欢的残酷事实;第二点,为什么讨喜很重要;第三点,如何讨喜。

先说喜欢为什么是件残酷的事。

在我的人生阅历里,只有两类人天生招人喜欢。一类是小孩。三岁以下的小孩,无论男女都可爱,无论长得什么样子,你都会觉得好可爱。这是根植在人类基因里的。如果一个人,哪怕是个大坏人,连小孩都不喜欢了,这个坏人就彻底无药可救了。

另一类人是二十来岁的女生。作为一个诗人,我流传最广的诗句是"春风十里,不如你",流传第二广的诗叫《可遇不可求的事》——"后海有树的院子,夏代有工的玉,此时此刻的云,二十来岁的你"。我也不知道为什么大家都喜欢,现在想来有可能是击中了人类的基因。二十来岁的女生,谁看都喜欢,即使是猪八戒他二姨,年轻的时候估计也好看。这也是人类基因使然,也只有这样,人类才能繁衍。但是通常只有这两类人天生招人喜欢,我想不出第三类了。

我们作为人类一件很悲哀的事是什么?是你刚出生的时候,你一手指天一手指地,上天下地,唯我独尊。所有小孩都这德行,他如果不这样,他就没法掌握自己的生存技能,他就不会走,不会说,不会跑,完成不了他长大的过程。但一旦他升了小学之后,他发现不得不面对一个残酷的问题:你不是世界的中心,你父母之外的人类为什么喜欢你?给个理由吧。这是我们作为人类要面对的最残酷的一件事。

喜欢不是天生的,有可能还很残酷,但招人喜欢为什么重要?我们在职场招人喜欢为什么重要?

之前我写过信任公式,(可信度 × 可靠度 × 可亲度)÷ 自私度,就等于信任。有了信任,我们的生意才能越做越大,才能成事、多成事、持续多成事。这个信任,一个重要维度是可亲度,intimacy。可亲度的核心是什么?是你招不招别人喜欢,人家愿不愿意跟你亲近,愿不愿意跟你聊事,愿不愿意跟你共事。

举个现实生活中的小例子,我见过俩小男孩,一个五岁,一个三岁。这个五岁的男孩,头身比例很好,大长腿,长得也好看。另外一个三岁小孩,我发现他还没长开,比他哥哥要差。我用人生技法、成事心法教给老二三招。我说:"如果你遇上一个女的,抱大腿,看眼睛,叫姐姐。记住这三招。"然后这小孩就会了,门一开,吭叽就抱大腿,看眼睛,叫姐姐。开始还有几次错,抱大腿一看眼睛,说不出话了,但后来就越来越熟练了。两个月之后,我发现这个抱大腿、看眼睛、叫姐姐的小孩,拍任何照片都有一个明显的特点,他会坐在照片里最漂亮的女生的腿上，永远在C位，特别招人喜欢。

在职场里，招人喜欢的方式挺多的。某些不合法也不合理的方式，到最后也不见得成，不能持久。合法、合理且能成事的，有一条明路，但明路很有可能不是一条，我先指出这一条。一条我从曾国藩和我自己的经验中体会出来的路：两"心"——一是诚心，二是虚心。

第一，诚心

诚心就是坚持，发自内心地想把一件事做成，不放弃。三国时期，刘备想招诸葛亮。诸葛亮那个时候还不是全国顶尖的战略专家，刘备就三顾茅庐了。现在也有人找我出去做事，但他们是找三个猎头来找我，而不是一把手三顾茅庐来找我。

如果当时是三个猎头三顾茅庐，诸葛亮能出山吗？不一定。但刘备那么远去诸葛亮的茅屋，三次求他，诸葛亮有可能就被感动了。这就是诚心。你聪明，但是我笃定；你机巧，但是我赤诚。到最后我能成事，你做不成事。简单地说，就是不轻易言败。

有一类不招人喜欢的人，在职场什么事都觉得难，一碰壁就走。有想法，没办法，不能成事。产品出不来，出来之后也卖不出去，卖也形成不了爆款。相比之下，招人喜欢的人是那种定了战略，就坚定执行的人，是能坚持做出名堂的人。

我举个自己的例子，不说"北京三部曲"是中国有史以来第一个"青春三部曲"，不说我写的某些"黄书"，也不说翻译和诗歌，咱说说医院投资。我想，中国缺医院，那我就决定干，花了十年创了现在中国乃至亚洲最大的医院管理集团。再比如，写专栏这件事，我在《GQ》（《智族》）2009年9月开了第一个专栏，那也是《GQ》中文版第一期。我写到现在，写了接近十一年，中间负责催我稿的编辑走了六个，包括创刊主编。我默默地写了十一年，这个坚持劲跟我的成事或许有点关系。

再举个小例子，职场里经常会遇到的，很重要的老大、CEO没有时间怎么办？我初入职场的时候也常会遇到。我只是一个小小的咨询顾问，CEO没有时间给我怎么办？我说："那咱们吃早饭吧，您没有时间吃中饭和晚饭，我跟您吃早饭吧，反正早饭是在酒店里吃。"他说："早饭我也定了，我有个早餐会。"我说："那一块儿去遛遛弯儿，咱去跑个步，散个步。"估计这个时候，有些CEO可能要和其他女生一起散步，说还是没时间。我说："我送您去机场，或者我去机场接您。在机场来回的路上，我就可以跟您聊清楚了。"在我工作的前三年，我至少因为这些情况，多去过二百次机场。

第二，虚心

虚心就是无我。别整天"我我我"，你看你的邮件、你的微信，你会发现你百分之八九十的话都是以"我我我"开始的。你又不是冯唐，你没那么自恋。在麦肯锡，我们给新人的第一条建议往往是你走到这个世界上，走在这个社会里，别太把自己当根葱，要摆正自己的位置。

在多数情况下，人是习惯性地高估自己，最不能接受的事就是自己不行。小时候，你是世界的中心，别人都认为你行、你行、你行，这样你才会走路，你才会说话。但长大之后，你得把自己往后扳。这个扳的过程，很多人做得不好。人最不爱承认，其实自己就是一个凡人。根据自然规律，天才是极少数的，凡人是绝大多数的。大多数人在大多方面是不行的。的确有天才存在，但这个天才不是你。

所以还有一类在职场里不招人喜欢的人，就是那些永远要闪烁的人。退一步想，即使他是天才，他是灯泡，要永远闪烁，不是也需要别人铺电线发电通电吗？对比之下，招人喜欢的人就是能够成就别人的人，而不是自己天天要闪烁的人。更不让人喜欢的，是那种天天要闪烁而自己还不能闪烁的人，既没能力又觉得自己强的人。避免成为这种人的方式就是虚心，要无我。不仅自己行，也要带着大家去成事，或者帮助别人成事。其实你想想，在职场中的很多事，不是自己一个人能干的，哪怕你是一个天才。如果你遇上一个人，他没有那么大的自我，还一直在帮助你多成事，你说招不招你喜欢？

虚心，是知道自己在什么地方行，在什么地方不行。尽管战略看得很明白，也需要靠结果增强信心。

对于我来说，我是一个心很虚的人，经常没有自信，但是我将方向看得明白，我用刚才说的诚心正意，团结一切可以团结的力量，这样慢慢地成一点事。诚心和虚心，相互呼应，形成合力，就是诚心跟虚心之间的良性互动。

除了诚心和虚心，还有什么方法招人喜欢？我补一点曾国藩没有提到的。

夸人，嘴甜一点，也招人喜欢。在职场里，总舍不得夸人的人，是很难招人喜欢的。诀窍是，找准别人真的很赞的地方，往死里夸。不见得话很多，但是要往死里夸，多夸几次。

最后，引用曾国藩关于讨喜的原文论段："凡办一事，必有许多艰难波折，吾辈总以诚心求之，虚心处之。"办一件事，肯定有困难，我不放弃，无我，把自己会干的，结合你会干的，一定要把它干成。

"心诚则志专而气足,千磨百折而不改其常度,终有顺理成章之一日。"心诚,志向就不变,中气很足,无论刮风下雨,无论别人怎么说,我不改我常度,这样就总有顺的那一天。"心虚则不动客气,不挟私见,终可为人共亮。"不是干了坏事心虚,而是说把自己放开,这样我们就不会带着太多个人的偏见,带着太多个人的情绪,我们会坚持以情大于自我为前提,和大家一起把事情做成。最后他说的"终可为人共亮",就是要带着诚心、虚心,成事、多成事、持续多成事,和大家共同闪烁。

如何正确看待别人的评价

我们在职场、社会中,总有自己的名声。名为何物,如何看待名声,如何看待别人对自己的评价?

第一,先正确看待自己的欲求

我过了虚岁五十岁的生日,按孔子的话讲,已经是知天命之人。我在这点上非常佩服孔子,孔子生活在春秋时代,那个时代人的平均寿命是四十岁,但孔子预言说"五十知天命"。很神奇的是,现在人的预期寿命在七八十岁,根据地理、环境不一样,稍稍有变化,但基本是七十岁以上,这个时候我还是到了五十岁才基本知了天命。

到了知天命之年,我发现成事之人难免有贪欲,但贪欲不全是负能量的坏东西。千万不要认为贪欲是百分之百负能量的坏东西,需要连根根除。贪欲如果管理得好,是成事的动力。

下一个问题就是贪什么？人一生最容易贪的是三件事情：权、钱、色。很开心的是，我在四十五岁左右基本克服了这三点，而且是从心里往外地克服了。怎么讲呢？

先说"权"。有人起高楼，有人瞬间楼塌了，有权的人往往有巨大风险。握着权的时候，实际上也握了一把杀自己的剑。那我说，算了算了，这件事情如果不在一个合适的体制机制内，如果不是风险相对可控，年岁大了还是不要碰了。

再说"钱"。天地良心，我在四十出头的时候都没完全解决。对那种特别有钱的人，总有一种隐隐的妒忌，这么有钱，有好几个、十几、几十个亿，真是了不起。但在四十五岁之后，我深度接触了几个真有钱的人，我一点都不羡慕他们了。我发现他们这些钱：

1. 跟他们的生活质量毫无关系，他们怎么花也花不了；

2. 这些人基本上对于生活质量没有理解，就是让他们去花这些钱，都不知道怎么花；

3. 这些钱只是"纸面"上的钱，经常请个客、吃个饭，还要我来花钱。就是钱都飘在外边，他很有可能是九个锅、三五个盖子，一直在倒腾盖子盖这些锅。也就是说现金流管理一直是问题——短债长投，钱回不来等——自己一直被这些钱绕在当中；

4. 周围一堆贪他们钱的人，这些人对他们来讲就是一个麻烦、负能量，就是整天要提防的。如果你身边一直围绕这么一堆人，你很难说自己很开心、经常开心、天天开心；

5. 如果你的能力、三观、见识、智慧，没有达到一定的层次，给你这些钱，就相当于给一个拎不起剑或者不知道如何控制自己力气的人一把锋利的宝剑。他会干出很多莫名其妙的恶事，最后把自己害了。

所以综合起来，我在四十五岁左右，发现不要给我这么多钱，真不是站着说话不腰疼。我也没拿过那么多钱，也没挣过那么多钱，但是谢谢，不需要给我这么多钱。如果有这些钱，我也是把它当成一个公器，再去投一些医院，再去做一些医疗健康，再去做一些有可能让世界更美好的事。

最后说"色"。我在四十岁之前，奋力完成了一本叫《不二》的书，作为献给自己四十岁的生日礼物。从那个时候开始，激素水平真像我的医学知识告诉我的一样——开始下降。然后就发现，我眼神中隐隐出现了一种非狼性的成分，就是我眼睛里渐渐有了慈祥之气。

可能是因为我的学业背景，我觉得人还是一个激素的动物，随着年龄的增长，你会发现好色之心，无论男生、女生，不得不往下走。不见得是个坏事，你可以变得很慈祥、善良、友好、人畜无害，我想再给我几年，我可能也会变得人畜无害。年轻的时候会盯着看的好看姑娘，你可以不看、不想了，过去克服不了的心结，现在似乎也可以克服了。不知道这是不是好事，但是至少它不会让你百爪挠心，不会让你像以前那样挠墙了。所以作为一个贪财好色的金牛座，我在四十五岁左右，对权、钱、色没有像以前那么贪了。以前贪，但也是有底线的，这是另外一个议题，大家不要有误解。

我现在如果贪，还贪什么？我反复问自己这个问题，我想我很大部分还是贪名声。即使我克服了权、钱、色的贪欲，唯一放不下的贪念，就是名声。

小时候想用文字打败时间的不朽之心，现在还没有完全消火。当时想流芳百世，现在还是想，过一百年、二百年、三百年，还有年轻人会读我的文章。年轻的时候有过逐鹿中原的机会，也使劲逐鹿中原了，但是从某种程度上看败了。现在还想说，如果我有机会，是不是还可以再做一些相关的善事？现在想起苏东坡，还会想我能不能也写出几个类似于"明月几时有"的句子，再修个苏堤，再创个东坡肉……这些想法都是和打败时间的不朽之心相连的，但它背后贪的还是一个字——"名"。我这个贪婪，我自己慢慢治，我敞开心扉，实际上是想跟你讲对于名声，如何来管理。

第二，处理他人评价的五个要点

小时候听见赵传唱"我终于让千百双手在我面前挥舞……我终于失去了你"，当时想，如果有千百双手在我面前飞舞，失去你就失去你了，当时就是非常渣。当时还有一个主持人说，别支签字笔，揣个平常心，走南闯北……我忽然发现这些事我好像都做到了。我在上海的展览中心友谊会堂签售，下边也是小一千人，也是千百双手在我面前挥舞。我现在包里经常要搁支签字笔，走南闯北，也有人让我签字。然后我上街的时候忽然发现要戴墨镜了，我戴着口罩跑步都有人认出来，好像我终于红了。

这个感情是复杂的。从小到大，权、钱、色都可以看开，但这个名还是没有看开，还是有点小激动。虽然有各种各样的别扭，因为名声带来了拖累，我就想名是很多人都想要的，所以从这个角度上来看，名是一个宝物；因为很多人惦记你的宝物，你有很大的名声，必然会招黑、招恨。

如何处理？我真心实意讲五点。

1. 保持要名的心。"了却君王天下事，赢得生前身后名"，按李鸿章二十几岁的说法是，"一万年来谁著史，三千里外觅封侯"，想成事、想成大事、想争第一，有些名就是想要。对于各位想要名的，或者是说已经有名的,我觉得不要躲,要承认。

2. 理解黑你的人,他们是正常人。你对黑你的人特别上心,这是人性的弱点。十个人里边,有九个人夸你,你记不住那九个人夸你什么,但有一个人骂你,你肯定会记住那个骂你的人。所以说,对黑你的人,不要过分上心,要理解。

因为你的知名度提高了,哪怕是黑你的人的绝对数,一定比你知名度小的时候多了很多。假设我三十岁之前文章写得也不错,可能有一百个人知道我,有五个人黑我,而且这五个人的话不见得能传到我耳朵里。现在因为基数大了很多,那一定有几万人甚至几十万人觉得冯唐是个傻子,这个就是你成名的代价之一。

人通常很少会建设性地理解其他人的成就。有句话说:"恨人有,笑人无。"这个现象现在还大范围内存在。理解黑你的人,他们是正常人。

3. 希望你境界再高一点,善待黑你的人。妥善地、善良地对待黑你的人。不要反驳,不要反驳,不要反驳,重要的话说三遍,别跟他们在公共媒体上争。比如,在微博、微信朋友圈、公众号,越大的媒体,越公众的场合,越不要反驳。这么做的好处是表现自己的风度,如果从负面一点的角度讲,就是不给他们这个脸。

举个例子,我的诗歌。诗歌界,或者诗歌评论界,对于冯唐是不是个诗人,分为两派,百分之九十九点九九九的人认为冯唐不是个诗人,只有个别、极少数人认为冯唐是个诗人。不好意思,我不反驳。有时候我会主动看一看、问一问,最近又有谁骂我了,怎么骂的?看看他们是不是有特别的创意,除了能够让自己更清醒一下,另外就是学习一下有创意的想法。

4. 推功揽过。对于真的是帮你的人、团队,把功给人家。但前提是所有的大过你必须自己担，这样才能保证你将来成名成家的可能性会大一些，不要一时之名。我还是做到了推功揽过，在多数情况下不是为了我的名声而使劲辩驳。不揽不该揽的功，不推不该推的过，该我认的我就认。

5. 夯实基础。把黑你、骂你、损你的那些负能量的话当成你的动力。看准地面，发足狂奔，用作品说话。我是一个业余写作、写作不业余的人。那我就用作品说话，两三年一部长篇，第一部长篇——我十七岁写的《欢喜》，现在还在卖；2001年出版的《万物生长》，不仅拍成了影视，现在还在卖，就用作品去打那些骂我的人的脸。杂文，我2009年开始在《GQ》写专栏，一直写到现在，已经写了接近十一年，这个过程中六个编辑离职，我想这个从某种程度上讲也是一种纪录了。诗歌，虽然那么多人骂，非常统一、有创意性地骂，但是我的确有三四首诗老妪能懂，很多人在传唱。

曾国藩也说过类似的事情："功名之地，自古难居。"有功的、有名的地方，自古就很难待。"人之好名，谁不如我？"大家都喜欢名，跟我一样。所以你看曾国藩也很坦诚，认为自己是好名之人。"我有美名，则人必有受不美之名者。相形之际，盖难为情。"我有了好名声，一定有人受着不好的名声或名声不如我的。相形之下他就会不开心。曾国藩是明白人，并不是一个闷着头打仗的武夫。权、钱、色，谁都想要，得到的人开心，这是人性，没得到的人失望，这也是人性。你做成了一件事，获得了名声和利益，那么必然有失败的人失去了这些东西，他们说一点小话、捅一点小刀理所当然，就受着呗。

保持要名的心，但是理解、善待黑你的人。查查那些骂你的闲话，可以让你冷静一下。做大事，在不涉及底线的前提下推功揽过，功劳是同伴们努力来的，过错是自己造成的，如果你是领导者，你要负绝对的领导责任。

"功可强成，名可强立"，人生无非两件事，关你屁事，关我屁事。"不着急，不害怕，不要脸"，"不要脸"不是没底线，而是不要特别在意别人怎么评价你。九字箴言里，"不要脸"最难，与君共勉。

如何面对人际交往中的心机

我们做事，非常头疼的一点是内耗。枪口不能一致对外，自己人给自己人使绊儿。内耗的一大原因是人际交往中的心机，互相猜忌而不是互相信任，互相拆台而不是互相补位。

怎么看待人际交往中的心机？这是一个问题。

第一，团结与内耗

先讲个故事。我很早就知道，自己在数理化上没有天赋，再苦学也没有出路，但是因为有中考和高考，我又选了做理科生。为什么选做理科生？因为中学的时候比较自大，觉得文科书看看就会了，不需要老师教，理科还需要学学，不得不学。结果是，数理化我考试能考得很好，但是考完后都还给老师了，能记住的特别少。其中一个印象最深刻的，是初中物理讲热学，如果一壶开水的热能能够全部转化成动能，这个动能能把一头骆驼从地面提到四层楼。

为什么我对这个故事印象如此深刻？因为我在管理工作中，无数次发出类似的感叹：如果团队能够齐心协力做事，你会发现，似乎很弱的团队也能做出极其伟大的事，就仿佛一壶开水的力量，把一整头大骆驼从地面提到四楼。

古往今来，历朝历代，东南西北，以弱胜强，小米加步枪战胜飞机加大炮……之所以能成事，核心原因除了领导人及其战略修养，就是团队能够齐心协力，劲儿往一处使。但可惜的是，你也会看到太多的无奈，手里一把好牌打烂掉。

当然，你也会发现有人弯道超车，战胜行业霸主，用三流人才取得一流业绩。比如我经历过的华润雪花、华润怡宝。虽然说人家是三流人才，我那些兄弟可能不开心，但是跟那些上过哈佛和斯坦福的硕士，以及博士、教授等组成的团队比起来，他们确实是三流人才。我们有些团队，就是大家齐心协力，向着领导指挥的方向一块儿走，闷头走个五年、十年，就走出来了，走出世界第一啤酒品牌、中国第一饮用水品牌。

团队不能齐心协力，原因可能有七八个方面，具体的有十来个，这里不能全面展开，但是其中最重要的原因是人际交往中的内耗。

一壶开水的热能转化成动能，转化率只有百分之二十左右，甚至百分之十，你扪心自问，一周工作五天，每天工作八小时，有几个小时是在创造价值？休假时间一长，你惊奇地发现，公司没有你照样转，对不对？而且人和人还可能因为心机互相伤害，这是物理世界里不会出现的。物理中效率从零到一，不会是负数，但人和人之间是可以的。

你可能慨叹过，如果没有某个人，公司里有些事能干得更好，对不对？这说明在团队里，他不仅没有创造价值，还在破坏价值。

第二，心机与忘机

那我们如何应对心机？我建议三点：交流，明责，忘机。

1. 交流。

当时读MBA的时候讲到，管理最重要的是交流。交流什么？交流一件事情的前因后果，交流你为什么把这件事交给我做。如果你不交流，别人很有可能会多想，多想就会出现心机。

你为什么要让我做这件事？为什么让我交出密码？这件事对我的好处和坏处是什么？特别是和不熟悉的人刚共事，一定不能只说"你去把这件事办了""你能不能把这件事这样做"……你要跟对方交流：为什么要做这件事，我们的目标是什么，以及这件事对于你、对于他的好处和坏处，这些一定要讲明。

他人是地狱。我们经常会问自己，这个人怎么会这个样子？但是要知道存在即合理。我建议，要多思考、多了解这个人为什么这样子。不要总气愤地说，这个人怎么这个样子，而是真诚地问自己，这个人怎么会这个样子，他是怎么想的。站在对方的角度想一想这个问题，就会豁然开朗。

人总认为交流太费时间，总认为要把自己已经知道的事情跟别人讲，反复地讲，甚至跟不同人反复地讲，太费时间。但是看了无数管理的例子，经历了无数管理的事情，我可以负责地说：交流的时间永远能够帮你省下未来处理麻烦的时间，只要你是针对事交流，而不是针对人的心机去交流。

不要把交流的时间花在评论某人可能怎么坏，而是明明白白告诉大家：我为什么做这件事，我打算怎么做，做这件事对你有什么好处，对我有什么好处。

2. 明责，明确责任。

如果你在和对方深度交流之后，对方还是不明白，还是不能有效地跟你配合，那么下一步要做的就是，大家明确责任：你干什么，我干什么，你递交什么，什么时间递交。点到为止就可以了，不一定要获得全面的认同。

用我妈的话说，你看我傻，我看你傻，点到为止就可以了。不必和每个人都交心，不要妄图改变每个人的想法。大家约定好谁干什么，如何配合，什么时候交，就好了。

3. 忘机。

交流，是试图改变别人的想法，试图大家心在一条线上；明责，是知道改变不了别人想法的时候，大家同意什么时候交什么样的东西就行。但是千万不要忘了，还有一种更高阶的处理心机的方式，忘掉它，忘掉机心。

举个曾国藩的例子。曾国藩做过很多事，尤其是杀伐决断、攻城略地的大事。大事一定会涉及很多人的利益，让很多人不舒服，也可能让很多人生生死死。所以围绕着曾国藩的，有很多的心机。

面对心机，曾国藩说"惟忘机可以消众机，惟憒憒可以袯不祥"，只有忘掉心机，才可以消除大家的心机，只有憒憒懂懂，假装糊涂，或者不去想，才能除去不祥。"袯"，是除去的意思。

"机"，心眼、心思。每个人都是一个宇宙，脑门了心眼和心思，一刻都不停止。每个人的心思都不一样，同一个人不同时刻的心思也可能不一样。一个人的三观形成之后，因为基因的力量、原生家庭的影响、教育的积累，非常难被常规手段改变。当然，洗脑等非常规降维攻击的手段除外。

　　作为一个要成事的修炼者，尊重"人是不同的"的事实，不要妄图改变每个人的想法，不要妄图在每一件事上都能达成共识。更重要的是，不要让不同人的不同心眼和心思，特别是那些负面的心眼和心思，影响到自己。

　　比如，对我来讲，对我哥和我姐来讲，就是不能因为我妈的心眼和心思，影响到我们自己的心情。我妈有一个神奇的能力，她自己烦了，就跟我们三个人每人说一遍，然后我们三个人都烦了，她自己开心了。一定要避免这种情况。

　　修炼者笃定不容易，不要去想周围人的心眼和心思，既然想也没用，那就索性不想。忘机，忘掉机心，把力气花在能使出力气的地方，难得糊涂，吃得下，睡得着，老实最安全。

　　绝大多数人的心眼和心思终会如浮云般飘去。你如果问我妈，三天前她恨谁，她可能已经记不住了。绝大多数人的矛盾和不祥，会在置之不理中懵懂地消失了。

交友的标准

在多数情况下,曾国藩跟我想的一样,但是在结交益友这方面,我们有不同的意见。我知道他的道理,但我也有我的一些道理。

益友,能够互相帮助的好朋友,相对的是损友。

交友的标准,曾国藩定的是能骂你的人、能挑你毛病的人。

"吾乡数人,均有薄名,尚在中年,正可圣可狂之际。"在湖南这一块,我们好几个人都有一些小名声,都在中年,三四十岁,可以往圣人发展,也可以往狂人发展。"惟当兢兢业业,互相箴规。"就应该仔仔细细地做事,互相给对方挑毛病、提意见。

"不特不宜自是,并不宜过于奖许,长朋友自是之心。"不仅不能老自夸,而且不能经常互相夸、捧臭脚。总是夸,会让朋友觉得自己很好,他虽然很舒服,但对他的成长、成事不利。其实这跟我不太一样了——好多人认为我自恋,其实我只是实事求是而已——

有时候我会自夸,生活已经很苦了,自夸还能开心一点。我身边的人如果老挑我毛病,那么大家做朋友做得也挺累的,日子过得就更惨了。从成事的角度来看,曾国藩说的是对的。从过日子角度来看,稍稍放松一点,也不是没有道理。

"彼此恒以过相砭,以善相养,千里同心,庶不终为小人之归。"我们要经常地、持续地互相"骂"、挑毛病,这样才能让我们逐渐进步。隔着一千里,用写信的方式互相挑毛病、批评和自我批评。这样到最后,我们都会变成君子,都会变成成事的人,而不是小人。

其实他谈的是通过朋友来加持自己。为什么要交这样的朋友?

中年,正处在一座山的半山腰。如果往下看,人很容易沾沾自喜,因为下面是他已经走过的路,扬起头来的人都是一张笑脸。他也可以往上走,会当凌绝顶,也可以在半山腰得意、转悠,当然也可以往下出溜,一出溜就可以成为标准的"油腻猥琐中年男"。

这就是曾国藩说的,中年正是可圣可狂之际,可以往上走,也可以往下走,也可以在中间晃悠。这就是中年人的难办之处。

在这个人生关键点上,曾国藩说,好朋友之间不是互相抬轿子、互相让对方爽,一直爽不见得能成事,而是应该互相挑刺儿、互相督促。"庶不终为小人之归",就是一起做个好人,不要成为小人。人生一世,能成事固然好,但不一定能成为一个不朽的圣人(不朽有命、有运的成分),能不成为一个油腻的小人,就是相当的圆满了。

我曾经写过一篇文章,有可能是我杂文里最著名的一篇。当时是 2017 年 10 月,我在意大利,发完文章我就睡觉倒时差了。一觉醒来,我的手机被自己这篇文章的评论刷屏。文章讲的是,面对中年如何自己努力,避免成为一个油腻的"中年猥琐男"。

其实我的想法，就像曾国藩当时想到的——一个中年人，可以往上走，也可以往下出溜，也可以躺在自己所谓的成就上自娱自乐、自满自夸。我需要警醒自己，看一看自己是不是已经油腻了？为了避免油腻，我可以做什么？我完全没有想到这篇文章会刺激到那么多人。这就说明，周围有很多人已经油腻，或者被油腻威胁着。

通过我的内省，为了避免成为一个油腻的"中年猥琐男"，我应该做些什么？

1. 不要成为一个胖子，控制好体重，哪怕已经没有年轻时候那么紧绷、那么玉树临风，但是至少保证体重不比年轻时候重太多。哪怕不是树了，哪怕你是柴了，柴也不要比树重。

2. 要不断学习，不能想"我已经三四十岁了，已经学够这辈子要用的东西了，不学新东西了"。

3. 不要待着不动，不要总"瘫"在沙发上、床上玩手机。一旦不动，你离"三高"就已经很近了。

4. 不要当众谈性，除非你像我一样，是情色作家。当众谈性的时候，是很容易让女生认为你是个油腻的"中年猥琐男"。

5. 不要追忆从前，哪怕你是老将军，也不要总是追忆昔年壮勇，叹自己的欲望未酬。一旦开始经常追忆，离这个"中年油腻"就不远了。

6. 不要经常教育晚辈。其实，我如果不是认为自己真是二十年辛苦，有一点管理上的心得，我可能就不会写这本书了。在多数情况下，我都会把嘴闭上，不教育晚辈。

7. 不要给别人添麻烦。给别人添麻烦，很容易让别人产生一种你真是很油腻的感觉。

8. 不要停止购物。不能说"我已经有了所有东西，我对新的事物已经失去了兴趣……"。去购物，去买最新的电子产品，比如电脑、手机、VR 女友等，你会发现你还有一颗年轻的心。

9. 不要脏兮兮的。年轻的时候，脏是不羁，中年时候的脏是真脏，每天争取洗一个澡，一身不油光。

10. 不要鄙视和年龄无关的人类习惯。比如文艺，该文艺还要去文艺；比如保温杯，你喜欢喝热水，你继续喝热水。

以上这十条，是从我个人的角度讲如何避免"中年油腻"。

曾国藩讲的是如何从朋友的角度，避免成为油腻的"中年猥琐男"。就是除了管好自己，争取有几个好朋友，能够时不时地挑剔你。"你看你又胖了，又讲黄笑话了，又好几天没洗澡了，又给别人添麻烦了……"有这些常挑你毛病的朋友，你会变成一个更好的、清爽的中年男子或女子。

你扪心自问，生活里有经常挑你毛病的朋友吗？你喜欢这样的朋友吗？

我扪心自问，可能没有经常挑我毛病的朋友。而且，我不希望有这样的朋友。但是我非常认同曾国藩讲的，如果说你想成事，你可能需要这么几个朋友在你身边，但是生活总是矛盾的。

有一次访谈，记者问我："您喜欢什么样的女生？"我反问说："过去还是现在？"他说："过去呢？"我说："我喜欢爱笑的。"他又问："现在呢？"我当时直接回答："不挑我毛病的。"不管这个女生长得多寒碜，只要不挑我毛病，我们就可以在一起。

人总是矛盾的，既想成事，又不想身心受煎熬。有些人认为好爱不为难，有些人认为不为难不是好爱。做人真是很难。

争取有几个挑你毛病的朋友，也争取有几个一直不挑你毛病的朋友，或许是一个平衡的解决之道。

找合拍的人一起做事

我们经常说,人在生活中最大的幸福,是来自你有好的伴侣、好的亲人、好的伙伴,那么工作中呢?职场最大的幸福来自什么?如何获得它?

第一,职场最大的幸福来自身边人

我讲两个亲身经历。当年在麦肯锡,有一个"Up Or Out"(上升或出局)的晋升规定。也就是两到三年,如果不能升一格,那就得自己找辙离开。"找辙"是北京话,就是你自己要找地方养活自己,大致是两到三年一个坎。

如果大学刚毕业,你进来有可能是"BA"(Business Analysis,业务需求分析师);如果是MBA毕业的,进来是"Associate"(经济分析员或者咨询顾问)。"BA"上一级是"Associate","Associate"上一级是"JEM"（Junior Engagement Manager，初级项目经理）。"JEM"再上一级是"EM"（Engagement Manager，项目经理）。"EM"再上一级是"SEM"（Senior Engagement Manager，资深项目经理）。再往上，是副董事，再往上就是合伙人，合伙人之上还有资深合伙人，等等。大致是这么几个分级。

这样的职场轨迹里，有几步是非常重要的。其中一步是项目经理，你要成为项目经理，必须具备两个非常核心的能力。

一个是解决复杂问题的协调能力。你能够带着团队的小伙伴，有可能是两三个人，最多也不会超过四个人，把一个异常复杂的问题分析清楚，表达明白，让客户满意，这是项目经理的核心技能。

另一个是管理项目进程。你和团队的每一天，都有很高的成本。你能不能通过你自己的努力，在规定的时间，用规定的质量，完成规定的动作，推进这个项目。

如果这两点做得很好，就是一个很称职的项目经理。

接着非常重要的一步就是合伙人。合伙人的概念就是你签字相当于公司签字，可以全权代表公司。你升上合伙人之后，有薪酬的提高，也可以拿到分红，另外你还会明确感觉到，从一个中层经理人变成高级经理人，自己要做很多重要的决策。

这会是蛮有人情味的一刻，很多人会来向你祝贺。我当时收到了五六件小礼物，一瓶酒、一个本子、一本书等，还有近十封信，其中一封令我印象深刻。一位老的资深合伙人用英文写了封信，解答了我一个很大的困惑，就是我们人类幸福的根源是什么，特别是在职场中，幸福的根源是什么。

他引用了一个诺贝尔奖得主的话，那个人研究人类的组织行为

学,他说人类幸福的根源,只有两件事:

第一是人,就是和自己喜欢同时也喜欢自己的人,在一起工作;

第二是事,做自己擅长又喜欢的事。

这位老合伙人在信里跟我阐述:有可能你擅长的事不是你喜欢的事,你喜欢的事有可能是你不擅长的事。如果你不得不挑,是做自己擅长的事,还是自己喜欢的事?那你还是做自己擅长的事。因为慢慢地,别人的、社会的正向鼓励,你会认为自己擅长的事也是你自己喜欢的事。如果非要挑,是和自己喜欢的人在一起,还是和喜欢自己的人在一起?他说他挑的是和喜欢自己的人在一起。如果不得不做这个选择的话,标准答案可能不止一个,这只是一个有智慧的麦肯锡老合伙人给我的建议。

还有一次,我和老领导去中国台湾做经济访问,我充当他的秘书。我们在酒店门口抽烟,周围只有我们两个人。在他的职业生涯中,他已经做了好多大事,我说:"您下一步还有什么更畅想的事,这辈子还有什么畅想的事?"他抽完一整支烟,一直在想。

我还清清楚楚地记得那天的黄昏,有风,那支香烟一闪一灭、一明一暗的烟头。他说:"我非常畅想再过十年退休,咱们在一个房子里,有可能是你的房子,有可能是我的房子,最好有个露台,要不然有个院子,不用特别大。我们四五个人一块儿吃点小菜,喝点酒。喝酒的时候,想想当年壮勇,说说当年我们干过什么特别畅快的事,有哪些特别难的时候,哪些我们忍过了,我们打过了,然后我们变得很开心。"这几乎是他当时的原话。

其实你看这两个故事的共同点:一是要有喜欢的人,二是要和喜欢的人一块儿去做事。所以,在职场中我想给的提示是,最大的幸福来自最美的身边人。不背叛,能互相包容、互相帮助,不为小利所动,不争一时得失,,能够推功揽过,最美好的是能和这样的身边人一起工作,一起度过好时光。

那下一个问题,如何找到最美的身边人?

第二,如何找到合拍的人

曾国藩有一句特别简单的大实话:"危险之际,爱而从之者,或有一二;畏而从之者,则无其事也。"真的危险出现了,因为爱你能够跟你在一块儿的,或许能有一两个,因为怕你而跟你在一块儿的,根本就不存在。

一个成功的 CEO、成功的高管,会有两类下属:一类是出于爱,被管理者的人格魅力、理想所打动,被能够跟着他学习到的技能、体会到的智慧所打动;另一类是出于畏,被权力和能产生的利益所笼络,有工资、奖金,有升上去的机会、炫耀的资本,等等。

从外号叫"曾剃头"的曾国藩嘴里听到爱,真是很神奇。他非常坦诚地说,在真正危难的时候能跟你走的,一定是爱你的人,那些怕你的人,绝无一丝可能跟着你走。

深层的道理,是不要对人性要求太高。共患难、共进退的人,能有百分之二三就很不错了,"树倒猢狲散"是天下常理,不要期待每个人都有风骨和节操。所以如果走了背字,不要抱怨自己,不要抱怨命,也不要抱怨周围的人不跟着你走,"大难临头各自飞"非常正常。那些不走的是非常个别有性情的人,激励这些人,靠的不是钱,而是长期一起做大事的兄弟情和温暖感。

为什么愿意一块儿吃这么多的苦?更大的利益面前,为什么不去追求?为什么有更好的机会,不去?为什么有其他更强的团队,不愿意加入？其实都因为一句简单的话——"We had good time together"（我们一起有过好时光）。

跳出来想，人生一世，起点都是"哇"的一声坠地，终点都是"唉"的一声离世，生不带来，死不带去，中间的构成就是时间，只有时间。性情中人明白，人生没有终极意义，如果有意义，就是那些过程中的点滴小时光。就像一条项链，它一定有一个起点，有一个终点，中间就像那些闪烁的珠宝小石头一样，那些点点滴滴的美好时光会留在记忆里，体现生命的质量和意义。这似乎是个悖论，成事的人似乎应该更冷酷、更可靠、更机械，但是我在特别能成大事的人中发现，性情中人比例奇高。

希望你看到上述之后，能够找到你最美的身边人，能够在危难之际有个人还跟着你，能够在度过漫长的职场时光之后，你可以跟周围最美的身边人说"We had good time together"（我们一起有过好时光）。

女孩贵养是歪理

我说过，人生可遇不可求的事：夏代有工的玉，后海有树的院子，二十来岁的姑娘，还有此时此刻的云。

我很早就意识到自己骨子里对女性的热爱，也毫不避讳自己"为泡妞而写作"的动机。狂放又青涩的青年总觉得，天性浪漫的女性，是可以被文字蛊惑的。

曾经被冠以"严肃情色作家"的标签，对此我不置可否。但在我心中，女性是伟大而可爱的，真正读懂的人，能参透我对她们的爱慕和崇拜。这里请参照我散见各处的文字中对我老妈和老姐的描述，她们在我的笔端，彪悍、狂野、可爱、灵动。

我也想过，生个女儿，头发顺长，肉薄心窄，眼神忧郁。牛奶、豆浆、米汤、可乐浇灌，一二十年后长成祸水。在长成祸水之前，我不能允许任何人伤害她。

是的，我对女性的态度就是友爱、热爱、宠爱，但希望她是独立的、可爱的,即便身陷囹圄也能向阳而生的。所以,我不会无条件宠溺,而时下一再被宣扬的"女孩要贵养"的歪风邪气,让我深恶痛绝。理由很简单:

1. 社会阶级分层,壁垒已经固化,碍于传统理念和生理构造,女性已经处于弱势,再像养宠物一样娇惯,失去竞争能力,还如何在社会上立足?

2. 长期被物化、伸手钱来的女性,受到金钱诱惑的可能性更大。

3. 不得不说,也不想为广大男同胞们狡辩,实名劝一句广大女性朋友,2020年了,醒醒吧,哪个男人不渣?除了自强不息靠自己,你还能靠谁?

"女孩要贵养",我认为纯属胡扯。既然要男女平等,女性就要承担同样的社会责任和义务,要像男性一样成事。当然,相夫教子、齐身治家也是成事的一种。

接下来,给想要成事的女性提几点建议。

第一,吃苦耐劳

一个人成事的基础,并不是EQ(情商)、IQ(智商)有多高,而是吃苦耐劳。如果能做到吃苦耐劳,你基本上就有了80分。在那之上,你再交出你的天赋,无论是情商上的还是智商上的,你就会做到95分,甚至100分或120分。

曾国藩也反复强调,吃苦耐劳在成事中的重要作用。"吾屡教家人崇俭习劳,盖艰苦则筋骨渐强,娇养则精力愈弱也。"我经常教导家里人,崇尚节俭,习惯劳苦,说白了就是吃苦耐劳的意思。如果你经常干苦活,你的筋骨就会慢慢变得强壮。如果你"娇养",

包括自己"娇养"自己，别人"娇养"你，你的体力、精力会越来越弱。

曾国藩反复强调的"崇俭习劳"，是家庭教育的箴言。我不得不说，这也是成事的基础。咬得菜根，百事可做；跑万米不累，百事可做——吃苦耐劳的心和身是成事的基础。

简单来讲，我认为吃苦耐劳有三点。

1. 自己的事情自己做。不要吆五喝六，自己拎包，自己管理好自己的时间和身心，尽量少用助理。

你作为一个成事的训练者和自修人，自己永远是一切的开始，就像"道生一，一生二，二生三，三生万物"一样。你把自己管理好，把自己的身心管理好，才能带个小团队多做一些事情。

2. 不给别人添麻烦。自己的事情自己做和不给别人添麻烦，看上去一样，其实不一样。举一个简单的例子，在地铁上大声喧哗沟通工作，是自己的事情自己做了，但给周围很多人添了麻烦。所以，自己的事情自己做的前提是不侵犯他人边界。

我有一个老哥，做了四十年的投资。在他六十岁的时候，他跟我说："一个人做不了的生意，我就不做了。"其实成事的人，会修炼自己、修炼团队、修炼事情，但是转回来一定要知道你的起点是你自己。你的起点是你一个人，一个人能够把自己的事情做成。

3. 在前两项的基础上，人作为一个个体，他应该有自由选择另外一种人生，比如，你可以选择激荡的人生，也可以去乡下买块地悠然自得，或者仅仅是追求精致的一日三餐……但前提是第三点不跟第一、第二点有冲突。

第二，强健的体魄

"自己的事情自己做"，给自己一种"我只有我自己，我不能生病，我要保持体力"的紧迫感，然后产生健身的欲望。一以贯之，你就有了成事的基本身体状态——强健的体魄。

"带兵打仗"的这些年，有个怪象一直令我费解，身边比我年轻十几二十几岁的人，生病的概率、频率和严重程度要远远高于我。我可能两年不去一次医院，五年、十年生不了一次大病。如果喝酒之后脑袋疼、摔跤不算病的话，那其实我很少生病。

后来我就跟团队讲，保持身体状态良好，也是职业管理人的职业素养。不只是会做PPT，会做数学模型，懂得资产负债表应该如何解读……保持一个好的身心状态，特别是身体状态，也是一个职业经理人不可或缺的一部分。

坚持锻炼、保持体重、少生病、提高免疫力，是"成事"的基础，也是抵御病毒侵袭的最佳手段。经历了一场"战疫"，你信了吗？信药，不如信自己。

第三，自强不息

世间好物不坚牢，彩云易散玻璃脆。你不一定要学富五车、盛世美颜、职场白骨精，但如果素养、学识、专业度……跟不上年纪的增长、社会的进步，心里终归是虚浮的，在职场或生活中的话语权也会越来越低。

选择舒适闲逸，就要付出遭人轻慢被边缘化的代价。

选择力争上游，就要付出与惯性、惰性搏斗的代价。

时代从未放过任何人，女性得到越多尊重，同时也面临着比男性更严苛的社会准则。渣男防不胜防，想要姿态优雅地在这个世界兴风作浪、遗世独立、岁月静好，女性必须吃苦耐劳、自强不息。

而自强不息的吃苦耐劳精神，要从娃娃抓起。"女孩要贵养"的邪门歪理，让它"自嗨"去。

什么是能量管理

一个似乎不重要，又一直隐藏在成事、持续成事、持续成大事背后的事——能量管理。

曾国藩说："凡行兵须蓄不竭之气，留有余之力。"存力气，存使不完的力气。

很多人说，想成事，要有资源，要有风，要看竞争对手、市场……却往往忽略了一个本源，就是做事的人，你和你的团队，有没有能量？这能量能不能持续？

第一，管理能量才能持续成事

为什么要管理能量？

1. 为什么要储备足够的能量？因为我们的目标不是挣一笔钱、出这一个月的名就走，我们不做一天的买卖，要做基业长青的事。

有两类大事可以成：一类是立功，立功不朽；另一类是立言，立言不朽。要把这种目标定了。

2. 为什么要积蓄能量？因为真正的成功往往需要十年以上的经验储备。

我原来不理解，为什么企业招聘一个人，要求有八年以上的工作经验。后来我发现，如果想了解一个人的工作能力，没个五年是看不出来的，这个五年是一个从无到有，从小到大，从不会到会的过程，而要再精英化一点，没个十年几乎是不可能的。

古人说"十年磨一剑"，你也不能把这个时限缩得太短，"一年磨一剑"几乎是揠苗助长，基础不扎实。

3. 为什么要管理能量？人生不全是打仗，还有生活。

我没有见过一直工作还能把工作做得非常好的人，纯粹的工作狂，完全没生活、没情调、不放松，还能把仗打好，几乎没有。对这种人，我往往会心存一点点戒心和恐惧，因为像一把刀一样，他很有可能造成巨大的风险。

打仗不是人生的全部，有时候你要稍稍歇下来，发发呆。这种发呆，这种"浪费"，是为了更好地打仗。你和团队都需要调整。

在麦肯锡虽然非常累，每周干八十到一百个小时，但是每年有三到四周的带薪假。强制的带薪休假除了让你身心平衡之外，也是为了这个机构能够更好地生存和发展。这看上去像一个悖论，我讲讲背后的原因。

1. 高管一旦离开了，相对的审计、监察、纪检部门就很容易做事了。因为高管一离开，一定是要把自己的工作托付给他的替手，替手一接手，如果有严重的问题，很容易就会暴露出来。这是从内控的角度说，为什么高管带薪休假是必需的。

2. 一个组织的能力不在于某个个人的能力。如果高管带薪休假，组织虽然会有些别扭，但还是会相对正常地往前走，说明机构的组织能力是不依靠任何一个单一个人的。好处是，整个组织的风险大大降低，它不会因为一个人的离职、抱病、意外，而造成毁灭性的打击。

第二，能量管理的六条方法

1. 做一些胜算大的项目，不要总是去赌，去搏。

全力去赌，放马一搏这种事情不要天天做，三五年做一次就好了。为什么？保持能量，保持能量的持续供给，多做一些胜算大的项目，增加信心，增加团队持续的能量输出，这样公司可以一直持续运营。

其实写作也一样。因为时间的关系，我不得不每年都用假期集中写作，每年十天写一个长篇，的确是一种快跑状态，我是没办法。如果有办法我一定跨到半年甚至一年去写。这样，可以相对悠哉地把非常痛苦的创作过程，变成相对痛苦、有某些享受成分的创作过程。我后半生打算这么做，也希望你如果有能力、有时间，不用那么着急，有的是仗，将来可以打。

2. 慢一点，马拉松。

它的好处是能够在良好、相对缓慢的节奏过程中，让你维持身体、心气的平衡。打得太凶，看上去在短期内形成了某种成效，但不持续，你会发现，猛打、猛跑，效果差于你用不快不慢的速度持续行进。因为身体怕忽起忽落的节奏，心气其实也怕巨大的起伏。

马拉松的一个大忌，就是在前五千米跑得太快。我第一次参加全马之前，教练就跟我说，前五千米最重要的是把速度压下来，不要逞能，不要快跑，这是马拉松，后边还有好多里。

在职场也一样，你二三十岁一直想，早一步提升，早一步把事干成，早些扬名立万，一切早早早……耗得自己心气急躁，缺乏平衡，你扪心自问，这种高强度的状态你能持续多久？

我常用一个比喻：你本来能跳一米，让你再跳两米，看上去只是增加了一米，但不是增加一倍的能量消耗，可能增加十倍的能量消耗，人是有极限的。其实在麦肯锡、华润，是受着类似特种兵的训练和对特种兵的能量的要求，也是种极限，我眼睁睁见过，有人躺在办公室的地上说脑子实在动不了了。那种脑力消耗，像体力消耗一样，我不希望你在现实生活中，每天都杀红眼到这种状态，这种状态一定持续不了，也不是一个正常的、长期的做好生意、成大事的状态。

3. 维持能量平衡。

西方的管理理论里有一个叫"开着车的时候换轮胎"，"在飞行中换引擎"。意思是，运营相对稳定的公司，允许出现大错误、掉链子，可以"换"。你需要时间去在市场上找替换，那就需要你能维持在好的、平衡的能量状态，太快你一定换不了引擎。

4. 留出犯错的空间。

在漫长的成事过程中，最怕的是你带着团队往错的方向快跑，跑了一阵发现错了。即使坦诚地把所有的功劳都记到你的团队身上，把所有的过失也都揽在自己身上，你还是会发现，团队非常沮丧。往错的方向快跑，非常耗损团队能量。

如果你把成事当成十年期的事，用参加马拉松的态度去做，会给自己留下犯错的空间。如果你疯狂地往前跑，跑了一年，才告诉大家咱们跑错了，现在离正确方向是一百八十度、一千八百里。不仅大家沮丧，大家对你的信心还会锐减，以后你再指一个方向，大家跟着你往前走的动力和信心就会少很多。基本上，你的团队最多给你两次犯错机会。

5. 及时调整方向。留下犯错空间还有另外一个角度，就是稍稍跑偏了一点，从战略上说，不是错误。但是你偏离正确方向又走得太快，会白耗很多能量。但是，你没有那么快，能量耗得没那么多，行路的时候，你还能抬头看看路。你甚至不用告诉大家，你作为CEO心里知道好像有点偏，你稍稍用一些战术手段，可以纠正一些。纠正得好，甚至外人都感觉不到你曾经偏了二十度，只感觉，我们这个CEO，一直是光明、正确、伟大的CEO。

6. 等待团队成长。

人成长是需要时间，需要犯错的。作为一个组织，你不希望自己犯大错，但是也不要妄想什么人都不犯任何小错，这不现实。

人的成长需要时间，三十而立，四十不惑，到现在也适用，如果你想让三十岁的人不惑，这对三十岁的人是一个过高的要求。这是人类基因决定的，一个人如果没有到一定的岁数，激素水平没有到一定的程度，没有经历过足够多的世事，没有走过足够多的路，有些事搁在纸面上、反复被别人教育，他也不会明白。

所以，我总说，时间是我们的朋友，为什么时间不是你的朋友？因为你没有耐心，没有好好管理能量，总是在做百米跑，而不是马拉松。所以，管理能量就是要相对慢下来，哪怕你很强，也要给周围人成长犯错的时间。

7. 慢下来，让你的团队能够有充足的时间和错误空间来锻炼核心竞争力，切记，是团队的核心竞争力，它是一个配合的过程。

比如，第一次做产品研发，我选一个产品经理，一组人配合他，如何衔接工厂、设计、包装，第一次想做得完美，绝无一丝可能，需要配合再做一次、两次……做到十次的时候，你的核心竞争力——产品研发的能力——可能初见雏形。做一百次，你会发现比你做十次又提升了一个台阶。

团队配合要在实战中练习，它是一种实践科学，而不是完全在书本上。我替很多公司做过战略，看过更多公司的战略，为什么同样好的战略，同样的聪明团队，却做出不同的结果？其实核心的差异，就是团队有没有一块儿演练、实施、执行过战略，整个组织是不是给了他们足够的时间、空间去练习。

猎人们每天做的事跟打仗有相似的地方：几个人，骑着马，拿着弓箭、刀枪去捕杀猎物。可能一两天猎不到猎物，但也可能配合越来越熟，然后在一天猎到很多猎物。这是通过反复练习、试错，形成的默契和配合。

所以，慢下来，持续管理能量，让自己的团队能够经常通过一些事来以练代战、以战代练，多次反复来熟悉彼此的配合，才能在真正的商场上，真正的沙场上，成事，持续多成事。

举一个例子，司马懿和孔明的故事。《三国演义》是从蜀国的角度讲故事，所以推崇诸葛亮，但如果你看野史，甚至《三国志》这些相对来讲的正史，会发现史书对司马懿的评价会更高一点。

司马懿是一个成事修炼者，他更坚信计算、战略，而诸葛亮的赌性比司马懿大一些，在五丈原之战，体现得特别明显。

当时司马懿坚壁拒守，以逸待劳，我就守着我的硬寨，我不去打仗，我等你消耗完。这背后是战略考量：魏国比蜀国战略资源多，他能扛得住。而诸葛亮与之相反，有志向，也知道自己生命有限，等下去蜀国不见得能够在实力上超越魏国，所以他等不及了，总试图逐鹿中原，他就希望司马懿出来，两人赌一把。司马懿坚信，我不去赌，我的胜算更大，只要我不赌，我就赢了，就坚定这个战略立场，一直执行下去。

诸葛亮甚至送给司马懿女人穿的衣服，意思是，你怎么像个姑娘，为什么不敢打仗？如果你是个男的，就出来打！我觉得这挺有意思的，诸葛亮一个文人，讽刺别人像个女人……当时司马懿这边出现的困境，是他下边的人也非常想打。想成事的人，往往都是喜欢打仗的。两军对峙这么长时间，又有挺大胜算，比如有八成把握能打过诸葛亮，为什么不去打？那司马懿的想法就是，我注定能胜，为什么还要损失两成把握？但是他又不好意思或者不能跟他的团队把这个道理直接说清楚。他的方式就是回去问皇帝，我能不能打？皇帝就势说，你不能出去打。他把决策的包袱、责任推给了皇上，皇上顺水推舟说，你是对的，你继续守。

诸葛亮一直求战，司马懿就是不打，他问蜀国的使者诸葛亮的情况，并不是问，诸葛亮为什么要打，想怎么打……没有说任何打仗的事，司马懿只问了一句话，诸葛公起居饮食如何？一顿能吃多少米？一顿吃多少饭？使者说，三四升。

然后，司马懿开始问第二个问题，诸葛亮现在怎么管理军营？使者说，打三十军棍以上的处罚，都是诸葛亮自己批阅的。使者也是笨，司马懿这问题问得好，看上去无关痛痒的问题，都是非常重要的问题。

问完这两个问题，司马懿就把使者送走，说，你侮辱我的衣服我收到了，这是妇人的衣服，我承认我不敢打，不愿意打。但，司马懿对团队说,诸葛亮要死了。因为诸葛亮吃得太少了,管得太多了。

这就应了为什么要管理能量。如果吃得又少,管得又多,睡得又差,一个人能持续多久?如果主帅都完蛋了,仗还怎么打?

果不其然,诸葛亮挂了,病故于五丈原(现在陕西宝鸡岐山境内),享年只有五十四岁。当然五十四岁在那个年代不能算早夭,但司马懿也是一辈子打仗,活到了七十二岁。

后来,司马懿的弟弟问司马懿,你为什么能判断诸葛亮不行?司马懿回复:"亮志大而不见机,多谋而少决,好兵而无权。"

"志大而不见机",他有很高的志向,想逐鹿中原、想光复汉室等很多大志向。但是"不见机",这个仗有没有胜算,他心里没数。所以他一次次出蜀,打魏国,哪次他扪心自问,说有胜算?如果一次都没有,为什么他还做?我同意司马懿,诸葛亮有很大的志向,但不懂战机。

"多谋而少决",通常很多家庭妇男和家庭妇女,包括我妈,属于"多谋而少决",她就想很多事,掰扯很多人世间的道理,但是她不做决策。我常见一些没有受过训练、没有结构化思维的"聪明人",开四个小时的会,说一大堆有的没的,最后没有任何决策、跟行动有关的事情,走出会议室就完了,这四个小时也就没了。

"好兵而无权",喜欢用兵打仗,喜欢带着人往前冲,但是又没有足够的权力能支使这个团队。我当时创业的时候,问过几个老哥,我第一次创业,又在体制内,又在这么大平台下创华润医疗,你们告诉我最重要的几件事是什么。有两三个老哥一致提醒我,团队要听你的,能跟着你的方向去走。如果诸葛亮两次、三次打魏国失败,他的手腕、权谋、激励机制就会失效,又不能让团队去听他的,这个团队的战斗力就会大减。

所以，司马懿看诸葛亮带着十万人，却不认为他有任何能战胜自己的机会。果然，诸葛亮自己把自己累死了。"死诸葛气死活司马"这只是一种民间的说法，毕竟魏国战胜了蜀国，而且司马懿家族建立的西晋取代了魏国。

能量管理是隐含在成事背后的发动机。把成事的事业作为一个马拉松，而不是一个百米短跑。你会发现漫长的一生，有了更多成事的可能和希望。

示弱的杀伤力

这个话题可能会引来些许争议,因为我经常讲,男儿当自强,女儿当自强,要自己管自己,自己顾自己,等等。既如此,那为什么要示弱?

第一,示弱,是成大事的智慧

古人云:"地低成海,人低成王。"

在现代商业环境中,想要成大事,不是一个人能全担起来的。那怎么办,事就不办了吗?当然不是。在讲好权责的前提下,如果你能让别人乐意分担一些,这不是给别人添麻烦,而是合理的社会分工,往往能让成事变得简单。

我写过一段关于古龙的话,古龙虽然在文字上有这样那样的毛病,"但是,文字和人一样,很多时候比拼的不是强,是弱,是弱弱的真,是短暂的真,是嚣张的真。好诗永远比假话少,好酒永远比白开水少,心里有灵、贴地飞行的时候永远比坐着开会的时候少"。

示弱,是能达到以上效果的。记住,最能成事的人,不是事事胜人的人,是自身有极强之处,但是能示弱、敢示弱、会示弱的人。自己强行努力,不如在保有自己强处和优势的前提下,向潜在的合作方示弱,借助他们的力量成事。

第二,何时示弱

选择何时示弱其实非常直接、简单,就是有件事,你特别想做,但是没时间和精力做的时候。

你一周工作八十个小时,看上去只是一周工作四十个小时的两倍,其实耗的精力、心血,后四十个小时要远远大于前四十个小时。你的心可能挺大,想要做的事情很多,但我从来没有见过一个人一周工作一百个小时,能够长时间持续的,这样人会耗死的。所以,时间可能是一个示弱的提示点,你时间、精力不够了,你要明确说,无论是从时间、体力、精力,还是你的能力、资源来看,你没本事来做这件事。这个时候就是你需要示弱的时候。

第三,如何示弱

有时候示弱是件好事,那么如何示弱?用曾国藩的话说,就是"能立、能达、不怨、不尤"。

1.**能立**。如果真想做成一件事,但是你想示弱的时候,不能说,这些事别人做吧,你就撤了。示弱不是临阵脱逃。事是你想的,自己也要积极参与，让被示弱的那个人知道，如果不成，责任你扛，如果成事，好处大家分。

2. 能达。办事圆融、通达，是你自身解决问题的能力。组局拼的不只是你有多少资源，认识多少人，在考虑资源和人之前，你还需要有分析问题和解决问题的能力。如果在组局前都不知道面对的是什么问题，事会被你的能力所限制住。

3. 要坦诚。承认自己弱，做不到就是做不到，勇敢直言你要做成一个什么事，看中对方什么能力，希望得到帮助。简单坦诚，别扯来扯去，别找借口。

4. 不抱怨。作为一个阿尔法人类、一个很能干的人，示弱的时候，心里有强烈的不满，不满自己这么弱。在这种情况下，你要想到，示弱是件非常美好的事情。对于自己负面的想法，我认、我忍，我接受自己的不完美、不能干。天地皆残，何况物乎，何况人乎，何况事乎？没有完美的事情，天下事不如意者十之八九，总能在你坚忍、耐烦、劳怨不避的前提下，示弱组局共同完成，乃能期于有成。

举个生活中特别小的例子，我很久以前买了个房子，实在没有时间装修。我听说，装修经常让男女朋友分手，让家庭破裂，让婚姻垮台，那我就示弱说，不好意思，我实在没时间，但我希望把这个房子装完。我承认，我审美、装修的能力也没有你好，希望你来主持这个工作，我只负责把钥匙给你，钱打给你，装完之后，你再把钥匙给我，我中间不说一个不字。如果装不好，我一句坏话、一句废话都不说。我拿到钥匙之后，的确有个别地方是我不满意的，是我觉得能做得更好的。但是我就说，真好，真好。结果就把这事办了，不到两个月拿到钥匙，然后这个装修用了接近二十年。

其实示弱管理，核心是强者示弱。强者示弱有两点非常明确的好处。

1. 让被示弱方知道你是他的同伴,而不是高高在上的所谓领导或者冰冷的对手。你并没有在装,跟对方清楚地说你什么地方不足,你也有缺点,也有弱点。

2. 在示弱过程中,你自然而然地做了预期管理。如果到最后共同把事情做成了,大家反而会觉得,你做得不错,你其实有长进。慢慢你会发现本来弱的能力提高了。

第四,向谁示弱

组局的时候需要找能干的人。但是如果你资源很多,有很多能干的人,找哪些呢?在能干的人中,找真心疼你的人去示弱,激发他们的父性和母性。

举我的例子。在工作的时候,从早上八点到晚上六点全是事,全是会,全是别人跟我吐槽。最后,我实在是没力气了,就把几个我协调不了的女性叫过来,都是我姐姐辈的人。我说:"我干不动了,协调不了你们几个,你们说这事怎么办吧?"这三个人立刻不争了,直接跟我说:"您回去休息,我们自己协调一个我们之间的方式,明天跟您讲方案。"第二天我去公司,一切安排得妥妥的。我问这仨人:"同意不,是不是可以这么干?"仨人说:"没问题,现在是不是不那么累了?"我说:"的确是,感谢各位。"然后这事办得就特别漂亮。

原来我作为麦肯锡合伙人,不允许自己会被事难倒,但有次真的无计可施了,求助同事后,我发现产生了奇效。实在没办法、实在累的时候,找一个能助你一臂之力的人、能放你一马的人、真的心疼你的人示弱，这个挺重要。

举曾国藩的例子。曾国藩在别人心目中，从书生到将军，非常能干、强悍，但是他说："兄自问近年得力，惟有一悔字诀。"最抓得着的、最管用的一招，是"悔"，是往后退半步的"悔"。"兄昔年自负本领甚大，可屈可伸，可行可藏，又每见得人家不是。"过去少年意气，觉得自己本事很大，可以屈，可以伸，可以去攻城略地，也可以藏起来不干事情。得志行天下，不得志独善其身。常常能看到别人不好的地方。但是，"自从丁巳、戊午，大悔大悟之后，乃知自己全无本领，凡事都见得人家有几分是处"，忽然觉得自己什么本领也没有，所有的事都能看到几分办得对的地方，人也有几处可以取的地方。"故自戊午至今九载"，从戊午年到现在，九年了，"与四十岁以前迥不相同"。

曾国藩的"悔字诀"，不是捶胸顿足，而是知道自己全无本领，凡事都见得人家有几分是处。认清自己，用好他人，自己虽然强，但也有不足，甚至有很多不足。年轻的时候，看到别人身上的弱点，现在看，每个人身上都有闪光点。

所以，首先知道自己无本领，才需要用人；其次知道他人的长处，才能用好人；最后恰当地表现出自己的无本领，才能让他人为自己所用。注意曾国藩说的"凡事都见得人家有几分是处"，隐含的意思是，这些人也不见得都做得很好，也没有所谓了不起的真本领，有些可取之处而已，只要能做到这样，这些人就可以用。

这是曾国藩晚年的感悟，早期他可不是这样的。他早期事必躬亲，自负本领甚大，而且证明了自己本领甚大。到了人生后半场，他悟到了，带大队伍不是这样的，也不能这样。推功揽过，自己想立，先把别人立起来，自己想干事，先让别人也能干事，己欲达而达人，己欲立而立人，成大事的人，其实应该让他人也成大事。

我提醒一点，关于示弱，女性更应该体会和使用示弱的力量。这里并不是说女性要打女性牌，而是说要避免一个极端。在职场中，女性往往为了挣得和稳住话语权而陷入"我有三头六臂，我八面玲珑，我职场白骨精"的人设，把自己端起来，什么事情都要自己干，什么仗都要自己打，什么重活都要自己背。这是没必要的，就按上文提到的，我承担责任，我组局，我坦诚，我不抱怨，我做不到的事情，我就承认，我就寻求帮助，希望大家一起来成事。这不丢人，也和女性牌没有任何关系。

职场中最重要的品质

身处职场最重要的品质是什么？没有标准答案，见仁见智。

我的回答比较直接：**职场中最重要的不是能力、人脉、所受的教育，而是态度**。如果态度对了，就不会走错路，不会吃大亏，即使没什么成就，你还是一个很好的人。

我们总说"修身、齐家、治国、平天下"，殊不知这句话还有一个很关键的前缀，"修齐治平"之前是"诚意、正心"。

"古之欲明明德于天下者，先治其国；欲治其国者，先齐其家；欲齐其家者，先修其身；欲修其身者，先正其心；欲正其心者，先诚其意。"这一层一层是有逻辑关系的，想平天下，先把自己的国家治理好；要把自己的国家治理好，先把自己的家管好；想把自己的家管好，先把自己管好；如果想把自己管好，先把自己的心管好；那如果真想把心管好，先要把自己的态度摆正。摆正态度，就要学习、多问，格物、致知等等。格物、致知，已经在中学和大学阶段基本完成了，你基本知道了世界的道理，那在你结束大学教育之后，进入职场之前，最重要的就是摆正态度。

第一，敬，对自己严

曾国藩说："敬以持躬，恕以待人。""敬"，对自己严，"恕"，对别人宽。"敬则小心翼翼，事无巨细，皆不敢忽。"对自己严，就是要小心翼翼，事无巨细，什么都不敢疏忽。"恕则常留余地以处人，功不独居，过不推诿。"给别人以余地，有功不自己独占，有过不推给别人。"敬"是对自己严，"恕"是对别人宽，为人处世就这么两个字，但多数人都是从来不责备自己，对别人严，对自己宽。

在北京协和医学院，林巧稚大夫教妇产课的时候，问那一届学生，卵巢有多大？拿手给我比一比。三十个学生，很多是答不上来的，有比画苹果大小、鸭梨大小、枣大小、花生大小，到底有多大？

这个问题看似平常，但生活中、工作中很多重要的东西，其实是不求甚解，不知道到底怎么回事的。你可以问周围人，他们最熟悉的事，比如问你的领导、CEO，你的核心客户是谁？他们将来有可能有哪些变化？未来五年，五年之后，你的核心客户是不是还是这些人？如果不是，会是谁？可能你的领导、CEO 也答不出来。

很多事情不见得有正确答案，但你要有一个正确的态度。"若将天地常揣摩，妙理终有一日开"，一定要事无巨细，综合分析，高到高高山顶，低到深深海底，大处着眼，小处着手，反复揣摩个事情。然后你才能说，你有可能是对的。

再举个例子。世界上单一销量最高的啤酒品牌是什么？不是百威，不是 Miller（美乐），是华润的雪花啤酒。当时雪花啤酒给我最大的感动，是创业的团队对于基本数字掌握的及时性和扎实度。

啤酒在中国最大的销售渠道，叫"现饮渠道"，就是当场喝的。比如，你去一个餐馆，说来两瓶啤酒。很少有人特别在意品牌，比如你要雪花，如果人家说没有雪花，你有可能会说，有什么啤酒？有燕京，那你就喝燕京。很少有人因为没有想喝的某种啤酒，起身就走。所以对于啤酒品牌，现饮渠道重要又非常难管，因为品牌影响力达不到没有这种品牌的啤酒，客人起身就走的程度。而现饮渠道曾经占到整个啤酒销量的百分之五十以上，占绝对的大头。

雪花啤酒为什么能做到销量第一？有各种各样的原因，其中一个重要原因，就是对现饮渠道数据掌握的扎实性。从2000年开始，每天晚上十点钟，就能知道在什么区域、精细到每条街，卖了多少啤酒，销量产生什么样的变化；如果出现大的问题，立刻就打电话去问，问题出在什么地方以及如何解决。

数据是怎么来的？最开始的时候，是用特别笨的方法收集来的，靠管每条街的经销商，一户一户统计，哪种啤酒卖了多少；在八九点钟晚饭结束的时候，回到啤酒分销的小仓库，输入电脑，计算出基本几个重要的数，用手机短信传给卖啤酒的总部；总部有相关的人，在五点半到十点左右，把这些数统计成全国总的销售情况，传给管理层。那时候还没有智能手机，就是用短信的形式，报告给相关管理层。

看上去特别简单，无非是几个数。可就是这几个数，如果能比竞争对手提前两三天，甚至一个礼拜拿到，那就占了战略、战术上的先机。这个事情没有特别复杂，但是能不能有这种态度，认真地去做这件事，最后就变成竞争方面的巨大优势。

无论你从事哪个行当，"敬"，用一个常用的词语来概括，就是"慎始敬终"。"慎始"，如果没有想清楚，就不要开始；"敬终"，就是一旦做了，扎扎实实地落实，从头做到尾。

我总是对团队说，你们都是聪明人，受过很好的教育，哪怕你们拍脑袋，都有可能得到百分之八九十正确的答案；但是拍脑袋，保证不了落实；对聪明的年轻人，我只要求一个，落实。

第二，恕，对别人宽

"敬"是对自己要求严，而对别人一个核心的、正确的态度是"恕"，宽恕、饶恕，从别人的角度想，为别人找他犯错可能的理由。不要为自己找理由，但是，别人犯错的时候，请你找一找他犯错的理由，然后宽恕他。这是第一方面。

第二方面，"功不独居"，如果得到了一些荣誉、好处，无论是经济上的，还是名誉上的，不要自己独占。一个人干不了这么多事的，把一些功、荣誉，甚至把主要的功劳和荣誉跟别人分享，嘴要甜一点。我最烦的一类人是自己永远要闪烁的，不管是不是到了一定程度，他永远要闪烁，永远不认真夸别人，这种人最不招人待见。这种人，哪怕很美、很聪明、很辛苦，就是不招别人喜欢。因为把功劳都占了，得到了所有的镁光灯，那让别人怎样？

第三方面，"过不推诿"，如果出现了问题，揽在自己身上，特别是你当了领导之后。没有任何团队成员会真正看得起这样的领导：有什么功劳都说这是自己的，有什么错都说是下属的、临时工干的、外包公司干的、别人干的。一旦出现过错，好的领导先看自己哪些做得不对，再看别人；哪怕自己做的都对了，别人做错了，你也要找找自己的领导责任。

"敬"和"恕",虽然重要,但不是没有不好的地方。

我的成长背景,在协和八年,在麦肯锡九年,然后开始走向领导岗位,又在华润的大平台上创立华润医疗。这一路走来,秉承着一个"敬"字,似乎没有出过大的纰漏。但是如果这么几十年如一日,是会得焦虑症的,会担心一切。我克服焦虑症的办法,有几个特别常用也好用的:

第一个,把自己变得很忙,时间都是按十五分钟、三十分钟切开,这样还没来得及焦虑,就马不停蹄地去干另外一件事了;

第二个,培养专注的能力,就是一段时间不焦虑其他的,先把手上的事干了;

第三个,培养一些能够克服焦虑的非工作习惯,比如跑步、喝点小酒、写点毛笔字、阅读一本有意思的书,战胜焦虑症。

那"恕",对别人宽,有没有什么副作用?如果你持续地来实践这个"恕",最大的副作用是,你身边的人最苦。当你身边的人跟你久了,你会把他们当成自己人,就不用"恕"去对待他们了,而用"敬"去对待他们,不是尊敬他们,而是希望他们跟你一样去静对猛虎,天天担心一切事,把一切事都操心好。这样,你不把身边人当成外人,而是把他们当成你自己,然后你对他们的态度就会从"恕"变成非常严格。所以我听到最多的抱怨,往往是来自我身边最近的人,"冯老师,你为什么对别人那么宽容,对我就这么凶狠?"我只能说,因为我太爱你了,因为我太把你当成自己人,所以只能对你非常严格。

在职场,最重要的品质,是正确的态度。"敬""恕",对自己严,对别人宽。

做个老实人

如果想成事,有一个原则一定要遵守,那就是:在世界上、在地球上,老实修炼,老实做事,在任何时候都做个老实人。

可能有人会说,过去《孙子兵法》讲"兵者诡道也",就是打仗要出奇兵,要尔虞我诈,要不讲道理。商场如战场,就应该出奇兵,讲诡道,不诚信,然后才有可能赢。我在地球上活了五十年,学商业、做商业也超过了二十年,也看过一些商战小说,我不得不说,在商场,说到底还是要靠诚信,时间长了,可靠的人还是比不可靠的人拥有得更多。

第一,做个老实人,走得长久

对于那些在商场上已经做得有声有色的人,对于那些在成事上修炼得已经很不错的人,听我一句劝,做个老实人。不管其他人如何油腻，如何走捷径，如何通过不老实成功了，你都要做一个老实人，这样你可以走得长久，睡得踏实。

在我参加工作之后的二十年里，我见过很多猛人，就是特别凶的人，能干好多事，能征服世界，开疆拓土，等等。这两三年，他们慢慢都歇了，而且是在加速度地歇菜。过去有一句话：不好意思，我出门一定得带把伞，楼上总是掉人。意思是说，总是有人跳楼。最开始这句话是从华尔街传出来的：你上了华尔街，最好出门带伞，总有人撑不住了，想不开了，从楼上掉下来。最近从我们办公楼上也经常掉人。与其出门带伞，不如压根儿不要做那些不老实的事情，如果能行，你自然行；如果不行，你还能睡一个踏实觉，吃一个踏实饭。平安是福，这句话听上去，是一个没有比它更老生常谈的老生常谈，但绝对是最重要的一句话：做个老实人，平安是福。

第二，做老实团队，不用险招

曾国藩说："平日非至稳之兵，必不可轻用险着。"如果平常不是很稳定、很老实的队伍，就不能涉险，不能冒险。"平日非至正之道，必不可轻用奇谋。"平常不是为了最正当的事业，不能用阴谋诡计。他这句话看上去没有说什么，只是说老实，但实际上他在和一个非常能干的人讨论用兵打仗之道。这句话是他跟胡林翼说的，"兵行险着"，部队一定要一直扎实可靠，才可以军出奇谋。领导者也要一直光明正大，才可以。

在现实生活中，一直扎实可靠的队伍，几乎不可得。一直光明正大的领导，几乎没有。所以还是老老实实，不要心存侥幸，永远不用险招，永远不用奇谋。再退一步讲，哪怕被逼到墙角，我也建议不要用奇兵，不要用阴谋诡计，还是老老实实，做不到就是做不到，能做到就是能做到。不用奇兵，那平时应该怎么办？平时要老实，危急关头还要老实。

曾国藩说："爱民乃行军第一义，须日日三令五申，视为性命根本之事，毋视为要结粉饰之文。"打仗的时候，也要非常注意爱民。不要认为在打仗，可以胡作非为，可以放松对自己的要求。作为一个个体、一个团队、一个公司，能够爱你的客户，能爱你的上下游，不要与人争地，老老实实长期去做，实际上你会在更长的时间做得更好。

第三，诚实，诚信、诚心

曾国藩曾写信给李鸿章："用兵之道，最重自立，不贵求人。驭将之道，最贵推诚，不贵权术。"做事情最重要的是求自己，自己做，不求人。带团队最重要的是诚实，诚信、诚心。不要跟自己手下耍权术，不要跟周围人耍权术，也不要跟自己的领导耍权术，更不要跟相关的合作方、相关的利益者耍权术。

做人也一样，老老实实去做就好，自己的事情自己做。

第一原则，不给别人添不必要的麻烦，特别是不能陷害他人，不能耍权术。第二原则，自己的事情自己做。能做到这两条基本原则的人，无论贫、贱、美、丑，就是一个堂堂正正、合格的人。如果在此基础上，再能做到勤奋、谨慎，就是人才。如果再能做到大处着眼、小处着手，就是人杰。反之，如果这两个做人的基本原则都做不到，哪怕智商、情商再高，哪怕腰再细、胸再大，跑得再快、跳得更高、投得更远，都是人渣。

看上去非常普通的事情，其实是最难做到的。所以曾国藩另说："养生与力学皆从有恒作出，故古人以有恒为作圣之基。"看起来很简单的事情，你观察周围能做到的人却非常少。为什么？因为他们没有恒心。他接着说："有恒，不投机取巧。"无论你是养生还是做学问，带兵打仗还是成事，贵在坚持。换到现代，无论健身还是创业，都贵在坚持，反过来也一样。

病人吃药没效果的最大原因是不遵医嘱，不按时按量吃药，不该停药时停药，这些病人里包括我妈。所有人都有一个妈，我也有一个妈，我妈经常说，欸，我感觉我血压挺好，不用再吃了。然后等她感觉血压不好的时候，就直接去叫救护车了。

创业失败的最大原因是什么？是没耐心、没有恒心，不尊重商业规律，总认为我可以乘风而起，捞一把就走。不耐心营造商业模式，不孜孜以求现金流为正，不孜孜以求经营现金流为正。一直醉心于讲故事，忽悠一轮融资，再忽悠一轮融资。如果总这么做，很难长久。

最后，我再引用曾国藩一段话来强调一下如何做个老实人。曾国藩说："凡道理不可说得太高，太高则近于矫，近于伪。"道理说得太缥缈、太高，那就是矫情，就是虚伪。"吾与僚友相勉，但求其不晏起、不撒谎二事。虽最浅近，而已大有益于身心矣。"别整天讲那些什么情怀啊、理想啊、世界啊、宇宙啊，太矫情，甚至接近虚伪东西，咱们就谈两点，不要晚起、不要说谎。听上去很简单，不晚起，那就早起呗，不说谎，那就是有什么说什么呗。但如果细细用这两条去量，能做到的人的比例之少令我震惊。

做 CEO 不要天天讲情怀，不要忽悠。整天不动脑子讲那些放之四海都皆准的话，就是矫情，就是虚伪，就是没有真知灼见，那些不可能错的话就是标准的废话。曾国藩是个实在的 CEO，他只要求下属，一不睡懒觉，二不撒谎。不知道这两个小要求在如今的职场，在你的团队里边，包括你自己是不是高要求？扪心自问，听上去像废话，但是做到就能有效果。扪心自问，你自己做到了吗？周围与你共事的有几个人能做到？

说到底，想成事、多成事、持续多成事，就要做个老实人，不要用阴谋诡计，平时爱你周围的人，爱你的兵，扎扎实实，建立诚信。即使在乱世，不要使诈，不要油腻，说一句是一句，牙齿当作金。有恒心不投机取巧，几个月、几年、几十年如一日，落实好基本功，不晚起，不撒谎。

希望你不要因为这点事平淡无奇，就不去身体力行。就是这点事，如果坚持的时间够长，就会有效果。

成事者的自我修养

有一本书叫《演员的自我修养》。我经常问自己,什么是一个成事者的自我修养?

曾国藩提炼出三方面:一是有志,志气;二是有识,见识;三是有恒,有恒心,能够持久。

第一,有志

有志,要有"长志""高志"。"长"是时间长的意思,人不能经常变换志向。"高志"就是把志向立得比较高,即使达不到,向上努力,你也及格了。比如,你瞄着一百分或者一百二十分去努力,有可能你达到八十分、九十分;如果你瞄着七十分、八十分去,有可能只做到五十分、六十分,一出溜可能就不及格了。

以我自己为例。别人问我:"你有什么志向?"我认为得分不同的阶段。小的时候，胆子比较大，也没有什么禁忌，当时就想名垂千古。我有写札记的习惯，手边一直有个本子，有点什么就记下来。在小学三年级的时候，我在其中一页里写，我要得诺贝尔文学奖。

估计那时候，我已经隐约感觉到自己在数理化上可能没有天赋，在文学上可能会有一点天赋。这个理想现在看是有毛病的。我心目中最好的中文作家，其实都没得到诺贝尔奖，比如老舍、王小波、王朔等。再者，把作品翻译后再来判断一部作品是不是好的作品，实在有很多值得商榷的地方。这个名垂千古的追求，事不归我定，我埋头写好自己的文章就好了。

过了大学阶段，我这个名垂千古的理想越来越淡，产生的理想是逐鹿中原。一个人竟然想逐鹿中原？可能那时候武侠小说看多了，周围相对出色、脑子好的男生，多多少少都会有逐鹿中原的想法，希望能领着一支队伍——大大小小的队伍——攻城略地，杀伐占取，创立一番事业等。现在看起来也挺可笑的。

现在，我面相都变得慈祥了，激素水平可能也低了一些。除了投资医疗、讲课，再把心中的文章想一想，我现在的理想反而是帮助后人名垂千古、逐鹿中原，理想是能够成就别人的理想。

简单地说，我已经"二"过了，需要各位再去"二"了。

过去有一本书叫《肉蒲团》。《肉蒲团》有一个叫未央生的主角，他的理想简单："要做世间第一个才子，要娶天下第一位佳人。"

曾国藩作为一介书生，他的理想是什么呢？他没直接说过，但是现在看来，他是希望天下太平。当时太平天国运动死了很多人，特别是在中国最富庶的江南。曾国藩看到家乡被兵乱所荼毒，然后立下志向：为天下求太平。

抛开这些个案，中国的士大夫、文人也总结过什么是大的理想。

北宋理学大家张载说:"为天地立心,为生民立命,为往圣继绝学,为万世开太平。"当代哲学家冯友兰把这四句话,称为"横渠四句"。意思是,人的大志向分为四种。

第一种,为天地立心。你应该有什么样的世界观、人生观、道德观。

第二种,为生民立命。自从开天辟地以来,天地一直存在,未来还会存在。但是当下活着的人,中国土地上的人民应该过上什么样的日子?为生民立命就是帮助活着的人过上好日子。

第三种,为往圣继绝学。过去有些先贤先哲开创了学问,但可能因为战争、动乱,学问已经断绝了。你能不能继承过往圣人的好东西,并进一步延展?用某种方式,继承先贤先哲的绝学。

第四种,为万世开太平。能够为将来的一世、两世、百世、千世、万世,迎来太平的日子,不要有战争,不要有动乱。

"为天地立心,为生民立命,为往圣继绝学,为万世开太平",多少年来一直是中国士大夫、文人最大的志向。

其实作为成事者的自我修养,立这样大的志向,是能够成事的第一步。

第二,有识

除了立志之外,还要有识。光有志向,没有见识,很难走得远。见识怎么培养?其实古往今来培养见识没有捷径可走,行万里路,读万卷书,做万般事,结识万种人。

我在北京大学学的医学预科,后来回了中国协和医科大学,又学了基础医学和临床医学。当时我并不懂,为什么要学那么多没用的东西？比如植物学学了两门，动物（无脊椎动物、有脊椎动物）学又学了两门，化学学了六门。甚至，学了二十几门基础医学课，似乎跟临床都没有必然的关系。到底为什么要学这些"无用"的东西？

当时我的老师跟我讲："我也说不清楚为什么，我们以前也学了这些。另外，你看那些专家，他们都有相对完整、全面的知识结构。我虽然不知道为什么要学这么多东西，但是有一点可以告诉你。如果你希望，来看病的不是一个人，而只是一个器官，那你一定当不了好医生。"我当时明白了，病不只是病，首先是人生病，而不是病本身。

后来随着年纪越来越大，见的事情越来越多，发现这些似乎无用的东西，构筑了人健全的三观。实际上，这是人见识的一部分。有了这些见识，人才可以把一个相对细小、具体的东西，放在一个更宏观的环境中来看待，这样才能更好地去处理一些事情。

第三，有恒

"有恒"，是指要有"恒心""恒行"。要有一颗恒心，要坚持。我有些朋友，马不停蹄地帮他们的孩子报各种班。可是几年甚至十几年下来，我看到有些上过很多班的孩子，并没有变得有多优秀。就有朋友问我："冯老师，你经常跨界，为什么我孩子学了这么多，还没有学会跨界？"我说："你要总是这么左跨右跨，最后只会伤了胯，折了腿。"

前面说了，要有志有识，如果你立了很大的志向，又培养了很多见识，接下来就是用恒心驱动自己。因为你只有坚持，才能完成志向。

举个我的例子，我是2000年进的麦肯锡，当时大中华区有四个办公室，一共有三十个年轻人。这三十个年轻人都是名牌大学毕业，基本都受过MBA的教育。麦肯锡有一个政策叫"Up Or Out"，就是上升或者出局。每半年一次人力评估，看看你这半年做得怎么样。这"怎么样"分为两部分：一部分是你的能力怎么样，另一部分是你的业绩怎么样。打分是从一到五，如果你得一分，马上就要被开除；如果是两分，你会得到一个警示；如果是三分到四分，会逐步获得晋升；如果是五分，马上就会被升迁。

在这种压力下，加上好胜心切（我遗传了我老妈非常好胜的一颗心），我当时很想成为第一批从咨询顾问升成项目经理的人，完成非常重要的第一步升职，再从项目经理升到副董事合伙人，再从副董事合伙人升成董事合伙人。我希望自己每一次都是早于同伴地升上去。

我跟两个同事第一批一起升为项目经理。但是我从项目经理升为副董事合伙人的时候，就不是第一批升的。原因可能有很多，当然我觉得这是一个公平的结果。因为最后临升职那一年，项目忽然变少了一些。不管怎么样，我还是非常沮丧。

当时我的导师TC，就跟我说了一番话：在这个公司，从基层升到最高层，它是一场马拉松，不是短跑。职业生涯总体来说都不是短跑，都是马拉松。人生也一样，不是短跑，是马拉松。局部、暂时的失败，或者暂时慢一点，不是个事，不用太着急，还是要有恒心，继续一步一步往前走。

这番话让我收获蛮大。一个特别好胜的、似乎又比较强的人，如果能够有恒，能够忍受暂时的失败，能够在暂时失败的情况下不放弃，继续埋头往前走。我想，在拥有知识和见识的基础上，逐渐实现理想是有可能的。

以上是作为成事者的自我修养。曾国藩说："诸弟此时，惟有识不可以骤几，有志有恒，则诸弟勉之而已。"有识，培养见识，开阔视野是需要时间的。但是树立志向，养成好习惯的毅力，这种有志、有恒是马上就可以做的。

我们总说，不让孩子输在起跑线上，那就要从有志、有恒开始。如果只从一件事开始，那就从有恒、养成一个好的习惯开始。如果让我挑一个习惯来培养自己、培养周围的人、培养团队、培养你，那我选择养成早起的习惯。

早起的习惯可能比去国外游学更切实，比上各种补习班更重要。早起也会让睡眠更好，这看上去是一个悖论，但实际上有很多的科学性。睡觉是你这辈子的头等大事，涉及你的身体、你的心灵。睡觉这件事，之后单讲。作为一个非常简单具体的事情，有恒从早起开始。早起，坚持早起，你作为一个成事者的自我修养就迈出了重要的第一步。

在有风骨的基础上持续成事

什么是风骨？提到风骨，我会想到孟子的一段话——"富贵不能淫，贫贱不能移，威武不能屈"。

孟子跟景春有一段对话，景春说："公孙衍、张仪岂不诚大丈夫哉？"像公孙衍、张仪这种纵横的谋士，在江湖上混来混去非常如鱼得水，难道不是真正的大丈夫吗？"一怒而诸侯惧，安居而天下熄。"他们一发怒，诸侯就害怕；他们一在家里待着，天下就太平无事，像诗里说的："一朝英雄拔剑起，又是苍生十年劫。"

听上去挺有道理，但孟子非常明确地跟他说："是焉得为大丈夫乎？"这种算什么丈夫，有什么牛的？"子未学礼乎？"你学过礼吗？"女子之嫁也，母命之，往送之门，戒之曰：'往之女家，必敬必戒，无违夫子！'"女生出嫁的时候，母亲训导她，把她送到门口，告诫她说："到了你家，一定要恭敬，一定要谨慎，一定要听丈夫的，把顺从当成最大的原则，是妇人家遵循的道理。""以顺为正者，妾妇之道也。"这种把顺从，顺着别人说，顺着权力说，顺着势力去说，把这种顺从当成最大的原则，是妇人之仁，是妇人家遵循的道理。"居天下之广居，立天下之正位，行天下之大道。"处在天下最广阔的地方，站在天下最正确的位置，行天下最该行的最大的道理；如果得志，则"与民由之"，和人民一起走在这条正道上，如果不得志，"独行其道"，这样才是大丈夫。

后来，孟子又说了三句非常具体的话："富贵不能淫，贫贱不能移，威武不能屈。"你富了，你不能乱，不能迷乱；你穷了，你困顿了，你变得没那么重要、没那么有名、没那么有权了，你不会改变你的操守，你不会降低你的底线；比你有钱的、比你有名的、比你有权势的，非逼着你去做一些你自己不想做、不愿意去做、在你底线之下的事，你就是不做。

孟子的这三句话，是指什么样的风骨？以现在的时间为观照，孟子说的"妇人之仁"，是我定义的"油腻猥琐中年男"，而风骨就是多做一些油腻猥琐中年男不会做的事情。

但要强调的一点，也是曾国藩说的，风骨并不是傲慢。

曾国藩原话说："词气宜和婉，意思宜肫诚，不可误认简傲为风骨。风骨者，内足自立，外无所求之谓，非傲慢之谓也。"好好说话，真诚表达，风骨不是外在的傲慢，而是内在的自足自立。真正有风骨的人是有骨头的人，任何人的骨头都是在里头的，骨头的外面有肉，有衣冠；所谓的风骨，不是摆在头上，长在嘴上，不是时时都要看见，事事都能看见。有风骨的人，从来就不多，到了末世就更少。末世里常会看到一些所谓的有风骨的人，噘着嘴，昂着头，一眼望去，全身都披挂着骨头。如果骨头里边还是骨头，挺好；可惜的是，骨头里面都是软软的肉，挂在外面的骨头就是为了端一个架子，立个人设，邀个名声，用名利一试，人设崩塌，骨散一地，就是一团油腻的肉，他就是另外一个油腻猥琐中年男。

真正有风骨的人，理解轮回，立如松。不去羡慕别人起高楼，不去死盯着街上的霓虹灯、标语和广告，不会去看现在街上流行着什么。微微闭上眼，你可以听到松声如海。

你很有可能会问我，虽然冯老师你讲了这个风骨是什么，以及风骨不是什么，但是为什么要有风骨？

我们是人，我们不是一堆行尸走肉，我们要有骨头，我们想活得有个人样，我们不想在回首往事的时候，内心充满油腻感和对自己的反感，一口隔夜饭吐在自己的胸前。我们想自己有风骨，我们也想和其他有风骨的人在一起成事，成事固然重要，但是在有风骨的基础上，才能成好事、多成事、持续成事，才能在退休后、死后被人惦念，思念，景仰。说到底，为什么要有风骨？我没有特别简洁的答案，但是我想，生命是要有质量的，生命对于任何人只有一次，没有风骨就没有好时光。

人要有个终极理想

在职场、在世上,什么是终极理想?什么是最牛的?如果是我,回答得很不要脸,我的终极理想是:不朽。

有可能你已经把早饭、中饭、晚饭一起都喷出来了。有可能你年岁比我轻,会说,疯了吧!你在想什么?——没错,我的确是想不朽。

第一,终极理想是不朽

我很小的时候就想,通过我的行动、言语、文章,通过我的项目管理、我带的团队,让世界变得更美好一点。再过一二百年,还有人读我的文章,还有人听我的方法论,还有人因为我建的医院、我做的事情,生活变得更容易、更美好一点。过去的圣贤就是这么教的。

人和人可以不一样，也可能关于不朽的想法就是一个妄念。没关系，我已经五十岁了，能有一个妄念，还能再坚持走十年、二十年，这样也挺好。反之，一点妄念都没有，只是每天都希望过得好、过得舒服，其实不一定活得很好。

我认识一个似乎无欲无求的老哥。他这辈子上了很好的大学——北大，出来之后跟家里人说，我真的不想工作，我一个月一百块钱也能活下来，这一百块钱我去找。我觉得这样非常好，没有问题。

有一天，我跟这个老哥喝酒，他喝多了，站在餐馆门口忽然大声向天怒吼，吼了七八嗓子，我在旁边听。从一个医生的角度，他不工作，选择只是天天活着，选择每天粗茶淡饭，其实这种选择，三十年过去，并没有消除他内心之苦。

其实我自己的哥哥就是另外一个版本的刚才的老哥。他四十岁就退休了，一直住在海边，面朝大海，春暖花开。我一周可能工作八十到一百个小时，他一周可能工作三到八个小时，我很羡慕他，他也可能羡慕我，也可能完全不羡慕我，我们俩没有具体聊过这个问题。但是我那个北大毕业之后就没有工作过一天的老哥，比我的亲哥要贴近生活很多，从来没工作过，全是生活。

我想说的是两层。第一层，我想不朽，你可能想速朽，这是你我之间的差异。第二层，想速朽，也不一定能够完全解除内心之苦；想不朽，像我这样的，也不见得心里一直是苦。做一天和尚撞一天钟，和一苇渡江，弘扬佛法，是不一样的，也不一定谁更快活。

我做过一个小小的调查，问不同年龄段的男性朋友，这辈子剩下的时间，最大的希望是什么？所谓余生何求。我忽然发现，有些男性朋友，虽然可能不提"不朽"，但他们的终极追求还是希望能够不朽。所以从某个角度讲，这些男性朋友有可能被基因中某个片段所控制。春去秋来，斗转星移，很多事情可能都变了，但生前身后名，在处男时挺立过的街头飘荡，以及个别金句、黑话、语录、小说、事迹、影视剧台词等，依旧在他们的身体里流转。

无论他们怎么讲，还是希望能够吹牛，能够做得出色。不少男性是这么想的，喜欢追求不朽，那女性余生何求？

我身边有很多很强的女性朋友，我问她们，现在二十／三十／四十／五十多了，剩下的时间想追求点什么？什么是你认为最牛的事？我在问她们的时候，全力做到内心纯净、纯粹好奇，尽量保持一个问话者的平静。

这个终极问题，女性比男性的回答要多样化得多。回答最多的，是要有安全感。最令我惊讶的，是一生有安全感地端庄着。这类回答的变形，是一生有爱、爱和被爱，一生一世。有些女性的回答简单直接，嫁一个很帅、一直帅、不断更帅的老公。有些女性是希望比男性更少一些羁绊，想干什么就干什么，干什么都像模像样。有些女性的回答，是我要呵护，其变形包括呵护自己的孩子成为了不起的人，呵护自己爱的人成为了不起的人，呵护自己的国家成为了不起的国家，抱抱、亲亲、举高高、转圈圈，或者被抱抱、被亲亲、被举高高、被转圈圈。当然也有些女性跟上面提到的一些男性是类似的，终极的追求是不朽。立功，做成一些绝大多数人都做不成的事；做成一些让千万双手都为我叫好鼓掌的事；让我的名声比我的身体流传得更远；等等。

综合男性和女性对这个终极问题的回答，我感到的终极困惑是——立德。

第二，不朽的基础是立德

如果说，我们做人做事最终极的理想是不朽，而不朽是立德、立言、立功。立言、立功好理解，你留下一部分作品就是立言，你留下一条运河是立功，立德，是什么？其实这个问题我想了超过十年，甚至为此还写过一篇杂文。那立德到底是什么？我是这么想的：立德是智慧、慈悲、美感。

智慧是三观、方法论、进退的分寸，包括对灵、肉，以及情绪的管理，等等。

慈悲是善良、底线、同情心、有所不为和有所必为等等。

美感是对于眼、耳、鼻、舌、身、意，综合愉悦的感知力和鉴赏力，说不清，但就是知道。

如果你能够把自己这个"德"立起来，你口吐莲花和攻城略地，立言、立功的成功概率就会高出很多。的确有少数天才，德立不起来依旧能够口吐莲花，少数运气好的人依旧能够成事，但是这样的立言和立功往往不能持久，本人甚至不能善终。

从这个理解出发，如果能够把上述的德传给后辈，一个家族有可能鼎盛十代以上；把耕读的习惯，早起、吃苦耐劳、"咬得菜根，百事可做"等传给后辈，希望他们能够简单守成，有可能腾达六代到十代；把读书、写书的能力传给后辈，希望他们立言，有可能闻达三代；把财富和权势传给后代，希望他们立功，就是咱们常听的一句话——"富不过三代"。如果只是把财富和权势传给后代，留不住的。

儒家是精英主义教育，阐述的对象是官员和士人，不是普通人。普通人不需要立德，做个自食其力的善良人就很好。

终极理想是不朽，不朽的基础是立德。那下一个问题就是，在你的不朽之路上最大的坑是什么？做人的大忌是什么？

曾国藩讲过一句话："吾辈互相砥砺，要当以声闻过情为切戒。"这句话非常重要，就是不要德不配位，不要浪得虚名，一定要天天担心自己是不是德不配位。盛名之下，其实难副，在曾国藩眼里是大忌。名过其实，时间长了，人会被名压死，会被其他人妒忌死，或者被人家找到名实不副的地方嘲笑死。

今不如古，人心不古，如今有名就有经济利益，名过其实在现在很多人眼里是求之不得的好事。能挣一天钱，就是一天钱，明天之后，哪管洪水滔天，成名要趁早，大家都着急。偶尔看着这些急吼吼的趁早成名的人的作品，我心中只有"呵呵"，无真知灼见，无天地大美，这样急出来的名声，如梦幻泡影，如雾又如电。

在写这本书之前，我经常想，凭什么我来写，该不该我来写，别人为什么要看？其实我考虑的就是，是不是德不配位，我配不配讲这个问题？想来想去，我在麦肯锡做了十年；我读东方管理智慧，读了三四十年；我自己做管理实践，经过了二十年；而且我因为写书，又有相对强的表达能力——口头的和书面的，我觉得做这件事，我配。我环顾四周，看是否有更适合中国的通用管理学教程，很遗憾，我没看到。不好意思，我就冒天下之大不韪，认为自己德能配位，来讲《冯唐成事心法》。

对于想成事的人，有可能不朽是极致的追求。在不朽之路上，德不配位，有可能是最大的忌讳。如果德不配位，浪得虚名，很有可能劈你的雷已经在路上了，这是最大的陷阱、最大的忌讳，希望你能有所警醒。更希望你志存高远,不只是混吃等死,达得到,达不到,是另外一个问题。先贤的壮志,先立一个,万一老天给你机会,达到了呢。

创新管理的关键点

无论在什么领域，创新都很难。但近些年，似乎多数公司、多数团队都要求高举"创新"这面旗帜，选题要创新、文案要创新、产品要创新、服务要创新、营销要创新、销售要创新，以互联网公司最为典型。但是，到底如何看待创新，如何去创新？作为一个企业，创新是必需的吗，创新应该注意什么？谈谈我的看法。

我虽然不是一个创新管理专家，但创新在通用管理范畴中必定是需要考量的。

曾国藩关于写文章有过一席话："欲学为文，当扫荡一副旧习，赤地新立，将前此所业荡然若丧其所有，乃始别有一番文境。"你如果想学作文，就应该扫荡旧习，在一个干干净净的地上立出自己的旗，把之前会的、之前存在的都抹去，这样才能开始有新的东西出现。

梁启超给这句话加了一个按（编者批注）："此又不唯学文为

然也。"意思是，曾国藩的这番话，不只是针对写文章而已。所以，今天讲创新管理，先讲文章的创新，再去讲商业模式的创新。偏巧我又写了不少文章，偏巧我又做了不少商业创新的咨询，这两个有互动的关系，是蛮有意思的一件事。

为文之道，曾国藩认为只有两个字——创新。

如果你看过前面的文章，一定知道曾国藩总体上是一个偏老实的人，如果"老实"和"创新"这两个标签一定要挑一个给曾国藩，他一定会被贴上"老实"的标签。那曾国藩为什么这么强调创新呢？一个事实就是，他已经老老实实把很多基础打得很扎实了，在这个基础上，他觉得创新是必需的，是特别重要的。这是曾国藩没说，但我要提醒各位特别注意的。

曾国藩的那句话也充分讲了创新为什么难。在创新之前，要扫荡一切旧习，空地盖房子。

对于一个作家来说，从小读"鲁郭茅巴老曹"（鲁迅、郭沫若、茅盾、巴金、老舍、曹禺）、卡夫卡、托尔斯泰，前人的影响会深入骨髓，一旦要把他们全扔掉，就是一件剥皮剔骨的事情。

读万卷书，行万里路，这个对很多人来讲是很高的要求，但是对想开天辟地的作家来讲，有可能只是初阶。清空万卷书，行万里路，这也仅仅是作家的进阶；登堂入室，不能清空，就谈不上下一步的创造，也谈不上真正的个人的写作。但你真的想用文字打败时间，真的想立德、立言、立功三不朽，那是在这个清空的基础上，再长出一棵草，再开出一朵花；做到哪怕这一棵草、这一朵花，是前无古人，后非常难有来者，这才是第三个高处不胜寒的阶次。

依此标准来看，我们当代的作家有几个？我们当代的企业家又有几个？

下面把第三个阶次稍稍分解一下，讲讲关键点。

第一，登堂入室

不要为了不同而不同，不要有新旧之分，很多产品、很多服务、很多文章，其实只有好坏之分，没有新旧之分。

大家也听说过日本三大食神：寿司之神，天妇罗之神，鳗鱼饭之神。我有个问题，为什么这些所谓的食神都是年纪很大的人？年纪最大的可能已经过了一百岁，年纪最轻的早乙女哲哉（天妇罗之神）也接近八十岁了。仔细思考之后，忽然明白，要创新，要真的封神，真的被别人封神，真的被时代封神，第一步是要有特别深、特别扎实的积累，你做的产品、服务、文章要达到金线。

我曾经提出一个金线论。我一直认为，文章是有金线的，艺术是有金线的。虽然这个金线不像理论物理、火箭力学那样有非常清晰的好坏，不像体育运动有非常明确的世界纪录，但是文学有标准，就像音乐、绘画、雕塑、书法、电影、戏剧等艺术形式一样，和美女、美玉、美酒、好茶、好香、美食等美好事物一样，和道德、文明等模糊事物一样。尽管"文无第一，武无第二"，尽管难以量化，尽管主观，尽管在某些特定时期可能有严重偏离，但这个标准是存在的，两三千年来，薪火相传，一条金线，绵延不绝。

在这条金线之下，尽量少看，否则在不知不觉中会坏了自己的审美品位。这条金线之上，除了庄周、司马迁、李白、杜甫这样几百年出一个的顶尖码字高手，没有明确的高低贵贱。二十四诗品，落花无言、人淡如菊、流水今日、明月前身等都好，万紫千红，各花入各眼，各妈各人爱，你自己可以只挑自己偏好的那一口，也可以嘴大吃四方，尝百草，中百毒，放心看，放宽看。"文章千古事，得失寸心知"，但是金线在，在金线之上，各花入各眼。

可惜的是，有些人会怀疑、甚至嘲笑这个金线论，甚至给我起了一个外号叫"冯金线"。但金线的定义其实掌握在少数人手里，不由大多数人决定，所以唐诗有句话说："尔曹身与名俱灭，不废江河万古流。"

幸运的是，大多数原理在这里依然适用。如果让孔丘、庄周、吕不韦、司马迁、班固、昭明太子、刘义庆、司马光、苏东坡、王安石、曾国藩、吴楚材等人生活在今天，从这两千五百年的好汉语中选出三百篇，《诗经》、楚辞、汉赋、唐诗、宋词、明清小说、先秦散文、正史、野史、明小品、禅宗灯录百无禁忌，我相信就刚才说的这几个人，挑选的重合度很有可能会超过一半，这些被明眼人公认的好文章体现出的特点，就是那条金线。

西方人有《小说的五十课》，中国人有《文心雕龙》，这些大部头的文论都构建了相当复杂的标准体系。简洁的版本也有，西方人有好文章的"6C"：Concise, Clear, Complete, Consistent, Correct, Colorful，就是简约、清澈、完整、一致、正确、生动。更简单地说，表达的内容要能冲击愚昧狭隘的世界观和人生观，探寻人性的各种幽微之火，表达的形式要能陈言务去，挑战语言表达能力和效率的极限。

举些例子。王小波的《黄金时代》：

我在山下十四队，她在山上十五队。有一天她从山上下来，和我讨论她不是破鞋的问题……这时陈清扬的呻吟就像泛滥的洪水，在屋里蔓延。我为此所惊，伏下身不动。可是她说，快，浑蛋，还拧我的腿。等我快了以后，阵阵震颤就像从地心传来。后来她说她觉得自己罪孽深重，早晚要遭报应。

王朔《致女儿书》里描写原始人的生活，住在山洞里的冬天的生活：

冬天天冷，大雪封山，一出门就是一溜脚印，跟踪别人经常被人家反跟踪，搞不好就被人家抄了窝子，堵着山洞，像守着冰箱一样样吃。

阿城《棋王》：

拿到饭后，马上就开始吃，吃得很快，喉结一缩一缩的，脸上绷满了筋。常常突然停下来，很小心地将嘴边或下巴上的饭粒和汤水油花儿用整个食指抹进嘴里。若饭粒落在衣服上，就马上一按，拈进嘴里。若一个没按住，饭粒由衣服上掉到地上，他也立刻双脚不再移动，转了上身找。这时候他若碰上我的目光，就放慢速度。

李白晚上在月光下喝多了，忽然醒了，觉得花的影子零散在周围的整个世界里，铺满了人的整个衣服，铺满了人的衣袖，感觉自己就像在一个冰壶里边，在洗涤着自己的魂魄。于是写出了："夜来月下卧醒，花影零乱，满人衿袖，疑如濯魄于冰壶。"

不一一列举了。再过一些年，比如，六十岁、七十岁，如果老天给我这么多阳寿，等我创作能力衰竭以后，我会花时间编一本文选，名字就叫《金线》。

第二，标新立异

标新立异是非常难的，要克服自己的过去、自己学的所有的东西，要革自己的命，要抓着自己的头发，把自己从地面上拎起来，这是非常难的一件事。

所以标新立异，不要试图面面俱到，而是争取有自己的风格。我听过有些书法学了三十年的人，为了希望自己写得跟过去不一样、跟其他书法家不一样，他甚至摔断自己的胳膊，伤了自己某只手，甚至原来常用的是右手，现在拿左手开始重新写，为了重塑肌肉记忆，为了变法。这个只是一个例子，让大家感受一下，有自己的风格、革自己的命、克服自己的过去有多难。

第三，不要小看任何看似简单的创新

我经常听到别人说，那家公司的服务不就是好那么一点吗？××那个烤鸭，不就是鸭皮下边那层油没有了吗？一个看上去简单的东西，如果你仔细深入下去，都是非常复杂的。

去东京的时候，如果有可能，我会去张雪崴的师父早乙女哲哉那儿吃个天妇罗。看了张雪崴翻译的早乙女哲哉先生写的一本书——《天妇罗的仆人》，我才第一次知道，天妇罗的第一道炸虾，做到了外边是基本焦和脆的，里边几乎还是软的、半液体状的。想达到这种程度，虾从海水里捞出来，直到做好端到客人面前，要经过二百多道工序。所以一个你看上去非常简单的创新，背后都是一个非常苦的过程。

再多举些例子，这些例子可能能帮你理解创新的难。

比如，大家如果跑步的话，或许听说过一种鞋——"五趾鞋"，五个脚趾是分开的。看上去不就是在这个鞋前边把五个脚指头分开吗？但就是这个创新，让鞋子的重量降低了很多，让五趾抓地变得有力和舒服很多。当然，个人习惯不一样，我想说的是，五趾鞋你一看就知道怎么做，但是你没看到之前，其实没有想象的那么容易的。

再比如，矿泉水瓶子。问大家一个简单的问题：大家认为矿泉水的瓶子有可能占整个生产成本的多少？大概百分之八十。那如何降低整个矿泉水生产的成本呢？因为成本越低，竞争优势就越高。所以说，矿泉水减成本，一个重要的方式是减瓶子的克重，你能不能把瓶子的重量降低百分之几，甚至百分之十？看上去挺容易的事，但瓶子减克重，没那么容易。如果你克重减得过分，这个瓶子感觉上就像一个塑料袋，手一使劲就会摁下一个大坑，是一点高级感都没有的。

其实在日常生活中，任何创新都要面临各种各样的困扰、各种各样的限制条件，有些限制条件甚至很难被克服。

创新之前，要达到金线，要达到一定标准；创新，要标新立异，有自己的风格；创新，哪怕看似简单的创新，都非常不容易，希望大家能够落到实处。

跳槽的秘籍

跳槽管理，通俗来讲，就是如何管理换工作。这个议题非常重要，又非常普遍，整个职业生涯里，几乎每个人都会面对一次、几次或者好几次跳槽，几乎每次都意义重大。

关于跳槽管理，有三点。第一，要不要跳槽；第二，如何跳槽；第三，跳槽秘籍。在跳槽流程的关键节点，有哪些最重要的、最隐秘的小技巧、大技巧。

第一，要不要跳槽

关于要不要跳槽这个问题，答案非常肯定，要跳槽。跳槽是职业生涯里的大概率事件，除非你在日本，除非你爹是某某某，你是家族企业出身，否则大概率事件就是你不会在一家公司从头到尾做一辈子。

为什么要跳槽？三个原因。

1. 为了修行，为了成长。这是在职业生涯早期最常出现的一个因素。你在现在的岗位学不到新东西了，师傅那里能学的都学了，这个师傅已经很害怕你了；然后这个行业，你该学的都学了，这个行业的细分，该学的也都学了；这个角色，你该做的都做了，觉得已经做了九十五分了，再往上做，有可能也不见得能上去了。

而且你也腻烦了，在这个领域做得已经太久了，没什么新东西了。如果人现在平均活八十岁，将来要平均活一百二十岁，你还想有新人生，想学新东西，想去新地域，比如，在北京已经干了二十年了，你干烦了，想去非洲、欧洲。想接触新的东西，想发挥自己的潜力，想成为一个更了不起的成事修行者。希望通过跳槽来找到一个新师傅、一个新行业、一个新角色、一个新领域、一个新地域，打开一片新天地。

2. 为了成事，为了能够再成更多的事，再成更多的大事。意思是需要一个新平台，这个平台能够让英雄有用武之地。比如一个职位，甚至一个CEO的候选人，你输了，其他人当上了CEO，那你怎么办？是留在这里，还是选择离开？比如你跟这个领导跟了三四年，他明显不喜欢你了，你在公司里也没有太好的办法来换岗，怎么办？

如果在目前的岗位你觉得也能学习，有点事干，但是没劲。不想去公司，不想跟你现在的这些同事花任何时间，甚至连一杯啤酒都不想跟他们喝；还非常想拧现在的老板，每天心里总有二十句骂他的话。如果你这么想，其实你也该考虑跳槽了。

3. 为了钱。我从来不回避钱，一定数量的钱是必需的。钱财、物质基础，能让我们活得像个人样，活得有些尊严。

曾经有人问我他要不要跳槽，什么时候跳？……问了我一大堆相关的问题。但是我看他们的动机，不是为了修行和成长，也不是为了有用武之地。他们是很能干的人，但是也并不见得有很高的理想，并不见得有很多自我修行的动力，其实这不见得错。人有很多类，我给他们的建议往往就是如下："Double your pay, you go.（付你两倍的薪水，你就走。）"如果你跳槽之后的新工作能付你两倍的薪水，你就拥抱新的更多的钱去吧。

总之，没学习，没事干，钱不够花，考虑跳槽；没劲，不想去公司，不想跟同事花时间，非常想撑老板，也可以考虑跳槽。

以上三个跳槽的原因，其实换一个角度，企业要留住想留的人，也可以从这三个方面去做文章。

第二，如何跳槽

在明确了为什么要跳槽，以及你感受到现在跳槽有可能是对的时候，下一个非常核心的问题，就是如何跳槽。

1. 你要清楚自己要什么。在为什么要跳槽这点上，只给大家一个建议：三十岁、三十五岁，甚至四十岁之前，最好不要为了钱财而跳槽。虽然前面提到给你双薪就可以考虑跳槽，但是在你年轻的时候，如果只是为了钱财而跳槽，劝你三思而后行。这个年轻的定义，至少是三十五岁。

为什么这么说？因为大学毕业到三十五岁，大致十年左右的时间，是练本事的时候，无论换到哪个公司、哪个岗位，那个公司、那个岗位也不会给你很多钱。人在职业生涯中挣钱最多的阶段是三十五岁之后。在三十五岁之前，如果你把挣钱设成跳槽原因的第一位，会发现到了四十岁、四十五岁甚至五十岁以后，挣钱能力严重受损，严重少于那些在早期为了修行、为了成长、为了成事、为了新平台那些人挣得多。

2．在清楚自己为什么跳槽之后，要非常关注跳槽后和谁直接汇报。因为很有可能说服你去跳槽，跟你说愿景、说平台、说成长的那个人，可能资历很深，可能是你下一个公司的董事长或者CEO，你和他之间有可能会变成直接汇报的关系。

如果是这种情况，你需要见这个人不止一次，你最好能够跟他比较舒服地相处。我见过很多失败的跳槽例子，是因为他们对直接领导不熟悉，对他的直接领导没有钦佩感，甚至没有舒适感。我们除了日常生活，工作其实占据我们相当长的时间，在工作时间里边，你的幸福、开心、满足与否，在相当大的程度上，取决于你和你直接领导的关系。

所以在跳槽之前，一定要关注跳槽之后跟谁直接汇报，你需要跟他见两次，甚至两次以上。争取有一次能够吃饭，能够喝点小酒，还有一次能够在他非常累，甚至心情不好的时候，跟他聊一次；就像看房子，不要只在售楼小姐通知你时，在这个房子、这个户型最能显示它的优点时去看这个房子，要在不同的时间去看这个房子。

3．最好尽可能地把谈妥的事落在纸面合同里。虽然我理解，越是高阶的跳槽，有些事越是口头协定，但是尽量把谈妥的条款落到雇佣合同里，在你跳槽之前有书面签字。这些谈妥的条款，可能包括职位、给谁直接汇报、薪酬的多少和薪酬的构成、你还有哪些权利和责任，特别是非竞争条款，万一离开这个岗位，你要多长时间不能从事类似的工作，等等。有一个合同，你要看得相对仔细些，把自己的责、权、利看得相对清楚。

4. 特别强调，最好不要过河拆桥。不要一旦自己有了书面的新的 Offer，觉得自己可以到一家新公司了，可以跟一个特别好的领导，能拿到两倍的工资，甚至三倍的工资就开始膨胀，不要这样，做人留一线，日后好相见，不要过河拆桥。

第三，跳槽的关键点

如果你为了修行、为了成长，离开现在的平台，那过去的师傅、过去的行业、过去的角色、过去的领域、过去的地域，都对你有滋养，对你有恩德，你要感谢他们。如果你为了成事、为了新平台跳槽，你要想到你成事的能力，你现在的业绩，至少在很大程度上是你过去平台给你的，你要感谢你过去的平台。哪怕你是为了钱财跳槽，也不得不说，你学的那些本事，你养家糊口之前的那些钱，是之前的平台给你的，不要过河拆桥。

跳槽的几个关键点：

第一个关键点，一生中要有几个贵人。

如果跳槽想跳得特别好、特别舒服，从我个人的观察来看，最重要的是一生中要有几个贵人。贵人最好大你十岁到十五岁，甚至二十岁；非常"爱"你，"爱"是带引号的爱。贵人不在多，在于他要非常喜欢你，非常信任你，能够把重要的工作交给你，一有好活就想到你，隔三岔五就想见到你。

如果你一生中有这样两到三个贵人，那你一辈子跳槽几乎都会跳得很舒服。这个"舒服"我强调一下，不是不花力气，而是能使出力气，是能够不让你光阴虚度的舒服。

第二个关键点，一生中认识一两个好的猎头。

你要知道，你是成事修行者，你是职业经理人，你的时间和精力也是一种产品。你需要认识一个、两个，甚至三个好的猎头，帮你打磨你的时间、精力，以及把你的时间、精力长期卖出一个好价钱。让你成事、持续成事、持续多成事，并且因为成事，获得相应的财务回报，以及名声的回报。

第三个关键点，要在你所在的细分行业内做出名号。

你自己在你的细分领域，你有一号（有一号，意味着有名号）。提起张三，有人说，好，这个人在酒精饮料销售上做到了全国前三；这个人在快消品，特别是大众快消品上，他的产品研发能力最强；这个人做天妇罗，是整个国内做得最好的，没有之一。

你在自己的行业细分里如果做出名号，甚至不见得地理范围有那么大，比如他们说我有可能是垂杨柳的金城武，但这在某种程度上也够用。比如，你的专业是饮料类的产品研发。你说，好了，北中国饮料类产品研发，有我一号，我是第一。你出去找工作，再跳槽都没那么难。假设南中国有家食品饮料企业，想扩大北方的饮料市场份额，他有可能会想到你。说，哎，小王，听说你在北方饮料市场做产品研发有一号，不是第一，就是第二，你说第三，没人敢说第二、第一，那请你来我公司帮我做一款饮料，咱们打北方市场。

第四个关键点，在工作期间，包括跳槽前、跳槽后，以及跳槽期间，做好手头工作。

你要知道，你的贵人、你的猎头，以及你在行业中的名号，其实最牢固的基础都是你的业绩、你的能力。你的业绩和能力是怎么出来的？是你自己做出来的。你光想着自己有多牛，是没有用的，让作品说话、业绩说话，让你做出来的事情说话。

第五个关键点，要避免几个坑。

第一个坑,非常常见,期望过高。这种期望,包括新的工作能带给你的收入和职位的期望。即使拿到,新公司也很有可能不能长久地给你,过了三个月,又给不了你了;即使拿到,也有可能在新公司里、新岗位上遭到上上下下很多妒忌,大家说这个人凭什么拿这个钱?凭什么坐这个位置?所以我建议,不要给自己太高的期望。

职业生涯是个马拉松,不是百米短跑,不要争取说,二十五岁我就要当军长,三十岁我就当元帅。这在战争的时候有可能实现,在非正常的高速增长期有可能出现,正常的时候是做不到的,还是要按部就班。在职场环境里有一个调查,职业经理人对自己的期望,往往会高于自己的实际能力,这几乎是定论。

所以要避免过高期望这个坑,有时候要非常现实、非常清晰自己是块儿什么料,自己有什么样的市场价值,然后不要要价太高。要价太高,即使你拿到,最后的结果都可能不太好。

第二个坑,离职太快。我见过新工作还没彻底谈定,有人就喝了半瓶香槟,唱着《满江红》,杀向了新工作。到了新岗位,发现人家还没给他准备好,甚至到最后新工作没谈成,新的位置没有了。但是他跟过去已经拜拜了,他跟过去已经说,不好意思,我终于可以摆脱你们了,我太开心了。等他想回头的时候,那个位置已经没有了。

离职太快还有另外一层意思,就是这山望着那山高,总认为自己哪怕没有拿到新工作,将来也有的是工作,我先把现在的工作辞掉,很快就会有新的工作。其实不一定的,我见过比比皆是的例子,就是市场上给他们的机会,没有他们想象的那么多,没有他们想象得那么好。

第三个坑,意气用事。工作中往往会有不快,会有摩擦,因为你要想到，工作本身就是相对痛苦的，花钱永远比挣钱要开心。工作就是要努力克服一些困难，长期来看，没有任何工作是一帆风顺、顺风顺水、永远得意的；与之相反，几乎任何工作，不如意的有八九，如意的不足一二。不要意气用事，不要为了爽，为了自己或许在新的岗位爽，而去跳槽。

第四个坑，避免新人情结。不要有新人比老人好，相见欢，人生若只如初相见的观念。你可能习惯性地一见到新的领导、新的要一起工作的团队会认为，不错呀，大家喝杯酒挺开心呀，大家聊聊家常很开心呀，觉得很有新鲜感，这种新鲜感能让工作很愉快。但其实日后工作接触多了，缺点都会逐渐呈现；新人不一定比老人好，新的工作也不一定比旧的工作更适合你。

第五个坑，缺乏背景调查。在跳槽的过程中，你决策做得太快，信息收集得太少。你没有打过两个以上的电话去问一问你的新领导的口碑如何；你没有在网上查查你的新公司有什么样的正面报道，有什么样的负面报道；甚至有些人在这个新工作的环境里工作过，你也认识，但是你没有问过他们。你收集的信息不够。在你接受了这个工作邀请，在你已经干了一个月、两个月、三个月、一年、两年之后，才忽然发现，你傻了，这些那么清楚的事情，为什么在来公司之前没有了解？你会恨不得自己抽自己。

怎样在体制内成事

在体制内应该如何生存、发展、成事，应该注意些什么。体制内跟体制外的确存在一些差异，到底这些差异是什么？到底如何在体制内成事？

第一，什么是"体制内"

如果严格定义，体制内就是行政机关、事业单位、国有企业的组织制度中起主导作用的一部分。

过去二十年，体制产生了什么样的变化？未来十年，体制有可能产生什么样的变化？

我2000年念完MBA，从美国回到中国，然后开始第一份工作。2000年到2009年在麦肯锡，2009年到2014年在华润集团，2015年到现在，在中信资本。所以基本上十年外企，十年大型央企、国企，这么一个工作履历。但如果回顾 2000 年到 2020 年这二十年，我不得不用"天翻地覆"来描述体制的变化。为什么？

1. 工作选择。二十年前，作为一个刚毕业的年轻人，第一选择是外企，为什么？升职快。你去了国企，去了私企，做得好也不见得能得到晋升，至少这是 2000 年那时候大家的普遍认知；外企规矩清晰透明，你只要做得好，就可以得到比较快的晋升。

到了 2020 年，如果你大学刚毕业或者从国外刚刚留学回来，选择就不是那么清晰了。外企不见得是你的第一选择，可能国企变成你的第一选择，为什么？你能做更大的事情，你可以以国为怀，更好地发挥自己的力量，工作更稳定。私企也有足够的规模了，不像二十年前私企都小，马云、马化腾的影响力还非常小，现在他们的影响力都已经变得很大了；你可以在他们的平台上发挥作用、能力，可能私企给的工资比外企、国企，比事业编给的工资还要高。

这对于一个年轻人来说，已经是一个翻天覆地的变化。

2. 大环境的变迁。二十年前，如果在国外挣钱，在国内花，那是非常美妙的一件事！留在美国，在 BD（美国 BD 公司）、强生、GE 工作，挣美元，然后换汇到国内，在国内买房子，2000 年北京最好的房子一平方米一万块钱，一般的三四千块钱就可以买到。

但到了 2020 年，反过来了，很多 80 后、90 后会想，如果能在国内挣钱，在国外花，那真是一个不错的事情哦！在国外买一个有地、有景色的房子，同样的价格，在国内一线城市，很有可能你买不到地铁旁边的房子。

这可能是另外一个翻天覆地的变化。现在体制不像二十年前那么清晰，如果从工作角度，不一定什么就是第一选择。如果看之后的十年、二十年，其实选择也不清晰，还是要根据自己的情况去选择合适的职业岗位。

如果你希望规则清晰、更业绩导向一点；如果你英文好，喜欢写电子邮件、做 PPT，那去外企有可能是个不错的选择。如果你想做大事，喜欢在大平台上发挥作用，你可以相对慢下来，那国企甚至行政、事业单位，会是你更好的选择。如果你喜欢跟一个老板、一个老大，一起相对灵活地做事情，那私企有可能是你更好的选择。

这是我现在对未来十年、二十年的看法，没有一定的第一选择，它需要你根据自身的特点去确定选择。

第二，如何在体制内成事

这个"体制"，可以把它定义得相对窄一点，在体制内如何成事？分享八点。

1. 必须树立成事的信念。

无论在体制内还是体制外，能够把事办成的人，大家都喜欢，特别是你的领导喜欢。

2. 懂事。

能按体制内的规矩办事。我一开始到央企，最常问的一个问题是："过去类似的事都是怎么办的？"也就是，过去的规矩是什么样子？体制内这些流程是怎么走的？如果没有非常明确的反对意见和理由，我就跟着走，先走几遍，看一看，如果有觉得特别不对的地方，总结起来，跟领导沟通。

一方面是做事的流程，另一方面是人。多问几个愿意坦诚跟你说实话的老人：在这个体制内，谁跟谁都是什么关系？都是什么样的人？都有什么样的背景？他们之前都有哪些恩怨？这些问题，在不同场合多问几次,哪怕对同一个人在不同场合都多问几次。你把这些都默默记下,然后稍稍总结,不见得要落在纸面上,之后可能还会面临什么样的事情?了解这些,是"明理"的另外一个基础,就是懂事情,以及懂与事情相关的人。

3. 建立信任。

信任怎么建立?我觉得有方法,有态度。在态度上,特别是在体制内,在你自己冒头之前,先要想,你要花几年的工夫跟随,做学徒、做跟随者;就是别人怎么说,我怎么做,特别是领导怎么说,如果我没有非常大的反对意见,我就跟着去做。据说清华不成文的校训是:"听话,出活",话少、干事利落、低维护,这样的人永远是招人喜欢的,往往容易得到信任。

回想信任公式,信任=(可信度×可靠度×可亲度)÷自私度,再跟在体制内如何争取信任相对比,你会发现,里面有很多微妙的相近,以及应该突出的地方。简单地说,话少,干事,低维护。

4. 耐心。

在体制内,哪怕你事做得再好,你也不要期望能够跳级,特别是在很平稳、不打仗的时候。你跳级,周围人不好过、不舒服,你领导压力很大,你周围人给你的压力也会很大。所以说,耐心,等待,等待机会。

5. "三从一大"。

从严、从难、从实战出发、大运动量训练。流程不要出错,留好所有证据链,有时候流程正确比结果正确更重要。

6. 希望你跟对人。

什么是好领导?简单地说,就是推功揽过,自己能承担责任,自己能立得住;能给下属做事的机会;自己有上升空间的。符合上述三点,就是好领导,选准好领导,跟着他,跟的时间长一些。

7. 不贪。

不贪图私利、小利,你毕竟不是在纯商业环境中做事,你是在给更大的、更偏重公有、公益的环境下、体制内做事,就在自己做事、成长的过程中,把物质欲望放低一点,不要在花公家钱的过程中挣钱。

8. 要能够忍受起伏。

虽然体制是一个相对稳定的地方,但是在体制内,不排除你和你跟的人,或跟你的人,有起起伏伏、上上下下。这种起伏和上下,虽然让人伤心或者狂喜,但是希望你,如果在体制内想成事,不要为这种上上下下,特别是不要为暂时被调整、被边缘化失望。上上下下,几上几下都很正常,不为之所动,该干什么干什么,把合适的成事心法用在合适的事上。

成事的标准是什么

总说"成事",那成事的标准是什么?

在历史上,很多人物,例如诸葛亮、岳飞、文天祥,在他们所处的时代里,并没有实现自己的理想,最后都失败了;但是过了几百上千年,你会看到,他们的精神是有可贵之处的,有不朽的地方。那,到底什么算成事?应该在多长的时间轴来看这个成事?应该从哪些维度来判断是否成事?

第一,成功不等于成事

成事跟成功是有区别的。成功不等于成事,成事不等于成功,因为以下三点。

1. 成功不可复制。我认为成功涉及太多的因素,它是一个无常是常最后形成的结果,这个结果很难在事前预测。你最后成功了,你说,"因为我成功了,所以我之前做过的一、二、三都是对的",这个逻辑不成立,因为你在做一、二、三的时候,你并不能确定能成功。我们可以讲,因为我修行成事,我做了一、二、三,所以我成功的概率会增加一些,所谓成事在人,成功在天,成功不可学,成事可以修炼。

2. 成功虽然不是成事,成事也不是成功,但是大家都想要成功。成事修行得好,成功、持续成功、持续成大功的概率会明显增加。

3. 只讲成功,不一定是好的一生。你成功因素里边有太多天命,有太多老天帮你的地方,但是你看不到,在那个节点,你很有可能忘记自己是个什么人,忘记自己有多少能力,忘记天命不是一直持续的。持续的成功有可能让一个人自高自大,最后再往前走两步,劈你的雷可能就在路上了。所以,一直成功,不一定是好事,但反过来,如果成事、一直成事、一直成好事,那一定是不错的一生,你一生只成就一些小事,也是好的一生。

以上是成事跟成功之间的三点重要区别。

再者,成事不仅不等于成功,甚至不等于伟大,反之亦然,伟大也不等于成功,亦不等于成事。

成就一些"第一、唯一、最"的事情,往往等于伟大,就是在世界上,我是成就这些事最棒的一个人,往往被认为等于伟大;但是,成就一些相对日常、正常的事,人是非常好的人,人生也是非常好的人生,但是不能被定义为伟大。我会烙一张饼,这张饼可能在我们家算烙得最好的,对于这个屋子里四五个人来说就是一件了不起的成就,这是一次成事。这次成事让今天变得很有意义,变得很快乐,如果天天这样成事,哪怕这些事很小,你也是过了伟大的一生。

反之,像诸葛亮、岳飞、文天祥,在他们所处的时代并没有实现自己的理想，但是他们确实是不朽的，失败也可以很伟大，为什么？因为他们那些精神，他们做的那些事情，如果天命给他们，如果换一个环境，一些其他的关键要素产生改变之后，有可能会成就一些非常伟大的、好的事，所以他们的精神是可贵的。如果我们不尊重这些伟大的精神，那么我们就会变得油腻，失去很多能够成就事情的机会。道理是这样的，充分但是不必要，必要但是不一定充分，这是一个逻辑问题。

第二，成事无大小，但有善恶

回到最终一个议题——成事的标准。简单地说，就是交代的任务完成了，定义好的任务完成了，就是成事。至于最后是否成功，别人是否认可，并不重要。成事无大小，本一不二，治大国若烹小鲜，烙一张饼，管理一个街区，管理一个城市，管理一个国家，管理一个星球，其实是类似的。管好，成就好，都是成事。

成事虽然无大小，但是有善恶。诸恶莫作，诸善奉行，恶的事情再小，请你不要做，善事哪怕小，成就一件就是成事一件。

成事有效率高低，有概率高低，有持续与否。最好的、最棒的成事修行者，能够不给别人添很多麻烦，甚至不给别人添麻烦，创造很多美好的事情，让很多人持续享受到，让世界持续变得很美好。

曾国藩曾经跟李思清说："我辈办事，成败听之于天，毁誉听之于人。"成和败，这是有天命在，夸和骂，这是别人的说法，我们能管的是什么？"惟在己之规模气象，则我有可以自主者，亦曰不随众人之喜惧为喜惧耳。"我做我自己的事情，我可以做主，我们需要担心的是，从我的、团队的角度，是不是非常清楚这件事的是非、效率、战略、战术，我们是不是尽心安排了？一旦是非、效率、战略、战术都安排好了，都坚决地尽心尽力、尽职尽能去完成，其他"听之于天""听之于人"，不因为别人的开心、恐惧、不高兴，而开心、恐惧、不高兴。真英雄不必武夫，曾国藩的大丈夫、真英雄气概，这一句表露无遗，不需要解释，大家多读几遍就好。

曾国藩还讲过类似的事，比如，"苍苍者究竟未知何若，吾辈竭力为之，成败不复计耳"。"苍苍者"就是老天，天意不可知，只管尽力做事，成败由天，我们不考虑。

曾国藩还说过一句："坚其志，苦其心，勤其力，事无大小，必有所成。"这句又是普通话、老套话，曾国藩说过很多普通话、老套话，但是这些普通话、老套话做起来并不容易，你好好想想，你是不是真的做到了？

PART 4 知智慧

知可为，知不可为

大势不可为怎么办

面对小地方、小局面，自己的团队、公司，往往可以管理，但是在大的环境里成事，社会、风气，甚至地球的大势不可为怎么办？大势影响个人成就公司，成就自己，却很少受个人所影响，你自己、你的团队、你的公司做什么，对大势的影响非常有限。

简单来说，大势不可为的时候，不为。能做什么就做什么，让做什么就做什么。"苟全性命于乱世，不求闻达于诸侯。"诸葛亮的智慧，是在乱世保全个人和团队的生命、财产要紧；不用整天抱达官贵人的大腿，混圈子，他们没有听说过你，不知道你，没关系。

我非常尊重曾国藩能打、能战斗、能干，能做到打脱牙和血吞，屡败屡战，直到最后胜利。但是，如果有仗可打、有市场可争，有事可为，当然是需要打脱牙和血吞，屡败屡战、坚韧不拔，攻城略地、开疆拓土。记住，是在可以作为的时候。但是，这个世界又的确存在五年、十年,甚至几十年、一辈子,大势不可为的情况。无论你怎么做,都可能没办法开启一片天,创造一个新的世界。世界存在这样的悲哀之处。如果一个成事修炼者试了再试,想了再想,还是不可为,那么在这段时间里就以不为为主。看上去像是被动,实则被动中有主动,被动中打基础,被动中坚定等待明天大势可为继续再做的信念。

在大势不可为的时候,不为也是一种为,但是不为是有学问的。

第一,更加谨慎小心,更加抓落实

曾国藩有一段话:"时事愈艰,则挽回之道,自须先之以戒惧惕厉。"在情况越来越不好、越来越艰难的时候,如何挽回与自全,重在小心谨慎。"傲兀郁积之气,足以肩任艰巨,然视事太易,亦是一弊。"你觉得自己万事可成,做到第一、唯一,甚至做到世上最好也不在话下。有这样的想法是好的,但是在大势相对差的时候,如果你用这种傲兀郁积之气,肩负重担,认为大事可为,人定胜天,其实容易倒霉。事情越艰难,做事越要小心谨慎。

战略重要,但是战略的实施也一样重要。我在过去的管理工作中,见过太多缺少合格战略的例子,也见过更多有好战略但是没有良好实施的例子。落实不容易,要找对人,要有胡萝卜和大棒,要及时跟踪、及时调整。曾国藩说,大处着眼,小处着手,就是这个意思。毛泽东说战略上藐视敌人,战术上重视别人,也是这个意思。总的来说,在大势不可为的时候,更加谨慎小心,更加抓落实。

第二，用勤奋对抗不可为的大势

曾国藩这么说："以勤为本，以诚辅之。勤则虽柔必强，虽愚必明。诚则金石可穿，鬼神可格。"做事情一要勤奋，二要专心，只要勤诚朴谨，不怕性格软弱，不怕智力愚钝，必然能够成事，鬼神都会被你感动，会帮你。所谓大势不可为的时候，继续勤奋，继续专心，继续诚恳，继续学习，不管顺逆，找个可以使力气的地方，继续去使力气。

大势不可为，但是总有你可以做的事情，哪怕是把身体炼得棒棒的，哪怕把书读多读好。你虽然可能不能占领市场，创造不出新的服务、生活模式或新的产品，但是你可以看书、写书，不问世事不等于不创造，哪怕你离开商业，离开市场，并不等于你不思考。在乱世，不做大富大贵，不立志做天下首富，但是可以做天下第一读书人。有《四库全书》，你可以一直去读，哪怕你时间很多，《四库全书》也可以耗尽你不少的岁月。除了《四库全书》，还有欧美那么多古典的、成名的作品，都可以拿来读。挑一个自己喜欢的作者，把他的书都读完。这种勤奋其实跟大事无关，你在读书的过程中，除了能够对抗无聊，还能增长经验见识。另外，你还能过好每一天。其实一个常用的衡量标准，就是你做没做多数人不愿意做、不想做的事情。多数人不爱读书，你爱读。多数人读书少，你多读；多数人捧起手机多过捧起书本，你捧起书本。那么，时间长了，哪怕大势不可为，你持续这么做，都会比别人强。

第三，认命，不要有太高的期望

曾国藩说："逆亿命数是一薄德，读书人犯此弊者最多，聪明而运蹇者，厥弊尤深。凡病在根本者，贵于内外交养。养内之道，第一将此心放在太平地，久久自有功效。"意思是，拧着命数去做事，是有问题的。知识分子、读书人中犯这个毛病的有很多。人很聪明，对自己要求太严，但是命不好，总想跟命对着干。怎么办？最重要的是养内，就是自己把心放在太平地，把心放低，不去求，一命二运三风水，这是老天注定的，老天最大。作为凡人，别瞎猜，别多想，别纠结，别老逆着命去干。放下心，端正身，去做事，命中该有的就会有，不该有的别强求。

简单来说，修炼"成事"这门功夫的人，如果屡屡不成大事，也就别求总能做大事，一日劳作一日食，欢喜不尽。其实做点小事成就自己和周围，成就每一天，也挺好。

第四，耐烦

曾国藩说："若遇棘手之际，请从'耐烦'二字痛下功夫。"特别简单、朴实。"耐烦"二字是做任何事的首要修养。既然要成事就要做事，做事哪有不烦的。既然要做事就要耐烦，自己不要嫌麻烦，不要不耐烦，不要总觉得，这个小事好烦，为什么让我做，等等。曾国藩还说过："居官以耐烦为第一要义，带勇亦然。"如果想做官，第一要义是耐烦，带队伍也是一样的。理学家讲"功夫"，功夫不是一日可得，是一辈子做事修炼出来的。有的人看上去什么都有，怎么打都能行，但背后，可能天天、月月、年年都在练"耐烦"

这门功夫。

第五，宽心

大势对所有人来说，很可能都是不可为的。如果你的心比别人宽，有可能你在大势不可为的时候过得比别人好一些，以及大势变得可为的时候，你比别人身心更健康，更容易抓住机会。

你要想，以宇宙为尺度，我们都是尘埃。如果把时间轴拉大，你可能会容易开心一点。曾国藩说："阁下此时所处，极人世艰苦之境，宜以宽字自养。能勉宅其心于宽泰之域，俾身体不就孱弱，志气不致摧颓，而后从容以求出险之方。"意思是，当你所在的时候、位置、处境艰苦，要宽自己的心，让身体、志气不变弱，慢慢等待机会。

曾国藩给出的解药是心宽。心宽有两个好处，一是好身体，二是好心情。有身体才有本钱，有心气才有斗志，然后慢慢等待解决困境的办法。心宽之后，时间就是我们的朋友。坚信在我们有生之年，时间会给我们做事的机会。

第六，甘于寂寞

"君子欲有所树立，必自不妄求人知始。"总想让别人知道你，让台下千百双手为你挥舞，这想法是有问题的。想出名，想疯了，四处递名片，混圈子。在大势不可为的时候，一定要更加小心，不要这么做。成大事的人开始干事的时候，民众不知道他要干什么、为什么干、能不能干是再正常不过的事。最棒的极少数，他们的骄傲、心血不被世人理解，特别是在大势不可为的时候，更不为多数人所理解。那只有甘于寂寞，等待该有的时候。

"人才非困厄则不能激，非危心深虑则不能达。"是金子，总会发光的；是人才，无论何种处境都不会被埋没的。曾国藩这句话可能以偏概全，但也有其可取之处——没有经历过困厄的人才，很可能遇上困厄会败象尽显。没有痛哭过长夜的人，不足与之讲人生。

总之，在大势不可为的时候，姑且将其当成修炼的机会，潜心修身养性，以待来日鹰击长空。谁知道明天会怎么样，谁知道三年之后会怎么样？活着不停修炼着，将来就有机会。

为什么人是第一位的

大家常说,以人为本。为什么以人为本?以什么人为本?如何找到这些人?

第一,人是第一位的

曾国藩说:"阅历世变,但觉除得人以外,无一事可恃。"经历了世事变化,在大事小情无常的环境里,什么都不能依靠,只有合适的人才是真正能靠得住的。

我 2000 年进麦肯锡做咨询,经常要面对不同的客户。我发现,好的客户有一个突出的共同点,他们的核心管理层不一定有很强的教育背景、很高的智商和情商,但他们一定能互相配合、推进,把一件大事办成。这几个人不做这件事,换一件事,只要有合适的指导、步骤,他们依然能做成。

古代历朝历代培养的，就是这种能做事的人，他们可以把任何大事做成。

唐太宗李世民问大臣："创业与守成孰难？"房玄龄说："草昧之初，与群雄并起角力而后臣之，创业难矣！"创业开始的时候，我们什么都没有，就是一帮土包子，只是群雄中的"一雄"。一起起义之后，我们把其他人都打败了，让他们臣服于我们，当然是创业难了。

魏徵说："自古帝王，莫不得之于艰难，失之于安逸，守成难矣。"自古帝王创业没有不难的，这不是什么了不起的事，但是守业后他就因为安逸，变成了昏君，亡了国。从大数据来看，创业并不难，这是大家的标准配置，而守业难，因为没有几个人能做到。

然后唐太宗就打圆场地说："玄龄与吾共取天下，出百死，得一生，故知创业之难。"房玄龄跟我一块儿打天下，所以他知道创业的难。"徵与吾共安天下，常恐骄奢生于富贵，祸乱生于所忽，故知守成之难。"魏徵跟我一块儿守天下，他担心大家习惯了富贵和安逸，就会生出骄傲和奢侈的习惯。这些习惯会导致灾祸，所以他一直强调守成之难。

最后唐太宗说："然创业之难，既已往矣；守成之难，方当与诸公慎之。"最后他还是肯定了魏徵。创业虽然难，但它已经过去了，就不说了，我们要一起好好守成。

创业难，守成也难，但最难的是什么？是得有人，有人才能成事，不怕事就怕没人。

在很多激情燃烧的岁月里，有很多猛人说过狠话："笔补造化天无功""人定胜天""打败苹果"等。但是，"无常是常"的规律常在，个人的作用渺小，有些似乎不在此规律里的个人，也只是在各种合力下起到了棋子的作用而已。以历史为尺度，绝大多数人都是尘埃；以宇宙为尺度，我们都是尘埃。

在诸事无常、诸事不可控的前提下，渺小的个人想成事，靠什么？就只能靠人，靠团队。这是个悖论，在这个世界里，人最不可靠，但又是唯一可以依靠的。

那要依靠哪些人呢？有时候你觉得人不可靠，是因为你没有靠对的人。靠什么人？不是所谓的"贵人"。人们常认为"贵人"是有钱的、有权的，其实不是的。

1. 要靠自己。靠训练有素的自己；靠能"大处着眼，小处着手，群居守口，独居守心"的自己；靠能"爱才如命，挥金如土，杀人如麻"的自己——"杀人如麻"是说做事干净利落，要有一点决策力。

2. 靠勤慎、笨拙而有执行力、能够成事的队伍。曾国藩说："有操守而无官气，多条理而少大言。"有底线，没有官腔和官气；做事有条有理，但是不说大话，不会经常吹牛。成事要靠这样的团队，而不是学历好的、有权有势的——这种人不一定能呼风唤雨，即使他们能呼风唤雨，大事来了，这些人不会为你呼风唤雨。

第二，如何得人

曾国藩说："求人之道，须如白圭之治生，如鹰隼之击物，不得不休。"白圭，是名列《史记》的大商人，其经商名言是"人弃我取，人取我与"。找人的方式，要像白圭治理产业那样，像老鹰袭击食物那样，不得到，不罢休。

刘备三顾茅庐去找诸葛亮，有了诸葛亮后三分天下。你不答应，三顾之后，我还要第四顾、第五顾……我一定要得到，得到之后再说。把你追求梦中情人的坚持，用在追求对你公司最有利的、最能干的人身上。

一旦得到了人才,"如蚨之有母,雉之有媒,以类相求,以气相引,庶几得一而可及其余"。蚨是一种小虫子,传说如果取走青蚨的卵,母青蚨就一定会飞过来。"雉之有媒",是说猎人驯养的家雉能招野雉。简单地说,你得到一个,然后让他带一些跟他类似的人,一个人带来整个团队。

求才是CEO的日常。真正的人才,不见一把手,不和一把手"情投意合",是不会加入团队的。一个好公司,CEO身边的几个人,都是CEO自己找的;一个不好的公司,CEO周围的人,很多是猎头找的。这就是差距。

一把手很容易把自己的时间和精力耗光,但也可以只管好三件事,之后天塌下来有团队顶着。当公司有了一定的规模,走上正轨之后,CEO只需要找人、找钱、定方向。找人是第一位的。

左宗棠有一次问曾国藩的弟弟曾国荃——最先打入太平天国的首都(当时的南京):"你成功的秘诀是什么?"

曾国荃自述成功秘诀:"爱才如命,挥金如土,杀人如麻。""爱才如命",爱能够成事的人,就像爱自己的生命一样。

做到"找钱、定方向"的CEO挺多的,但真正能做到"爱才如命"的很少。后世一直有一种说法,曾国荃只是"挥金如土""杀人如麻",没有"爱才如命"。

但曾国藩是一直"爱才如命",我认为这是曾国藩跟曾国荃的本质区别。曾国藩一直强调,一定要找好副手。在自己能力很强的基础上,如果能有一两个非常强的副手,不仅能帮助你成就目前的大事,而且在你身体变差、生命终止之后,他们仍能够把你未成的事情往前推。这也是曾国藩的影响力一直很大的原因。

多谈问题，少谈道理

做事要先把态度摆正，但摆正之后，要怎么做？综合东方的管理智慧，来谈一谈多做实在事、多用实在人。

第一，多做实在事

曾国藩说："今日而言治术，则莫若综核名实。"怎么成事，最重要的是实事求是，到底发生了什么，什么情况，该怎么办，都要落到实处。

"今日而言学术，则莫若取笃实践履之士。"做事的时候，要实事求是；治学的时候，曾国藩没有直接讲做学问，而是说要找一个老实人。这好像跟常识不一样，我们总是讲，想治学问，得是一个聪明人，聪明人才能做大学老师、学者、意见领袖等等，为什么曾国藩这么说呢？

曾国藩又加了一句："物穷则变，救浮华者莫如质。"世道太差，人心思变，如果想救这个虚夸的、欺骗的、浮华的世风，莫如选一些老实的人。"积靡之后，振之以猛，意在斯乎！"在顽劣的、劣根的、油腻的东西已经形成习惯之后，怎么办？必须用点猛药。猛药，就是实事求是，以及用实在人。

可以将孔夫子和曾国藩的观点进行对比。孔子说"必也正名乎"。儒家讲究做任何事，先竖杆大旗，先把理论搞清楚，比如白马、黑马是不是马？先说清楚，先把名立出来，然后大家跟着规矩去走。在一个相对有法治秩序和道德的社会、时代里，这样做没有问题。

但曾国藩认为，在晚清那个环境下，顾不了这些了，别瞎写了，别唠叨了，先去干，找老老实实的人先干，一个店一条街地干起来，把一件事做好，再做另外一件事。"积靡之后，振之以猛"，所谓一剂猛药，就是实事求是、实干。

时代越接近现代，信息越庞杂，人越容易空谈，是非越容易混淆，庸众越容易狂欢，骗子越容易生存。你看平常的朋友圈、自媒体，是不是经常会如醍醐灌顶般赞同不已。哪怕你是受过高等教育，你先看谁的文章，先看哪篇文章，都能影响你对一个看似非黑即白的问题的看法。你扪心自问，有没有被新媒体文章误导过？

所以在现在这个环境里，中医、国术、学术、艺术、宗教、身心灵、茶道、花这些东西被讲了很多，有些人甚至拜师、学艺。但是，我没听到有人拜师去学微积分，拜师去学财务模型，拜师去学习如何提高自己的智慧。基本上学的是在很短时间内获得快感的东西，但是，学微积分、财务模型就不一定了。

所以曾国藩讲，不要总是听大剂量的、似是而非、可对可不对、无法证伪的信息。实事求是，落到"治术"，就是少讲大道理，少戴大帽子，层层追问清楚：我们要解决什么问题？为什么会出现这个问题？这个问题可以分解为几个次级问题？如何解决次级问题？如果要解决，还要做哪些分析，需要什么样的资源，潜在困难有哪些？如果已经定了解决方案，用什么样的步骤去解决它？谁来干？

简单地说，除了规划，就是行动计划。这就是求实，落实到管理的实处。

第二，多用实在人

在成事的实践中一定要做到"四勿"——勿意、勿必、勿固、勿我。 核心的核心，是"勿我"，把 ego（自我）放到一个相对合适的位置，不要让它高于一切。

勿意，不要去臆想，事情有可能跟你想的不一样；勿必，不要认为必然是怎样，事情有可能产生变化；勿固，不要认为只能按照某种方法做、事情只能按这个发展，可能有新的方法、手段、力量产生；勿我，不要总想着我怎么样、我要怎么样。

说白了，不要只想着自己爽不爽，风评高不高，能否闪烁，需不需要负责……从成事的角度，可以完全不管你。英文说："Who cares？"经常以自己为出发点的人，往往关注的次序错了，这是一个智慧问题。你想，即使自己很爽，很闪烁，事没办成，最后倒霉的还是你，时间久了，大家可能就不跟你合作了。反过来，如果你自己倒退半步，把事情搁到第一位，事情做好了，什么都有了。没有捷径可走，还是要从做事的这条非捷径去达到你心中想要的爽。

"学术"，就是要多倚重一些读书多、思考多、不好浮名的学者，因为学术是人做出来的，他们比普通的接受者有更多的时间和精力去掌握该领域更多、更细节的知识。但只从他们提供的知识中，一般人很难判别，所以与其挑书，不如挑人。如果是一个靠谱的治学人，他提出的东西大多数是靠谱的；如果是一个佞人、骗子、习惯性走捷径的意见领袖，他提出来的东西，往往就是浮光掠影、花拳绣腿。

一个靠谱的治学人，古今中外主要的研究成果，通过他的吸收、分析、总结、归纳，成为一些原理、原则和远见卓识，这个是我们所需要的。但是你经常会看到两类相反的人：

第一类，媒体型学者。他们会写一些耸人听闻的标题，作一些很抓眼球的结论，但事实、论据基本是立不住的。细看所谓的媒体型学者的学养，找不到任何科班训练的痕迹，但是他们会起标题，会下令人惊奇的结论，会引导你去阅读。

第二类，政客型学者。这些人也会抓眼球，但更常见的做法是讨好，常见的是他会出一个题目、结论，让多数的庸众认为：太好了，如果这个学者说的实现了就好了！为什么不能实现？因为环境太坏了，现在的人就是不想做好人！……他站在道德制高点，来扭曲现实的情况。

举个例子，某位医疗经济学学者大力提倡全民免费医疗。这个倡议，如果放到网上，叫好的要远远多于冷静思考和反对的人。叫好的人，绝大多数不会想到三个问题：第一，全民免费医疗，钱从何来？特别是疫情当前的时候，一个国家面对各种国际、国内的压力，有各种要花钱的地方的时候，钱从哪儿来？第二，14亿人的免费医疗，平均下来，质量能到什么程度，以及如何分配，不同人是不是一致的医疗水平、质量？如果不一致，谁决定谁能获得更好的医疗？第三，如何在一盘棋下，保证医疗从业者的积极性以及廉洁奉公？

佞人太多，虚招太多，太多人混太久了，更多人被蒙太久了，这种环境下，怎么办？"行胜于言，质胜于华"，既是曾国藩做事的特点，也是他用人的慧眼，也是我认为现在应该借鉴吸取的。

多做实在事，哪怕它很小；多用实在人，哪怕他看上去很笨。少一些闭门造车的臆造，少一些到处吹牛的时间，从收集信息开始、从写综述开始、从获取和消化细分领域古往今来、古今中外的研究成果开始。先把别人已经做过的东西通通拿过来，分析消化，辅以相关领域的涉猎，基于随机双盲的实验，大胆假设，小心论证，为往圣继绝学，哪怕为昆仑山上只增加一根草，那也是对世界的贡献。

用金字塔原则思考和表达

大家需要明白，躲在金字塔原则背后的是结构化的思考和表达。在这样一个纷繁复杂的世界里，如何建立一个清晰、简单、优雅的金字塔，如何把事情想明白、说清楚，是一个伟大的能力。

第一，何谓金字塔原则

在讲金字塔原则概论之前，我先引一下曾国藩的一句话："吾辈今日苟有所见，而欲为行远之计，又可不早具坚车乎哉？"我们先把知、乎、者、也抛开，这句话字面的意思是：今天如果有一些见识，而且想走得远一点，需要具备坚实有力的"车"。他到底说的什么意思？自从韩愈提出"文以载道"，后世儒家就把这四个字奉为不二法门。"坚车"，坚固的车，不是坚固的三轮车、四轮车或二轮车，而是能够承载道理，承载智慧、慈悲和美感的好文章。

曾国藩强调的是，写文章是非常重要的事。这句话他是跟他的老乡说的，他的老乡叫刘蓉，是个私塾先生，而私塾先生的职业就是教别人写文章。

写文章看上去是一件特别简单的事。但你会发现，如果一个人能把文章写得很好，这个人一般是我们所说的中级干部以上；如果他能持续地把不同的文章——千字文也好、万字文也好，都写得不错，而且还能给别人讲明白，这个人基本上是高级干部。

曾国藩跟私塾老师说，如果我们有想法，第一步要先把文章写好。就是把写文章放到了非常重要的位置。放到现在，有可能不只是文章，还有PPT，说到底，说的是结构化的表达能力。而且，如果你没有结构化的思考能力，你也就没有结构化的表达能力。

举个例子。我妈是一个表达能力非常强的老太太，八十多岁了，还能有很多街面上的智慧，能有很快的反应，但是如果你想让她对一个问题仔细地说八百字，她说不清楚。这就是我们所说的，哪怕你有最聪明的头脑、最强的体力，如果没有经过足够的有意识的训练，你还是不知道如何结构化地思考和表达。看上去是特别简单的要求，但是古往今来，西天东土，似乎只有非常少的人，能真的做到想明白，说清楚。

进了麦肯锡公司，我被训练的第一件事就是金字塔原则。阐明金字塔原则的是一个外国老太太，叫Minto，她啰里啰唆地写了一大本书，其实我用一百个字就能说清楚。Minto可能故意拖成了一本书，充字数，卖书，挣钱，得版税，就不用再在麦肯锡每周工作八十个小时了，不用再当苦力加速身体折旧，当然这是玩笑话。Minto女士的想法和做法，如果用一句话说，就是任何事都可归纳总结出一个中心点，而且中心点可以由三到七个（绝不超过九个）

论据支持；这些一级论据本身也可以是个次级中心点，被二级的三到七个（绝不超过九个）论据支持，如此延伸，状如金字塔。

如果再进一步提炼，**金字塔原则就是：讲一个事情，会有一个中心论点，这个中心论点会被一些论据所支持，这些论据要完成"不重不漏"，即互相没有重复，合在一起又不漏掉基本点。**这个就是金字塔原则。

所谓的"一个事情"到底是什么？它可以很复杂，又可以很简单，它可以复杂到：我们是什么，我们从哪里来，我们要去哪里？世界经济未来五年的走势怎样？新冠病毒到底会如何改变世界？……我当时进麦肯锡面试的时候，被问的问题是：如果石油能从地底零成本拿到地面，世界会变成什么样子？

事情可以变得很复杂，也可以变得很简单，比如，小贾见到姑娘为什么会脸红？老妈每天喝半斤白酒，是不是很危险？以及，高中时候的梦中情人问你，她现在该不该带着三岁的女儿离婚，你如何回答？……这些问题都可以用金字塔原则去结构化地思考和表达。

第二，金字塔原则的三大用途

金字塔原则看似无用，实则是一个非常伟大的原则、一个伟大的方法论。

伟大的用途之一，解决问题。

当你尝试解决问题时，从上到下、从下到上，你要反复几次。从下到上的时候，你要收集论据，归纳出中心思想，从而建造成为坚实的金字塔。有了这个大致目标之后，问题解决起来就更加有效。

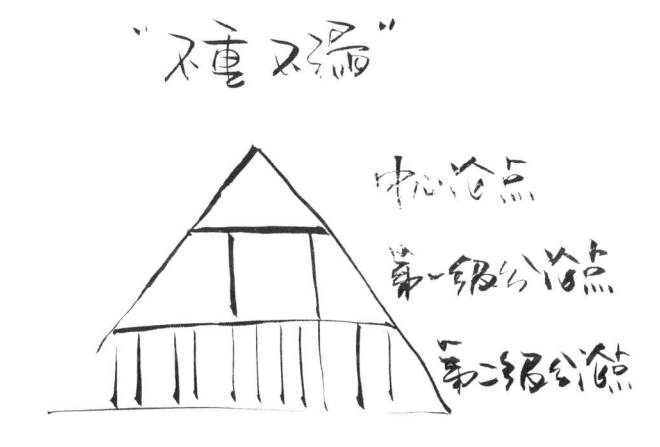

结构化思维和表达的核心：金字塔原则

"不重不漏"

中心论点
第一级论点
第二级论点

MECE: Mutually exclusive and collectively exhaustive.

当你把这个金字塔建完后，复盘哪块儿没有完成"不重不漏"这个原则，你就加固哪一块儿，这样你最后解决出来的问题就非常坚固。

伟大的用途之二，管理手下。

如果你是领导，有经验、有办法、有能力，对于某个问题，特别是比较复杂的问题，可以根据经验提出假设，迅速列出一个中心点。一个中心点需要三到七个（最多不超过九个）的支持论据，你可以分别把三到七（到九）个不同的模块交给不同的手下；两周后，手下提供报告，你汇总排列，从而建造出坚实的金字塔。有了这个原则，管理起来最有效，领导也做得很轻松。

因为论据不重复,所以你交给三到七个(最多不超过九个)手下,他们就不会重复工作,浪费时间和精力;因为不遗漏,他们交回来的工作,合在一起就是基本完整的,不会漏掉重要的位置、重要的内容。

伟大的用途之三,交流成果。

用金字塔的方式来交流,其实效率最高。你只有三十秒、只有三分钟,只能在电梯里、在过道里抓住领导,你讲完了中心论点和一级支持证据,领导就明白了,事就办成了。如果领导和刘备一样,能三顾你的茅庐,而且他屁股大、肉沉,从早坐到晚上,吃空你家冰箱,你有讲话的时间,他有兴趣,你就汇报到十八层论据,为什么三分天下,为什么蜀国只能占其一?……有了这个原则,交流起来很有效,你可以跟他讲三天,你也可以跟他讲三十秒。

解决问题、管理手下、交流成果,是金字塔原则的三个伟大用途。

我们应用金字塔原则需要小心的是,我们日常传统上的交流,不是从金字塔的尖尖到金字塔的基底这么交流的,而是相反。我们通常是先这样对小王妈妈说的:"小王吃喝嫖赌抽,坑蒙拐骗偷,打瞎子骂哑巴,挖绝户坟,敲寡妇门。小王是个坏蛋。"而不是先跟小王妈妈说:"小王是个坏蛋。"如果你纯用金字塔原则在国内交流,容易被人抽嘴巴。

作为中国人,可以骄傲地说我国文化博大精深,外国好多东西,其实都是借鉴了我们老祖宗的想法。比如刚才说的这个金字塔原则,其实就是老子的金字塔原则,"道生一,一生二,二生三,三生万物"。

成事之人的七大特质

什么样的人能成事？

准确来讲，这是个伪命题。不过，虽并无固定答案和统一标准，但还是有一些规律可循，章法可依。这里要传授给大家的"识人大法"，不仅可以帮我们辨识成事之人，还能辨识诸如好老公、好男友、好女友、好丈人等候选人，简直就是一个放之四海而皆准的通用法则。

其实，成事之人身上大致都逃不过以下几种特质。

第一，悲观的底色

成事的人底色往往是悲观的。这看上去有悖常识，但事实确实是这样。能干的人、成事的人，不见得天天都开心，纯傻子才天天乐呵呵的。回望历史，那些彪炳千古的伟人，不乏彻底的悲观主义者。

曾国藩说:"虹贯荆卿之心,而见者以为淫氛而薄之。"荆轲的心化作彩虹,看见的人说这种颜色不纯,所以鄙视荆轲。"碧化苌弘之血,而览者以为顽石而弃之。"苌弘的血变成碧玉,看见的人当成石头丢掉了。"古今同慨,我岂伊殊?"古今都一样,我作为一个成事的人,有什么特殊的?"屈累之所以一沉,而万世不复返顾者,良有以也。"屈原宁愿沉江,也不想在这个世界上混了,因为他看透,这个世上的人渣远远多于成事的人、能干的人,远远多于风骨美好的人。人间不值得,就算历尽万年他也不愿回到人间。

曾国藩是一个彻底的悲观主义者,他非常认同屈原沉江。周作人也说过,"大家都是可怜的人间","大家"是我们周围人的总称。《诗经》中写道:"知我者谓我心忧,不知我者谓我何求。"明白我的人,说我心里不舒服;不明白我的人,以为我丢了什么,在找东西。

真正在人间成大事的人,当你深入接触时,往往能嗅到一丝抑郁症的气息,甚至已经得了抑郁症。他对人间没有太多期待,他的心血往往不被人间理解。如果他只是做人间能明白的事,就不是一个真正能成大事的人。所以,成事的人底色往往会是悲凉的。

第二,中庸平衡的混合个性

成事的人往往需要中庸平衡的混合个性。

对此,曾国藩是这么说的:"军事不可无悍鸷之气,而骄气即与之相连。"打仗,需要"悍匪",这个人要凶、要悍、要能够闯出去,要有一些匪气,但是有这种气质的人,往往会骄傲,会伤他人。

军事又"不可无安详之气,而惰气即与之相连"。打仗要沉得住气,遇事不慌,但是惰气也会与之相连,懒得动,懒得去攻、去打。

"有二气之利而无其害，有道君子尚难养得，况弁勇乎？"有这两种气的利，没有两种气的害，即使是有道的君子，都不太容易养得恰好，何况带兵打仗的大老粗，没有读过多少书的人。

曾国藩的这段话讲的就是中庸平衡的混合个性才能够成事。突出任何一方面、任何一个极端都有可能让事情做不成。

冲第一线的都是普通人，有缺点无所谓，但成事难，因为成事要求一个人的素质在很多时候是矛盾的。这种矛盾怎么平衡？需要长时间的修为和心性的磨炼去化解，去维持微妙的平衡。

带兵的人要有彪悍凶猛的气势，开疆拓土，攻城略地，杀伐决断，万马军中取上将首级，在求胜和得胜中，汲取无穷的快感和释放顶级的荷尔蒙。但是得胜太多，难免会有骄气，不知天高地厚，渐渐盲目称大，变成尾大不掉的一种力量。

带兵的人，还一定要有一些安定从容的气质，才能长期坚忍耐烦，协调各种复杂关系。但安详之人，平稳处世时间长了，往往会滋生惰气，安于现状。就是我们说的佛里佛气、佛来佛去，拿串念珠，拿个保温杯，什么事都做得四平八稳。

既有"悍匪"气势，又能安详，还要没有"悍匪"和安详的弊端。曾国藩自己似乎做到了这种二气并存，收放自如，白天打仗，晚上在家练字，读圣贤书。但我不得不说，曾国藩心里的有些矛盾可能还是没有完全化解，他只享受了六十一年阳寿，这从任何角度来说都不是一个长寿的人。这跟他追求中庸平衡而压抑天性、积郁成疾有关。

成事的人需要中庸平衡的混合个性，这种混合个性确实很难在个体上体现。

第三，耐烦

曾国藩："若遇棘手之际，请从耐烦二字痛下功夫。"

遇上烦事，遇上难办的事，你最该想的，不是如何解决这个事，而是在"耐烦"两个字上下功夫。"耐烦"二字是做任何事的首要修养。既然要成事，就要做事，做事哪有不烦的？冯唐九字箴言中的第一句"不着急"就暗含耐烦的意思。

曾国藩在其他很多场合都说："居官以耐烦为第一要义。"带兵、做管理也是。理学家讲"功夫"，功夫不是一日可得的，是一辈子做事修行得来的。

第四，精力旺盛

精英实际上是精力旺盛的英雄。如果没有精力，一切情商、智商都是零。一个人能不能成事，看他是不是有无穷的精力去做事，这是非常重要的观察点。

曾国藩讲养生："养身之道，以'君逸臣劳'四字为要。省思虑，除烦恼，二者皆所以清心，君逸之谓也。"少操心、少纠结、少烦恼，多走路、多健身、多运动。累身不累心，才能保持精力旺盛。

我的朋友说，他整天思考管理的事情，把方方面面想得都很透彻。我说，错，你只需要用百分之二十的时间，去想清楚百分之八十重要的事情就好了。你省下百分之八十的力气，首先可以做其他更多的事，其次可以去休息。等你回来，这百分之二十的力气，就变得像刀子一样快，还不会过分耗掉你的内力。

内力，是你能不能持久地用自己这块材料，来驱动自己和周围的人做事；你有没有这口气，这口气能不能随时提起来，让你持续地往前走。成事有很多理论，但是所有理论都有一个前提——精力持久。真正的精英都是精力上的超人，没有体力和脑力，奢谈什么做事和成事？不能吃苦耐劳、内心强大到浑蛋，奢谈什么带千军万马走过草地、走过雪山、走过一个又一个经济周期？

心神是君，身体是臣。如果做到累身不累心，再怎么累也累不垮，甚至很快乐。曾国藩这句话说起来容易，做起来其实非常难。日理万机、以开会为主要运动的阿尔法人类，阿尔法男、阿尔法女，就是特别争强好胜、有能力的男生和女生。比如特斯拉的创始人埃隆·马斯克（Elon Musk），就是典型的阿尔法男。过了四十岁之后能保持身体体重指数在二十以下，百无一人；能血糖、血压、血脂都不高的，千无一人；能一年三百六十五天，天天睡好觉的，几乎万无一人。

另外，作为一枚典型的阿尔法男，我给出的保存精力的建议就是五千米之内不坐车，走路。

第五，忍不住做事

成事的人要忍不住做事，要不好意思不做事。在不能做事的环境下，在可以偷懒的情况下，他都偷偷摸摸要做事。

曾国藩是一个爱做事的人，"国藩昔在湖南、江西，几于通国不能相容。六七年间，浩然不欲复闻世事"。他在湖南、江西的时候，全国都容不下他，都骂他，他想洗手不干了。"然造端过大，本以不顾死生自命，宁当更问毁誉？"但是他想，这事起得太大，本来是不顾自己生命想去干的，何苦在乎别人夸我还是骂我？

"以拙进而以巧退，以忠义劝人而以苟且自全，即魂魄犹有余羞，是以戊午复出，誓不返顾。"开始干这件事的时候，他是抱着一颗为天下的心，现在他巧立一个名目退出。他劝别人应该忠义，而自己却苟且自全、苟延残喘。自己作为一个油腻的中年男，魂魄都会羞愧，睡觉都睡不好，所以这次他复出，一定要打到生命的最后。

其实他刚才这番话，是在"忆往昔峥嵘岁月稠"，想想过去他经历了什么，遇上了什么。他想过早期打仗，屡战屡败，被人骂死，中期想过退出，沧海一声笑，不再问天下，金盆洗手，但他已经把这么多人忽悠起来了，怎么好意思走？当初起兵的初心是不贪财、不怕死，死都不怕，还怕什么被人骂？本来不是投机取巧、苟且自全的人，如果苟且巧退，看着被忽悠起来的人，为了忠义冲锋陷阵，丢不起这个人。他只有继续干下去，不走回头路。

一个修炼成了的成事人，还能一往无前，除了对成事方法的谙熟，对不朽的渴望，内心最深处还都有一股蛮荒之力。这个才是真正的发动机，是成事真正的源泉。

在今天，我环顾左右，知道"魂魄犹有余羞"，知道我们不得不干事，不能把这么美好的世界交给那些傻子，丢不起这人，这种认识，有几个人能做到？

第六，收敛

成事的人要懂得如何去躲藏。

曾国藩说："君子有高世独立之志，而不予人以易窥。"真正成事的、有修炼的人，是有独立于世界的志向，不能轻易让别人看到。"有藐万乘、却三军之气，而未尝轻于一发。"有非常大的勇气，但是不会轻易把这种勇气发泄在外。

通俗来讲，就是牛在心里：一不要装，二不要吹。成大事人不必像我这样把志在不朽、经世济民、名垂千古这些话放在嘴上，否则容易惹出很多闲话，徒增烦恼，点到为止就好了。不必有气就生，有架就打，留着"藐万乘、却三军"的斗志去不朽，去经世济民。

我不得不说在这点上我做得很差。二三十岁的时候打的那些嘴架，我后来都后悔了。很遗憾，在互联网时代，说过的话就像泼出去的水一样，在网上留下各种痕迹。三十五岁之后，我立下毒誓，再也不毒舌了。如果我能活到七十岁，写一部《毒舌集》，这样可以把毒舌再重新使用。

第七，挺上去

最后一点，成事之人在决定性的瞬间，能够挺上去。

曾国藩讲："平日千言万语，千算万计，而得失仍只争临阵须臾之顷。"沙盘推演，百般算计，但实战的时候，胜负有可能只在一瞬间。日常实战演练再好，"须臾间"也常常没用。在"须臾间"极小概率下，还是要倾力一搏，然后听天命。

有些能天然成事的人，在一个决定性的瞬间，他能挺上去，把责任和任务担当下来。这种时刻，可能是在工作里，也可能是在生活里。比如有个女生，你能不能赶上去说："你愿意嫁给我吗？"

我也看过拔河比赛，左右两边僵持得很厉害，但左边在一点点输给右边，这时候左边有一个人开始大喊："大家听我的号子，我喊一、二，大家控住绳，我喊三，大家使劲往后拉。"结果左边赢了。如果这个人不在那个时候喊出"一、二、三"，他们很有可能会输。

梁朝伟在伦敦喂鸽子的特拉法加广场我也去过，是坐了十个小时飞机从北京飞去的。我没有喂鸽子，我的命没那么好，心情也不见得比梁朝伟喂鸽子的心情好多少。我当时跟一个人讲，我这两天一定要见到你，我要跟你谈一个不得不谈的事情。

后来我就跟这位老哥在特拉法加广场旁边吃了个中饭，把事情谈了。他说："你给我一天，让我做决策。"我吃完这顿饭，又坐了十个小时飞机，从伦敦飞回了北京。因为这趟"折腾"，这件事最后成了。现在想起来，在那个决定性的瞬间，我挺上去了。我很庆幸自己是这样的人，并且准备一以贯之。

不管具备几条成事特质，能成多大事，希望你都可以向一颗微不足道的星星学习，可以微弱，但要有光，可以照亮自己和他人。

如何看待女性成事

在现实生活中，我能感觉到女性受到自身的生理、家庭、情感、孩子的各种羁绊，以及社会的偏见，在一定程度上承担的要比男性更多。在这种情况下，女性想成事，应该注意哪些方面？应该怎么去规划？因为我不是女性，无法替各位女性朋友切身实地地去设想，我只能试着用同理心跟大家分享自己对这个问题的看法。

女性存在一些天然的弱势，在"成事"这件事上总体比男性更难。

原因一，女性受激素的影响相当大，比如，躲不开每月的身体问题，以及怀孕、生子、抚养等，特别是在更年期前后因为激素的变化，产生巨大的生理和心理的变化等。

这些都会对女性造成效率、效能的减弱，在一些关键点上、关键时刻，爆发力有可能相对差一些。很难说女性不受这些天然因素的影响。所以女性是比男性在成事上，至少在激素等方面，存在一些弱势。

原因二，家庭的羁绊，社会的偏见。不可否认的是，我们的传统社会中存在一些偏见：家，是以女性管理为主，女性，会被家庭管理牵扯很多的精力。在这种社会的偏见下，很多人（不只是男性，甚至包括很多女性）会戴着有色眼镜去评判女性，特别是对一些成功女性，往往会想在这些女性成功背后，是有哪几个男的在作怪，但很少说，男性的成功背后有哪些女性的因素。

女性针对这种偏见想要成事要怎么办？下面分享一些个人观点。

第一，要有信心

虽然多数人觉得女性做事、成事比男性更难，但在我心目中，女性总体是比男性高一等的物种，总体成事的概率要大于男性。

感性是一种优势。很多男性整天算来算去，很有可能算到最后出现的结果，也没有女性最开始直觉指向的战略方向更准确。

女性的目标相对实际，相对具体。不像一些男性，莫名其妙地贪大。不贪大就不容易犯傻，不容易冒进，不容易掉到一个接一个的坑里，能够逐步地从胜利走向胜利，积小步以至千里。

女性还有一个天然的优势：容易扯脱，不恋战，相对容易割舍，相对能包容缺点。

对于这一点大家可能有不同的理解，在我看来，毕竟每个月的月经让女性不得不有一天、两天、三天，甚至一周，非常难受，不得不停下来休息。这种被迫休息，实际上是一种天然的扯脱。让女性从工作中扯脱出来，停下来回顾复盘。

女性还有一个优势：女性天然能示弱，容易协调好关系。

这里的"示弱"，不一定是打女性牌，而是女性天然的坦诚、包容和滋养。男性的趋势是，我能，我强，我能干，我跳得更高，我跑得更快，我举得更重。但女性因为自身的特点，有时候能够通过示弱把事情办好，说，哎，不好意思，这个包我拎不动，能不能帮我拎一下？不好意思，这个河我迈不过去，能不能多给我点时间，我走那条桥过去？等等。其实在日常的管理工作中，这种示弱，这种跟别人协调好相互关系，往往是比力战、快跑，更能达到战略目标。

最后，女性的耐心比男性更多一点，她们为了目标能坚持得更长久。而且女性会活得更长久。成事，其实说到最后，时间——做事的时间、耐久的时间、吃苦耐劳的时间，是很重要的一个因素。

综上所述，女性的有些特点看似是弱点，在成事上反而会成为一种优势，希望各位女性朋友能够珍惜，能够发挥自己女性的优势，乐观起来。

第二，要"不二"

所谓的"不二"，就是先别把自己当女性，先不要太考虑自己的性别；先不要自己可怜自己，不要在过分强调男女平等的同时，过分强调女性应该受到额外的照顾和保护；不要经常说，我是女生，人家是女生，你一个大男人怎么怎么样。

跳出来想，如果你是投资方，把一件事情交给一个CEO、一个团队的人，第一要考虑的是这件事能不能成；而并不是说，这个团队是不是一个女性团队，这个CEO是不是一个女性。成事第一，性别第二，对于这一点我内心还是相当坚持的。

有时候在日常工作中，我们经常开玩笑，说"女人被当男人用，男人被当牲口用",我的观察是,女人有时候也是被当牲口用的。一块儿去干活,一块儿去分担,一块儿去面对,这样大家反而是在这种工作的平等关系中,一起进步,一起成长。

第三,躲开一些在成事的道路上给女性设的坑

第一个坑,自恃太高。在我的成长背景里,无论是在北大、在协和、在之后的麦肯锡,我看到太多的女性,有可能是独生子女,有可能是天生性格强,上了很好的大学,进了很好的公司;背后总是有巨大的家长的期望、社会的期望,特别是自己对自己的期望;觉得自己无论是从天生的能量、天生的智慧、天生的情商,以及之后锻炼的一切,从外貌到内心,都无比强大,自己就是女皇。我承认,每个城堡都有一个女皇,但是如果自恃过高,你会发现自己周围慢慢只剩下比你差的人;你会被自己的自恃太高限制住,周围的人无一例外都愿意夸你,但是他们都比你差。

这种自恃太高,在男性中反而相对少一点。因为男性如果这样自恃太高,往往很容易被周围人骂。但如果是一个女性的话,她愿意孤芳自赏,愿意当女皇,就让她当女皇吧;她愿意当垂杨柳一姐,就让她去当垂杨柳的一姐吧。

第二个坑,情绪化。情绪化有可能跟女性的激素相关,但这种情绪化产生的表象,是我自己爽第一,而不是成事第一。有时候,谈事的时候,你发现对面坐的可能不是一个女性,而是一团情绪。在她讲的时候,往往先要讲一大堆跟这件事情无关的东西;她讲这件事如何做、如何判断、如何去操作,也是带着一团重重的情绪去说。

人很难跟一团情绪去谋一件事。大家花这么多的时间共同做事,

我们能有的最大的共同目标，是把这个事情做成，而不是我需要来陪伴你这个情绪，然后哄着你、拍着你、惯着你，让你变得越来越情绪化。不要成为一团情绪，要成为一个成事的机器。当然，并不是说成事的机器是好的，而是相比情绪化来讲，有时候你要变得更硬一点，变得更机械一点，因为情绪最后产生不了任何东西。

第三个坑，太封闭。只认人，不认事，又是没有把成事搁到第一位，而是把自己最喜欢、最爱、最感兴趣、最信任的那个人当成第一位。如果是这个人的事，一切都好办；如果不是这个人的事，什么事都不好办，不能换个角度看问题，不能理解他人和他事。

像这种无论是自恃太高、太情绪化，还是太封闭、只认人，都会对女性在成事的过程中造成这样那样的伤害。

女性要成事，简单来说，第一，女性要有信心，女性在成事上比男性有更高的优势；第二，女性要"不二"，先别把自己当女生，先把自己当成一个成事的修行者；第三，一定要避开一些特别常见的在成事过程中给女性挖的坑。

建立长期互相滋养的关系

人与人的相互滋养，比如上下级关系、导师和徒弟的关系，这些非常重要的关系，能陪伴你走很久。

大家在平常的生活和工作中，有各种各样的关系，而且各种关系中，一定有一些相对重要的。比如，在生活中，可能是爱情关系；在工作中，很有可能是上下级关系，或者导师和徒弟的关系。这两种关系之间有什么差异？

生活中的爱情关系，有各种各样的矛盾、极端。有人说，"好爱不为难"，好的爱是不让对方为难，不给对方添麻烦，但另外一个极端说，"不为难，不是好爱"，如果不给对方添麻烦，不让对方痛苦，怎么能说明这是爱呢？在整个过程中，这两个极端折射出的是各种人性的泛滥。

上下级关系也很复杂。最近有"前浪""后浪"的各种说法，"后浪"把"前浪"拍在沙滩上，"前浪"总觉得"后浪"比他们差。

我是 1971 年生人，就是 70 后。50 后、60 后往往有一块挺大的缺陷，比如外文不好，或者管理理论缺乏，或者小时候有什么明显的知识缺陷，而 70 后是没有的。

第一，上下级关系类型

我曾经想过，如果我坐在我的位置上，不用升半级或一级，一坐二十年，因为我的知识结构没有任何的大缺陷，人品也看不出太多的缺陷，我就可以把 70 后、80 后、90 后……都给他们熬倒。后来一想，这也是一个极端。

所以，上下级关系，一个极端是相杀。你看不起我，我看不起你。我听说有一类上级对待下级，基本谈话是这样的，先说我有多棒……说半个小时，再说你有多差，大意就是，你一辈子也赶不上我。最后还剩五分钟，我们谈谈工作吧。

另一个极端是相爱。你好我好大家好，做人开心最重要了，只要开心，大家都好。从来不指出你工作上的缺陷在什么地方，你应该改善什么。

这两个极端——相杀、相爱，在我经历过的上下级关系里都存在过。

比如，我有一个很好的领导，我在他身上学到了很多，他就属于"棒喝型"的，基本上是以骂人为基调的管理。这个方式，我也看到了门径，就是要找到缺陷，然后狠狠骂过去。

他看我，觉得我也像个人样，基本知识结构也不缺，经验也很好。他说："虽然你做过十年咨询，你自己开过车吗，自己管过人吗？你自己带过团队，拎着棒子往前冲过吗？"我说："我还真只是做管理顾问,真没有带大团队往前冲过。"这样在一瞬间就激发了我的斗志。

当我带着大团队往前冲,做得还不错时,他说:"你做过投资吗?通过并购、兼并快速发展,你做过吗?"我后来一想,我真没做过,那咱再做做。每次他基本是骂着说的,但是我也能体会到这种管理、这种交流带给我的成长,这种上下级关系给我的压力以及动力。

另一种"春风化雨型"的领导,我就属于这类。我不太会骂人,也舍不得骂人,骂人之后,自己会难受很久。但是,我认为成事是很重要的,如果不骂人,不指出别人前进中的问题,不指出需要改善的地方,我会觉得在做一件错事,没有尽到责任。这时候,我咬着牙,喝口酒,还是要把心里话说出来,说你做的怎么不对,为什么不对,等等。虽然,有时候没控制住情绪,会有一点言语过激,不会带骂人的词语,但这种指责性的,哪怕是很有建设性的谈话之后,我也会难受很久。所以我把自己定义为"春风化雨型"的领导风格。

"棒喝型"的、"春风化雨型"的,相杀的、相爱的,到底什么样的上下级关系才是好的呢?

这么多年,我总结出,好的上下级关系是一种长期滋养的上下级关系。长期滋养,就是你们会长期互相受益,会因为彼此的存在变得更好。短期,偶尔你们会吵,跟有些人会吵得多一点,跟有些人吵得少一点。但是长期,你会发现,不是为了吵而吵,不是为了突出自己有多好而去吵,而是为了彼此的成长。所以希望你找到好的、能够长期滋养的上下级关系。

曾国藩说:"与人为善,取人为善之道,如大河水盛,足以浸灌小河,小河水盛,亦足以浸灌大河。"人与人之间和善的相处之道,是什么样子的呢？就像大河水多了，会灌到小河里去，小河如果水多了，也反过来会浸灌到大河里。

"无论为上为下，为师为弟，为长为幼，彼此以善相浸灌，则日见其益而不自知矣。"无论你是上级还是下级，导师还是徒弟，年长还是年幼，如果能彼此以善为基础，互相滋润、长期滋养，你们会慢慢地在不知不觉中变得更好。

在麦肯锡有一个非常重要的关系，叫"Mentor-Mentee"，翻译成中文是"导师和徒弟"的关系。也就是，上级手把手、言传身教地教下级怎么做生意。

好的上下级关系，应该是"Mentor-Mentee"的关系，也就是好的导师和徒弟的关系。上级不只是领导下级，不只是让下级去做事，而下级也不应该只是为了一份工作而讨好上级。

第二，如何建立好的上下级关系

总结我个人在麦肯锡和其他地方关于"Mentor-Mentee"的一些经历和经验，总共十点。

1. 要有化学反应。

好的师徒关系能产生化学反应。什么叫"化学反应"？

首先从人的长相气质来讲，彼此要喜欢，李白有句诗叫："相看两不厌，只有敬亭山。"你看他，他看你，彼此不相厌，甚至相互喜欢。其实跟长得好看，没有绝对的关系。有的人，你看一眼，就想再看一眼；有的人，你看一眼之后，立刻把眼神挪开。真正好的师徒关系，应该是"相看两不厌"的。

其次是智慧。作为徒弟，会尊重导师的智慧，认为从他身上可以学到东西。同时，导师从徒弟身上，看到希望和潜力，认为再过几年，这个徒弟会变成一个成事的人。

最后是师徒之间期待见面，见面的时候，几乎有说不完的话，每次见面都有收获。

如果彼此"相看两不厌"，尊重各自的潜力和智慧，有说不完的话，每次都有收获，那么可以说你俩之间有"化学反应"。

2. 要有仪式感。

好的师徒关系，要有一些仪式感。最好你们有一两件都喜欢做的事，用这些事来构筑你们的日常。

大家可以一块儿做一个行业，也可以做跟生意无关的事。比如你们都爱跑步，可以找一个河边，大家快走或慢跑；比如喝酒，可能你们酒量不一样，但都喜欢一种微醺的感觉；比如都喜欢涮肉、看戏、逛古董店……

约定用什么样的频率一块儿去做都喜欢的事。如果实在想不出共同喜欢的事是什么，那可以选吃饭，至少可以共同吃顿好的。

3. 重交流质量，而不是数量。

师徒关系要重交流质量，而不是数量。我建议在现在环境里，见面时放下手机，甚至不要拿出手机。如果你是徒弟，很忙，那你的导师有可能更忙。好不容易见面，常看手机，那何必要见面。

我于1998年从中国协和医科大学毕业，现在有二十多年了。毕业之后，我的大学导师——郎景和院士和我只见过三面：一次在华润大厦，一次在斯坦福开会，还有一次在协和医院的书画协会——我去做演讲，他坐在台下听我讲。半辈子过去了，我和郎老师并没有觉得陌生，除了"三观"和做事的方式相近之外，我们见面交流的质量是一个特别重要的因素。我们见面的时候放下手机，把这两三个小时充分留给对方。这其实是提高交流质量的最好方式。

4. 要有行动。

要有行动。不管是导师还是徒弟，不能总用话哄人。钱、资源、时间是真正的给予，反之亦然。你管对方要时间，他不能给你时间；你需要见面，他见不了你；你有需要帮忙的时候，他总是推延——那基本上构不成导师和徒弟的关系。

5. 少些功利。

师徒关系如果时间长了，要少些功利。虽然可以做功利的事，但不见得所有的时候两个人都要功利，不必每次都有议程，有些无用之用，其实比有用之用更管用。大家见面聊的时候，有可能就是随缘去起伏，去侃侃大山，摆摆龙门阵。就像你去拜佛，不见得有具体的事要求佛，所以不见得每次见面都是需要导师帮助，有时候只是为了坐在一块儿聊聊天。

6. 相互给予。

师徒关系是相互的。任何一方，导师也好，徒弟也好，不要太自我，认为别人为你做的事都是应该的。哪怕你貌美如花，哪怕你权倾天下，但是不要认为，别人为你做所有事都是应该的。

我在生活中也遇到过这样的人。每次去见这样的人，你考虑得非常周到，给他带礼物，帮他做事情，等等。时间长了，你会觉得，我为什么要这样做？哪怕你美如天仙，我又不追你，跟我有什么关系？哪怕你权倾望京，我又不在望京做事情，我为什么要见你？其实导师跟徒弟也是一样的，要互相滋润，互相为对方做一些事情。

作为徒弟，不要认为只有导师能帮徒弟，其实徒弟也可以为导师做很多事。比如，徒弟可以给导师做研究助理；在你熟悉而导师不熟悉的领域，给他一些真知灼见；帮他做一些他不喜欢做的杂事；

买一两本很难买到的书，买一两张很难订到的票，安排一些相对琐碎而对他来说又很重要的杂事，等等。

7. 不怕求人。

师徒关系，有一个小窍门是不要怕求人。向人寻求帮助是不会伤人的，相互帮助就更不会了。相互帮助不能算严格意义上的麻烦别人。

向人寻求帮助的过程是愉快的过程，给予的过程有时候也是一种快乐。如果太客气，那两人之间的关系永远停留在表面，永远不会是大家在一起过日子、一起工作、一起面对这个世界。

比如，你不要怕彼此忙，而不提见面的要求。不要怕导师忙，等他不忙的时候再说。好的导师，永远是忙的。比如，你作为徒弟要给导师你最棘手的问题，你说你现在遇上麻烦了。不见得他真的给你钱，给你时间，给你帮助，至少他能给你智慧，给你意见。你给他敞口问题（open question），他帮你做分析，不要只给决策和答案。

我曾经有过徒弟。他跟我说，要换什么样的工作，已经做了什么大的决策。我提醒他，你在做决策之前，你问问我，跟我坐下来喝杯茶或喝杯酒，有可能咱俩想的是一样的，但也有可能，我会让你知道一些你想不到的东西。后来，他就养成了这个习惯，我们的关系比之前顺很多。我觉得，我对他的滋养也大了很多。

8. 坦诚。

我曾经有个导师——TC，麦肯锡的一个资深合伙人。有一次，我们一块儿做项目，开了一天的会。他说："你把今天的会议总结一下，写一页的备忘录和一页的纪要。"这一页纪要，会以他的名义发给客户的总部，让美国总部知道，我们讨论了哪些相对重要的问题。我说，没问题，TC，给我半个小时，我给你写完。然后TC

很平静地跟我说:"你一个小时都不一定写完。"我当时就不太开心,因为我内心一直认为自己的笔头很硬,应该写得很快,最后发现我花了一个半小时才写完。这虽然是一件非常小的事,但提醒我,不要过高地估计自己的能力,哪怕是在你最擅长的事情上,也不要用自己的预期去承诺别人。

我的另一个导师,前面提到的郎景和院士,他跟我说过一件事。在一次会上,他遇上一个少壮派的做妇科手术的医生。这个医生在讲台上说他有多么认真努力做手术,做过多少台手术,最大的成就是没有下不来台过,也就是没有任何一个病人死在台上。病人死在手术台上,对于外科大夫是一个沉痛的打击,这就是真的下不来台。

我就问郎老师:"您当时是怎么说的呢?"他说:"我跟这个手术做得很好的医生说,你之所以没有下不来台的时候,原因可能不是你有多强,而是你手术做得还太少。"我说:"您这么坦诚?"他说:"如果不这么坦诚,我就没有尽到我作为导师的责任。我很踏实地说这句话,我可以心安了。"

9. 正面反馈。

导师、徒弟、上级、下级,给彼此反馈的时候要正面。"正面"跟"坦诚"又不太一样。我可以非常坦诚地骂你,非常坦诚地给你负能量,非常坦诚地"击溃"你。但是这种坦诚的基础是正面的,是为了对方好,为了对方的修行。正面反馈是给积极的反馈,这个"积极"不是夸,但一定不是负面的宣泄,不是为了说自己有多好、有多对,而是为了对方能进步。

麦肯锡的一个方法论,就是如何给正面的负反馈。如果你想给别人提意见的时候,用什么样的方法最有建设性?

(1)我观察到你说了什么话,做了什么事:一、二、三、四……

(2)因为你这么做了,说了一、二、三、四……对我的影响是一、二、三、四……我哪里不舒服了、不爽了。

(3)我观察到你做的事情对我产生的影响,我给你的建议是一、二、三、四……正面地给出负面的反馈。

10. 不必太多。

好的师徒关系,以及好的上下级关系,不必太多。一个好,两个好,三个也好,四个有点多了,一定不能超过五个。你一生中能有的好导师,超不过五个。同时,你能够给对方滋养的徒弟、下级,其实也超不过五个。

我说的不是普通的上下级关系,而是真正长期滋养的关系。珍惜这样的人,不要贪多,宁缺毋滥。

怎样看待运气

运气,在少不更事的青年时期,我并不是太看重,更相信"笔补造化天无功""人定胜天"。等年岁大了之后,特别是到虚岁半百,发现运气很有可能是最重要的成功因素,就像诗里说的——"时来天地皆同力,运去英雄不自由"。但是,**信运气,也要努力,不能停止做事。**

第一,平衡运气和努力

曾国藩有一段话我比较推崇:"事会相薄,变化乘除。"运气相搏击,变化互消长。"吾云举功业之成败、名誉之优劣、文章之工拙,概以付之运气一囊之中,久而弥自信其说之不可易也。"反反复复追求的功名、文章好坏,是不是很牛,都归于运气。将来能不能成、名大不大、文章好不好,这三件事其实对现在的男人也一样重要。

曾国藩越来越相信运气。

接着,他话锋一转说:"然吾辈自尽之道,则当与彼赌乾坤于俄顷,校殿最于锱铢。""自尽之道"的意思不是自杀之道,而是我们自己能够努力的方向是什么,不是说把名利、文章都扔到运气中去吗?那好,自己努力的方向,就跟这个运气比一比谁胜谁负。他这句话带着对运气的尊重、敬畏和不忿。"终不令囊独胜而吾独败。"相信运气是很重要的,我也崇敬运气、敬畏运气,但是我努力了,做了我自己该做的,我不相信这一辈子,运气永远胜出,我永远失败。这个"我",包括我们,包括团队,包括公司。

这是曾国藩对如何平衡运气和努力最精辟的论点。一言以蔽之,就是怎么看待运气。

如何正确看待运气有两点:第一,事情成败全靠运气;第二,和运气对赌。看似矛盾的两点之间,大有深意。

事情成败全靠运气。那些不信运气的人,要么是自大甚至缺少智慧的傻人,要么是坏人,把自己的运气挡在身后,掖在心里不告诉别人,自己到处去讲自己的成功学,突出自己有多能干,要小心这样的人。

我在麦肯锡工作不到六年的时候,升成了合伙人。当时有一个合伙人大会,做了一项调查,关于合伙人的关键成功因素。是什么让你在众多顶尖的聪明人中杀出血路,升成合伙人?百分之八十的合伙人,把运气当成第一成功要素,就是"我命好"。这些人都受过极其良好的教育,都很聪明,还非常努力,最后升成合伙人都不会认为自己的努力最重要,而把运气放在第一位。这是我亲眼见证的。

第二，不停止做事，与运气对赌

全靠运气也不代表就要听天由命，不意味着不做事。做事的实质是什么？是跟运气去赌。

1. 做事才能进场，才可以谈机会。

2. 做事才能增加胜面。不做事，会受运气摆布，运气有可能今天给王五，明天给赵四，它眷顾的未必是你。但是你通过努力、通过修炼，能够增加成事的胜面。

运气是甲方，做事的人是乙方，只有一直和运气对赌，不离场，才有赢得运气的机会。努力做事，就是努力争取天上掉馅饼的概率。你做宅男，躺在床上打游戏，床上有屋顶，即使馅饼纷纷坠落如落花，也是落到匆匆忙忙奔波的路人头上，不会落到躺在床上的你的头上。

古人总结的成功十大要素："一命二运三风水，四积阴德五读书，六名七相八敬神，九交贵人十养生。"前三个要素一点都不涉及个人努力。

1. 命。命是什么？我的定义，命是DNA。从生物学的角度来讲，人生来从来没有平等过，人的智商、情商、身体机能，在很大程度上出生的时候就已经决定了。后天努力有用，但是先天先于后天，先天大于后天，夸张点说，猪八戒再勤奋也变不成孙悟空，孙悟空再修行也变不成唐僧。

2. 运。我的定义，运是时机，是老天给你的机会。白起、吴起等名将，如果生在太平盛世，只能开个养鸡场和寿司料理店，天天杀杀鸡，宰宰鱼；柳永、李贺，如果生在战时，当个没出息的列兵，很有可能在开小差的路上被抓回来。

3. 风水。风水是位置。人二十岁之前，如果在一个地方待过十年以上，这个地方就是他永远的故乡，味蕾、美感、表情、口音都已经被这个地方界定，之后很难改变。余华如果生在北京，写不出那种阴湿寒冷的《在细雨中呼喊》。在北京除了卖货，没人呼喊，街道这么宽，故宫这么大，没人内心憋屈到跑到雨里去呼喊。冯唐如果生在浙江东部，写不出《十八岁给我一个姑娘》，如果憋不住还是要写，可能会写出一本《十八岁给我一个寡妇》。

一命二运三风水，跟自己的努力都没有任何关系。这些几乎被天定的大事，涵盖了一切，功名利禄甚至文章的好坏。从这个角度来看，立功、立名似乎都是看天吃饭。历史上的很多昏君会说，不是他的错，是天意如此。很多没有成事的人，会怪时运不济、遇人不淑等。现在也可以说，都是病毒害的，所以我一年废了，未来也没有什么机会了。

确实，依照人类天性，既然如此，那就把这些大事的成败都交给命，命由天定跟自己无关，时间长了心安理得，实在是太舒服了，这是多数人的反应和做法。如果事情就到这儿，我们就不做任何事了。但是，我们是要成事的人，是修行的人，要自我完善，增加自己的成功机会，我们不会躺在天命上束手就擒。这样我们偶尔也能和天命搏一把，在一瞬间分出胜负，连续搏到生命尽头，我想天命不会总胜，我们也不会总败。

所以，成功十要素后面的几点——四积阴德五读书，六名七相八敬神，九交贵人十养生——这些都需要个人的努力。一定要记住的是：首先尊重运气，相信运气；其次尊重自己的努力。持续努力成事、不断成事、不断成大事，相信通过努力，好运气会多眷顾你一点。

时时刻刻保持焦虑

在职场，如何时时刻刻保持着焦虑，又不让自己的身心过分受摧残？听上去是一个挺拧巴的议题。焦虑是必要的，但焦虑是有负面因素的，如何用好、管理好焦虑，其实在职场上是一个重要的议题。

曾国藩说："日中则昃，月盈则亏，故古诗'花未全开月未圆'之句，君子以为知道。"这句话是说，如果如日中天，这个日头下一步就会缺损；如果月上中天，满月之后也会亏损，所以好的状态，并不是一直非常满、非常好，而是"花未全开月未圆"。

为什么这种不满的状态，反而是特别好的状态？曾国藩之后又这样说："自仆行军以来，每介疑胜疑败之际，战兢恐惧，上下怵惕者，其后恒得大胜。"自从我开始带兵打仗以后，每当我怀疑自己是不是能战胜，觉得很恐惧、很担心，出现这种状态的时候，往往我能得胜。"或当志得意满之候，狃于屡胜，将卒矜慢，其后常有意外之失。"与之相反，当我屡战屡胜，觉得自己已经是常胜将军了，自己跟我的团队都非常骄傲，往往这个时候就会出现大败。

曾国藩的秘诀都是所谓的家常话，我的作用是给大家指出哪些家常话是真知灼见。这些真知灼见，如果你能身体力行，就会产生跟别人不一样的效果，就能成就跟别人不一样的事情。

我认为，最圆满的人生状态，不是得到一切，而是满足现状，满足在路上。在整理《曾文正公嘉言钞》的过程中，梁启超通常不太会补充自己的看法，但是在这则下边，梁启超按捺不住补了一句："处一切境遇皆如此，岂唯用兵？"意思是，曾国藩说的这个道理，适用于一切境遇，不只是用兵打仗。

想起我在协和学医时，老教授们反复强调的一点，是《诗经》里的八个字——"如临深渊，如履薄冰"。这种焦虑感，其实是成事人的助推剂。但设身处地想一想，如果一年三百六十五天，十年、二十年，甚至三十年，几乎所有的时间都在"如临深渊，如履薄冰"，你觉得这是很好的一辈子吗？

"如临深渊，如履薄冰"一辈子，想想都悲催。但只有长期"如临深渊，如履薄冰"，才能抑制住自己走捷径的冲动，才能让这个世界变得更美好一点。

在曾国藩的这个观点之后，补充四点。

第一，世界上没有"容易"二字

认为容易的，一定会败得很容易。为什么我不能一劳永逸？为什么我不能认为容易？因为，无常是常。并且，世界上存在很多人，这些"很多人"，很有可能是你的竞争对手；世界上每天还会产生很多新人，这些"新人"，也会是你的竞争对手。

如果你认为自己可以躺在所谓的成功、所谓的护城河，躺在这些巨大的优势之上一劳永逸，就会发现自己的优势在快速消失。一定要记住，世上没有"容易"两字，如果想做一生成事的修行，就不得不经常保持焦虑。

第二，成事，不是一直快乐的

我想各位一定要清楚，其实成事是一个很艰辛的过程，快乐、爽，只是一时的；相反，你应该长期感觉到的是，一直焦虑，一瞬间牛×。

拿我自己举例，我有快乐的时光，但多数是焦虑的。在协和的时候，那些教授说，你要"如临深渊，如履薄冰"，把自己当成患者和死神之间最后一道防线，你要充分地去了解这个世界上关于这种疾病的一切知识，等等。就在这种教育下，我一直担心自己是不是知道得足够多，自己做得是不是足够好。

在麦肯锡，我们有一个不成文的说法，就是只有你梦见在解决客户的问题，只有你担心客户的问题比客户担心自己的问题还多的时候，你才能成功，你才能成为一个合伙人。所以在麦肯锡接近十年的时间里，我一直是把客户的痛苦当成自己的痛苦，甚至当成比自己的痛苦更大的痛苦，把客户的管理问题当成自己日常中最重要的问题。在这么一种忧患意识下，在这么一种焦虑感的陪伴下，才没有出太大的问题。

第三，如何长期有焦虑感，而没有焦虑症

焦虑感是不得不有的，是重要的，是某种成事的重要基石。但

是这么焦虑,这么长期焦虑,怎么能避免焦虑症?和大家分享一些我认为有效的措施,能让焦虑感相对少一些,不太影响自己的身心和生活。

比如,扯脱。什么叫"扯脱",怎么扯脱?"扯脱",就是把自己从自己焦虑的事情上拉开,像把一张皮和一块肉撕开。怎么做?跑步。三千米不够,五千米,五千米不够,十千米,跑得慢了不够,跑得再快一点。当然,跑步有可能是有危险的一种活动,各位要做好相关的检查,穿好相关的鞋,用好合适的姿势,以及在跑步之前要做好放松,之后要做好拉伸,等等。

还有什么有效?喝酒。喝酒至少能让我放松,吃喝嫖赌抽,坑蒙拐骗偷,这些事不敢干,如果还能有点放松的方式,我想还是保留一点喝酒的习惯。不是酗酒,至少能够喝一点,放松一下。

还有什么有效?读读杂书,和好朋友聊聊天,和家人喝喝酒。我妈尽管有千般不是,尽管我妈也觉得我有千般不是,但是我俩至少还能分一瓶葡萄酒,这已经很幸运了。有这么一个八十岁的老母,还能跟我分一瓶葡萄酒,然后她骂骂我,我骂骂她,把酒分完,我已经很开心了。

还有什么有效?有很具体、哪怕很窄的一个爱好。比如,我的导师郎景和,他除了爱好做妇科手术之外,他还爱好书道和收集铃铛。他的办公室里堆满了各种各样、世界各地的铃铛。他喜欢写写书法,我们会探讨一下他写的字、我写的字,他会拽一张他写的字给我,我会拽一张我写的字给他,两个人互相吹捧一下,焦虑症能稍稍好一点。

除了扯脱之外,另一个我认为能够避免焦虑症的方式,是树立无我的三观。

要把事情放在个人之前，放低自己，放大事情本身。我们立一个更宏伟的志向，立一个让世界更美好的志向，便把这件事放在自己之前。如果说在做事的过程中，永远第一位想的是我、我、我、我，焦虑感容易越来越重。如果你把成事、把一个更高远的目标搁在自己之前，你会发现，焦虑感相对容易控制在一定水平上。你会觉得，我尽我自己最大的努力，这件事成了固然好，不成，我也只能说我尽力了。无常是常，"无可奈何花落去，似曾相识燕归来"，有这种无我的心态，焦虑感就不会有那么重。

第四，尽一切可能，保持你的睡眠良好

小时候一直认为睡眠是一种浪费。一个人，一辈子，每天要睡五六个小时，一辈子很可能三分之一的时间是在睡眠中度过的。但是后来我发现睡眠其实不是浪费。

虽然我们不知道睡眠背后到底是什么样的科学基础，但是睡眠很有可能在帮我们消化、分析、清除信息。一些有用的信息，它会重新组织；一些没用的信息，它会打扫干净；一些负面的情绪、负面的能量，它会相对消除。我经常问一个人，你睡觉睡得好不好？如果他睡觉还好，基本上他心理不会有太大的问题；如果睡觉不好，那就应该提出非常明确的警示。

至于如何把睡眠搞好，这又是一个挺大的议题，但是请各位注意自己的睡眠质量。从我自己来看，做了这么多年管理工作，哪怕白天有再大的烦心事，我晚上出现失眠的情况，一年不会多于两次。在这么繁重的工作和写作过程中，能保持相对好的精神状态，睡眠帮了我大忙，希望我的睡眠在未来的十到二十年，依旧保持一个好

的状态。

最后的最后,如果已经临床被诊断有焦虑症了,希望各位不要讳疾忌医。不要怕去看医生,哪怕是心理和精神科的医生,如果你有忌讳,去看看神经内科也是好的。过去三年,我每年都去在旧金山举办的世界医疗大会,非常明显地看到,除了现在已经证明有很好疗效的一些药,已经有十几种、二十几种跟精神相关的药在研发当中。所以希望各位,如果真的觉得焦虑感已经自己不能控制,已经对自己的情绪和生活产生了重大的影响,那还是要去看看医生,吃一点药。

焦虑感是成事、持续成事、持续成大事所必需的。但需要管理好焦虑感,不要让它严重到成为焦虑症。

在模糊中接近精确

如何管理模糊？这是一个很有意思的议题，也是一个很有意思的角度。

管理，大家说，不就是把事从头做到尾吗？不就是管管自己，分解、管管项目，大家分分活儿、把事儿干了，看上去是非常容易的。它不是天体物理，不是固体力学，不是天气预测，看上去没有什么难的。

坦白说，我在麦肯锡工作期间，除了极个别的一两个项目，那十年几乎没有用过超出小学四则运算应用题的数学知识。当然有些模型，我做 Associate（合伙人）、做顾问的时候，自己做过。但管理中的难度到底在哪儿，管理人才为什么稀缺，一个核心原因："一切皆模糊。"

第一，一切皆模糊

什么叫"一切皆模糊"？

从你自己开始，你自己就不是一个完全定型的人。在事业刚开始的时候，你可能充满斗志，想把这事干了。干成了，打了一次胜仗，又打了两三次，你可能变成另外一个人，开始轻敌、自信、自满了，认为自己一切都可以干了。而打了两三次败仗，你又会发现自己丧失了信心，开始手足无措，不知道怎么办、怎么跟别人打交道。

因为情况的变化，你自己有可能产生翻天覆地的变化。那你怎么用比较快的时间，在非常有限的几个候选人里面，挑出最适合做某件事的人？这需要很多的经验和直觉。

另外，你的团队也可能会发生变化。开始跟你一块儿吃苦的人，将来不一定能跟你享受成功的快乐，他说，小富即安，我们已经把仗打了，已经把望京都"占"了，望京的啤酒摊儿都归我们了；我们收入也不错，可以回家抱抱老婆孩子，可以过余生了；我干吗不在望京好好待着，望京之外，我还要去东京？

再者，事情也可能是模糊的。你在望京能行得通的方式，放到东京，很可能就行不通了。语言不一样了，人的处事方法可能也不一样了。比如，如何开好一家咖啡店？很多人以为，我会喝咖啡，我爱喝咖啡，又有其他潜在的客户想喝咖啡，我就能开一家好的咖啡店。一定不是这样的。

知人很难，晓事也很难，把人和事配在一起，也是一件很难的事。把不对的人，搁到对的事上，会出错；把对的人，搁到不对的事上，也会出错；你只有把对的人，搁到对的事上，这件事才有可能做成，这个人才有可能成长。

如果事不是一个人做，有些人做得好，有些人做得差，但做得好的人，可能是道德低下的人；做得差的人，可能是道德感很强、非常有职业感的人，这些人怎么权衡，怎么取舍？其实一旦到现实生活中，管理就会变得非常麻烦。麻烦的起点，也是好玩的起点，即它的模糊性。

第二，如何处理模糊性

如何在一个模糊的管理世界里，处理好模糊性？我用一个框架来聊聊这个事情——华润成功五要素。

我在华润负责过整个集团的战略。这个集团有二十几个一级利润中心，一级利润中心就是从事的不同行业。非常难讲华润是做什么的，但很好讲华润不做什么。华润不做军火、娱乐，其他的，我几乎想不到它不做什么，从水泥、电力到住宅，从零售啤酒到水，它都做。我们是如何管理这些复杂的行业的？如何在这么多的行业里边，差不多都能做到行业前三？一个重要的商业模型，就是华润成功五要素。

1. 选一个好的 CEO，好的一把手；

2. 为他配一个能够跟他共同工作，又能跟他形成互补的核心团队；

3. CEO、团队、相关人员一起制定出一个制胜的、扎实的战略；

4. 确定战略激励方案；

5. 在战略执行过程中，建立防火墙、护城河，建立这个机构本身特有的竞争力。

这是一个在很多领域都实用的成功五要素。

这五要素中，第一个，也是最重要的，是选一个好的CEO，而选一个好的CEO，太难了。

不能光看教育背景，很多人都上过好大学，很多笨得不能再笨的人都出自特别好的大学；不能看他在大公司工作过，大公司也培养出只会说话、不会干事的人。那具体怎么选人呢？看以下几件事。

1. **脑子**。看他是否有结构化思维。你有一妈，我也有一妈，我妈看上去很有思想，很有脑子，但是你听她说十分钟话，你在这十分钟话里完全听不到结构。但适合做CEO的人，他的思维是结构化的，这种结构化的思维能够帮助他处理模糊性。

2. **看他有没有嘴**。有脑子，是能不能结构化地把事想明白；有嘴，是能不能结构化地把事说清楚。1、2、3……，1再分1A、1B、1C……，不重不漏，符合金字塔原则，把事说清楚。

3. **判断**。能够在多数情况下，在模糊的商业环境中，在东一嘴、西一嘴，你团队有不同意见的情况下，能够做出基本符合常识的正确判断。有常识，听上去简单，实际上没那么容易。

我也见过挺多的人，包括特别熟悉的几个朋友，脑子看上去很好使，非常结构化思维，也能说，说得头头是道，非常有条理，但如果你信了他的结论，你两三年就荒废了。

我有两个出版家朋友，其中一个出版家，曾经在2009年跟我语重心长地讲，冯唐啊，我劝你多写短篇小说，虽然你长篇已经出了几部了——那时候我《不二》已经写得七七八八，已经出了"北京三部曲"。他说，重点突破一下短篇小说，杂文、长篇先放一放；现在的人阅读时间越来越短，读长篇小说越来越少，都去读短篇小说了；短篇小说是未来的趋势，会越卖越多。

我听了，但是又没全听，幸亏我没全听。我听了他的话，写了短篇小说集《安阳》，其中的确有两部短篇卖了电影、电视改编权，但是幸亏没有全听他的话。因为我当时心里笃定地认为，作为一个文学家，长篇小说是颠扑不破的基石，是所谓的能压箱底儿、能压棺材底儿的东西，其实现在看来也是的。纵观古今中外文学史，真靠短篇小说成名成家的寥寥无几，过去有契诃夫、莫泊桑、欧亨利，近代有博尔赫斯，但是这些都属于凤毛麟角。想把短篇小说集卖好非常难。

其实我们耳熟能详的几个作家，我一直渴望看到他们的长篇，比如王小波，可惜他只有三个中篇，太遗憾了。这几个中篇，因为篇幅小，没有足够的力量能够把一个问题、一个断面、一个时代、一个困境讲透。

如果你想走文学之路，短篇小说可以作为相对次要的爱好。至少在前期，在你长篇小说卖好之前，最好不要走这条路。这就是我说的"判断"。

4. 长相。我不得不说，挑长相是有一点欺负人，但按长相来评判这件事是有些道理的，唐朝的时候选官，就要选长相。

为什么要挑长相？长相不只是说脸，而且是说整体给人的感觉。一个整体让人觉得长相好的人，无论男生还是女生，他成功的概率越高，得到的机会就越多。在你特别忙的时候，一个长相特别好的男生或女生，约你吃个饭，和一个长得像猪八戒或猪八戒他二姨的人，请你吃个饭，你觉得你跟谁吃饭的概率会大一些，一定是长相好的那个人概率会大一些。

"长相是成功的加分项"，虽然很多人讨厌这句话，但在管理、实践中，挑个长得好的 CEO，会让业务变得容易一些。

选好了人，之后这个 CEO 的模糊性怎么办？怎么用这个

CEO？怎么培育以及怎么挽留这个CEO？

有个词——"业绩管理"（Performance Management），不管你是张三李四，不管你是黑猫白猫，不管你用什么样的方法手段，前提是方法手段合情、合理、合法，不能违法、违背人情、违反道德，在这种情况下，能把事做成，就是业绩管理。通过业绩管理，看他能不能做成事来决定：一、是不是继续用他；二、给他补充什么样的培训、培养；三、要不要留他，是要升他，还是要降他，还是让他继续做现在的事。

选、用、育、留，是对CEO、一把手的模糊性进行管理的最佳手段。

选人，特别是选一把手，其实风险很大。你选了之后，意味着你要信任、辅助他，之后几年，你要交给他团队，不仅是核心团队，还有跟着核心团队的几百、上千甚至几万人。

我离开华润之后，在中信做投资。我们讨论，什么最重要？投资到底投的是谁？发现说来说去，投的还是一把手这个人，特别是一个发展中的经济体，一把手选对了，其他的都相对好解决，一把手选错了，其他的你用再大的力气，解决的都是夹生的，总好像隔了一层，隔的这层就是这个一把手。

华润成功五要素中的第一点，也是最重要的一点：是如何在模糊的环境里选好一个CEO。一个好的CEO要具备：结构化思维的脑子，结构化清晰表达的嘴，常识很好的判断，以及长相。

华润成功五要素的第二个，选出了一个CEO，怎么给他配团队？

关于团队，关键是：一、能跟CEO一块儿工作，不能见面就掐；二、能力上跟CEO互补。

比如，CEO善于跟人打交道，善于做判断，那他有可能对细节的把握相对欠缺，对周围人的照顾可能有问题，可能脾气大，没有耐心跟做具体业务的人仔细交流；那么就需要给他配一个做实事的、耐心细致一点的人来辅助他。如果CEO擅长战略、具体运营，那可以给他配一个财务、法务概念好的。最忌讳的是把两个能力、年资、背景、学历、特点都类似的人搁在一起，这几乎是引向悲剧的菜谱。

华润成功五要素的第三个，制定一个制胜的战略规划。如何在战略规划中处理模糊性？简单来说，要有一个动态的观点。制订商业计划的第一步，是根据过去五到十年以及现在的情况，来确定未来主要的战略方向和举措。

你要问自己几个问题：未来五年、十年市场会有什么巨大变化？你的竞争对手可能有什么最重要的变化？在你从事的领域，科技会有什么样的重大变化？你的行业的商业模式可能有哪些最重要的变化？把这些变化考虑进去。

这四个主要变化，就是让"大行业""泛行业"产生巨大改变的事情。

在这个基础上，再问自己几个问题：如果出现这些变化，你有什么样的应对策略，需要什么样的能力？这些能力，你现在的团队具备不具备？如果不具备，你在什么地方可以找到，什么时间去补充？就用这种相对动态的、结构化的思维，来弥补经典战略规划通常出现的僵化问题。

华润成功五要素的第四个，激励。光拿理想激励人，可能能激励一部分人，但不一定能激励所有人；可以激励一部分人一时，但不能激励这部分人一辈子。所以还要制订一个激励计划。

制订一个好的激励计划,还有很多技术细节需要评估、考虑,这里就不展开了。针对模糊性,强调两点。

1. 一定要有激励性,不能吃大锅饭。年终奖,经常领的是"相对平均奖",这人可能拿了两万二,那人可能拿了两万一,其他人可能拿了一万八、一万九,这不叫激励计划。激励计划就一定奖到有些人会笑,有些人会哭,至少在心里哭,这才有激励性。

2. 激励要跟战略挂钩,要公平。制胜的战略计划定了,如果不跟激励计划连在一起,是没有用的,是没有牙齿的。原来我在华润战略部管战略规划,也管战略激励,战略激励是将来整个团队以及团队的核心人员需要进行多少中长期激励,三年之后让他们能拿到多少奖金,这个计算的方式方法,由我的团队来定。至于最后怎么结算这个钱,由人力资源部定。这是我们当时管理的创建。否则,很有可能出现战略是战略,执行是执行,激励是激励,这是我们想避免的。

华润成功五要素的第五个,在战略实施的过程中,逐渐建立团队的核心竞争力。核心竞争力,是在多个重要运行流程和管理流程上的核心点。

比如,核心能力可以是新品开发能力,可以是整合营销能力,非常清楚如何把一个新品牌用最少的钱、最短的时间、最小的力气(所谓最小,可能都不一定小)推向市场;可以是培训能力,在保险行业需要大量、长期地培训新的保险销售人员(因为这个行业流失很大)。刚才所提到的,我可以列出一百项,都有可能是你团队的核心竞争力。

有一点一定要警醒,个人能力并不等于组织能力。"护城河""核心竞争力""防火墙"都是指组织竞争力,是组织最闪烁的三四个核心能力。为什么是组织竞争力？就是组织缺了一两个人——别人给翻倍工资，走了——组织核心竞争力并没有受到颠覆性的影响。如果离开一个人，核心竞争力就没了，那这个组织就是不稳定、有风险的。

如何成功转型

企业如何平稳度过转型期？当下面对互联网、人工智能等的冲击，很多企业尤其是传统企业，不得不变革转型，否则就一定会被淘汰。但对多数传统企业来说，面对新技术排山倒海式的碾压，很容易自乱阵脚。面对这种逃无可逃的处境，企业应该如何找到转型关键的切入口，又将如何平稳度过转型期？

我之前讲过战略管理，自己又是名正言顺、货真价实的战略管理专家，但是一直缺一些更具体的例子来翔实地谈论战略问题，下面用传统战略管理的理论来浅谈一下转型管理。

第一，设定战略

无论你是新企业，作为一个攻击者，还是传统企业，作为一个防守者，都需要一个好的制胜战略。

如何用传统战略管理理论来思考传统企业的防守战略？四个步骤。

1. 明确何处竞争？Where to compete？男怕入错行，女怕嫁错郎，一个企业最重要的是选对在何处竞争。这个何处竞争又有两小步需要仔细考量。

（1）细分市场。你面对的市场到底可以细分为多少个小市场，不要太琐碎，也别太简单。从两到三个维度细分，得出最好不少于5个，不超过20个的细分市场。用什么维度来分？比如可以按等级分高档、中档、低档；比如按地理区域分，中国的、国际的，城市市场、农村市场等等；比如按消费场景来分，啤酒有现饮市场，像在餐厅、酒吧、KTV，还有超市、电商市场等等。细分市场最好能做到不重不漏，你分出的若干个市场，合在一起就是市场的全貌，彼此之间又没有重叠。

（2）细分市场已经分好，接着要沿着两个维度确定哪块细分市场应该去竞争，一个维度是市场吸引力，一个维度是企业竞争力。这些细分市场的市场吸引力有多大、有多小？针对这些细分市场，你企业的竞争力是大是小？画一个 x 轴，一个 y 轴，x 轴是市场吸引力，y 轴是你自身企业的竞争力。

市场吸引力又可以分下一级的指标，比如市场大小、利润率、竞争情况等。针对不同的市场，实际上市场吸引力的指标也有不一样的地方。

怎么来判定企业竞争力？企业竞争力也可以用一些二级指标来看。比如研发能力、生产能力、销售能力、市场营销能力、渠道掌控力等。也可以看企业规模大小、盈利水平、核心资源的拥有。企业竞争力也是根据不同市场细分而重新定制。市场吸引力、企业竞争力，沿着这两个维度去看哪一些市场细分是你应该去把握住的，应该去积极争取的。

在决定如何竞争时，有两个非常容易忽略的地方。

一是要动态看。除了要看现在，看过去，还要看到未来，未来有没有可能出现颠覆性的变化。

举一个例子，手机摄影、摄像能力，编辑能力越来越强，会不会对便携式电子相机造成摧毁式的影响？很有可能。15年前，做电子相机的战略，那个时候如果你不能预估到智能手机的涌现以及智能手机的摄影能力，很有可能你的战略做的是错的，你把重点放在便携式电子相机上，这样就会造成战略上的错误。在决定何处竞争这一点上，要考虑动态。不仅看现在，还要看未来，特别是未来有哪些颠覆性的变化。这些变化包括技术上的变化，还包括社会环境的变化，比如新冠病毒。

二是企业竞争力也是可以改变的。企业竞争力的短板，可以通过招聘、培训、在职锻炼补上。如果某个细分市场，它的市场吸引力足够大，你还可以调兵遣将，还可以在市场上抓一些人才，帮助你去特别有吸引力的细分市场竞争。

我强调一点，不要丧失信心，传统企业并不是完全没有优势。现在电商很火，网上带货很火，是不是地面店就没有用处了？是不是地面店选址这种能力就完全跟社会脱节呢？不是，苹果在选地面店，麦当劳、星巴克也在选地面店。他们喜欢地面店有广告作用、展示作用。如果地面店选址、条件谈得很好，比如排他性、租金，比如相关条件，即减即免等，如果你的团队、公司有很强的地面选址、装修运营能力，其实在现在电子化互联网化的时代反而是一种优势。

2. 如何竞争？

传统企业在互联网和人工智能的冲击下，如何防守，如何竞争？说得更具体一点就是商业模式，从头到尾如何把产品和服务递交到用户手里。哪些自己做？哪些外包？用户如何知道你的产品和服务？怎么打广告？怎么挖掘用户？用户在哪里？他们是谁？用户为什么会觉得你的产品或服务值得？如何吸引新用户？如何留住这些用户？如何让他们的购买频率加大？如何让他们购买一些除了核心产品之外的衍生品？四个核心词：拉新、留存、提频、裂变。这一系列的问题，你都要问自己，跟自己的团队想清楚，说明白，落在纸上。

特别要注意的是在大变革的时候，有重大的技术突破或大逆境，你需要做新业务，需要打碎原有的商业模式，要用全新的商业模式的时候，不要让老人领导新人，要给新人足够的决策权、足够的资源。在变革期，在传统企业防守期、试图平稳过渡的时候，最常见的错误就是让老人领导新人。官大的领导官小的，老人领导新人，有经验的领导没经验的。但问题来了，老人虽然对公司熟悉，对过去的业务熟悉，但是很有可能他面对新的技术冲击、新的商业模式，他不如新人会打胜仗、会打新的战争。在这种时候，你因为老人的资历、级别，自然地让老人去领导新人，那么新人对于新业务的冲劲和理解，对于新的商业模式的把握，都会给老人造成很大的挑战，十有八九老人不会听新人的建议，而且新人在和老人做建议和交流的过程中，会消耗很多的管理精力和时间，所以面对新的技术、商业模式的冲击，大胆起用新人，给他足够的政策、足够的资源、足够的决策权，才能杀出一条血路。

3. 何时竞争？

不要同时做一切该做的事，饭要一口一口吃，事要一件一件做，或几件几件做，不要眉毛胡子一把抓。制订好行动计划，谁什么时候做什么事，需要什么样的资源，需要什么样的配合，最后他有什么样的递交物，列出行动计划。尤其是知道谁负责什么事，负责在什么时间递交什么最终结果。因为你需要知道如果事情做成了，奖励谁。如果事情没做成，板子打谁。

以上看似简单，但仔细想想，我们开的会，制订的计划，到最后开始干的时候，有多少人清楚，如果干成了，谁应该得什么样的功劳？如果没干成，板子应该打谁？一个好的战略、好的商业模式，往往因为责、权、利不清，造成推不动，最后痛失好局。

如果想要守住价值、转型成功，还得计算一下资源投入，以及业务、财务回报。

在确定资源投入，业务、财务回报预测的时候，需要注意的是，不要赌博。在商场，我没有见过赌赢的，只见过靠战略制定和战略执行赢的。算准如何能赢，然后执行，最后取得胜利。即使这样都可能输，何况瞎蒙。有人说我瞎蒙蒙对了，即使你蒙对一次，下一次蒙对的可能性依旧很小，连续的小概率好事是不可能持续发生的。

另一个需要注意的，在资源投入和财务回报预测上，不要撒胡椒面。不要有照顾的心，不要一碗水端平，要突出战略重点。如果撒胡椒面，一碗水端平，根本就不需要做战略。比如，你有七个副总，你给每人2000万元让他们去干，这种撒胡椒面、照顾人的心态，又是战略管理里边一个大忌。商场如战场，不要照顾情面，这是输赢问题，生死问题，成事与不成事的问题。

第二，战略执行

战略制定好了，下边就是战略执行。战略执行跟战略制定不太一样的地方，是战略执行的变化要更多，这里无法用一套东西来概括所有的战略执行，但战略执行上要注意三点。

1.**战略笃定性，战略不能总变**。我见过战略中等偏上，但是执行坚决，这个仗打赢了，但我从来没见过，三天两头换战略能赢的。比如我今天想写短篇，明天想写中篇，后天想写长篇，这么折腾几天之后、几年之后，我成为一个小说大家，不可能。比如餐厅，今天做粤菜，下个月做鲁菜，再下个月做淮扬菜，这么折腾三年之后，成为米其林三星餐厅，不可能。并不是说过程中不能商量，每天、每周、每月结束之后，大家一定要坐下来商量，复盘，但战略确定后，过程中商量最多的应该是战术问题，而不是重新修订战略问题。

曾国藩说："用功譬若掘井，与其多掘数井而皆不及泉，何若老守一井，力求及泉，而用之不竭乎！"讲的就是战略笃定。在这个世界，有才华、有技术突破的公司毕竟是少数，我们大家只有用功，老守一井埋头往下挖，才能自己养活自己，不给别人添麻烦，这是安身立命的基础。

曾国藩还有一句话："心欲其定，气欲其定，神欲其定，体欲其定。"一言以蔽之，安定，别浮躁，别东张西望，别一心三用。心浮、气浮、神浮、体浮的时候，别玩手机了，别心慌了，别打电子游戏了。躲进图书馆、健身房、山林或者墓地，这些外围环境能帮你静静。简单地说，在有冲动乱改战略的时候，请管住自己，这样对团队的好处要远远大于坏处。这也是你当 CEO 的重要责任，就是笃定，在别人慌的时候你不慌，在别人想要退却的时候你不退却，你有战略笃定性，你有这份信心。

2. **先求稳当，次求变化**。先以运营现金流为正、为首要目的，先养活自己，再求发展。曾国藩说："打仗不慌不忙，先求稳当，次求变化；办事无声无臭，既要精当，又要简捷。"这是一副对联，是给老吏断狱的经验之谈。上联说是做事的次序，先求稳当，次求变化；下联是做事的手法，既要精干，又要简洁。做事的次序和手法都不能错，闹闹哄哄耍心眼，走捷径的，总求热闹，总求自己的光环，总想闪烁的，这些人都是不能长久成事的人，长久成事的人都是不慌不忙、稳稳当当、无声无息，把事干好的。战略不能老变，战略执行先求稳当。

3. **战略执行的时候，要做结果管理，奖勤罚懒，奖优罚劣**。业绩不向辛苦低头，辛苦是很正常的。价值观不向业绩低头，业绩好当然要奖励。但是在得业绩的过程中，如果不能遵守达成一致的价值观，也不能奖励，甚至还要受罚。如果破坏了诚信，吃喝嫖赌抽，坑蒙拐骗偷，拿了再好的业绩，价值观如果不对，也不能容。

知可为,知不可为

"天命"重要,但很少有人系统地讲过,我勉为其难,试讲三点。

第一,有没有"天命"

我的答案是:有"天命"。

比如,赤壁之战,周瑜万事俱备,只欠东风。在那个时代的科学条件下,没有严格的统计,天变来变去,"天命"对于一场战争就非常重要。

比如,新冠病毒。哪怕极其聪明,有远见,关心他人、地球命运的人,也很难预料到新冠病毒;那么多做战略的人,包括我,也很少能想到半年后病毒会是什么样子;再往后想,病毒会不会彻底改变人类命运?人们会有些猜想,但是猜想到最后还是要看"天命"。

例子其实比比皆是,再比如,AI。谁的工作会被 AI 夺去,什么时候、用什么方式夺去？在 AI 之下，国家、民族、宗教、政治、经济会有什么样的变化？"天命"又在过程中起到相当重要的作用。

具体到人，有所谓的成功十要素："一命二运三风水，四积阴德五读书，六名七相八敬神，九交贵人十养生。"第一谈的就是"命"，我的理解就是"天命"。你生下来，你父母基因的重新组合，已经决定了你全部基因的构成，这些基因构成在你未来的成长环境里起到的作用，甚至大于我们愿意想象的程度。随着科学的发展，人们发现一出生有很多事情已经被决定，只是我们并不知道，哪些东西决定了哪些东西。

我管理的医院里，曾有一个脑科，处理过很多癫痫病人。有些病人就是喜欢拿脑袋往墙上撞，医生不得不给他们戴一个巨大的头盔，在头盔里再包上很多软布、海绵、棉花，怕他撞墙的时候把头撞坏。以头撞墙，真的完全是后天造成的吗？足够的科学研究证明，这些精神表现其实是有基因基础的。这些基因基础在很大程度上就是某种"天命"，你父母决定不了，你也决定不了，是人为控制不了的东西共同决定了基因的组合，这种基因组合的形成就有很重的"天命"成分在，至少我这么认为。

第二，人力的作用是什么

用尽"天命"，替老天用尽自己这块材料，在这一过程中，尽量不给别人添麻烦，让世界变得更美好一点。

1. 无常是常，诸法无我，我们个体是渺小的，我们控制不了那么多跟我们相关的力量。

比如，如果我能预知明天任何一只股票的走势，那我什么都不用干了,可是我做不到;比如,有了天气预报,我可以知道明天的天气,但是我能改变明天的天气吗?再往后说,国运、地球运、宇宙运,作为渺小的个体,更是控制不了。再往自身看,谁能真正控制自己的血压、血糖、心跳、血脂,甚至体重?我们经过长期的努力,不借助药物,或许勉强能控制体重,控制血压、血糖、血脂,但是从大范围来看,我们是非常无助的,生老病死,能做的有限。

2. 在"天命"之下"我"是渺小的,但是"我"也是力量的一种,"我"的力量越大,我在"天命"中的成分也越大。

比如,我可以控制我今天晚上的睡眠,从控制今天晚上的睡眠,延伸到控制一个礼拜、一个月的睡眠,时间长了,我对睡眠质量的控制能力可能越来越强。再比如,我试图控制体重,管住我的嘴,迈开我的腿。在很具体的、我可控的事情上,我的力量占"天命"力量的比例要非常大。

3. 在有些情况下似乎可控的东西并不多,但是一个人的能力有可能是核能量。

某些时候我看自己努力去做的一些事情,是过去几十年没有人做过的。举几个小例子。

比如,《不二》。我把《不二》当成送给自己四十岁的生日礼物,在四十岁生日之前的三年,拼了命地用酒后的时间、假期等一切可以挤出来的时间,在每周八十个小时的繁重工作下,把《不二》这本小说写完。

比如,"春风十里,不如你"。这有可能是21世纪最知名的一句汉语诗,有可能是最知名的一句地球诗。

比如,工作。我通过一些个人努力,抱着试试看的心情,是我读的那所商学院里第一个进麦肯锡的人,是在麦肯锡第一个升合伙人的中国医生。

……

我有时候在想,一个人这么渺小,在大环境下可控力非常低,但如果认准一件事,算准一个有可能的概率,然后扑上去,往死里去努力,有可能"天命"就跟着你往前走一阵,甚至能让你个人渺小的能力,放大成核能。

第三,管理"天命"

1. 知道自己。这像句废话,但知道自己是不容易的。如果你想知道自己的潜力,要从不自信开始,不装、不骗、不走捷径。如果不是金城武,就不要总暗示自己帅得像金城武一样,只是被埋没了而已;如果不是周润发,就不要总暗示自己风流倜傥像周润发,只是被埋没了而已。

除了不骗自己,还有什么办法知道自己?进世界最好的大学,见你感兴趣的领域最强的导师,读你感兴趣的领域最好的文章,看到自己和最高智慧之间的差距。有可能你说,我看了,没差距。那恭喜你,你就是这方面的天才。

再说一些小诀窍。

不知道自己在哪方面潜力最大,怎么办?"广种薄收",各方面都试一试,乐器、美术、毛笔字、文学、高等数学等你都试一试。一个非常实用的叫"三口原则",喜欢不喜欢,吃三口。很多东西,哪怕你有天赋,第一次吃你不见得觉得甜,吃三口,还觉得没意思,放弃。

2. 尽自己的潜力,掘井及泉,不要轻易放弃。发现自己在某方面似乎比多数人要强，到底是比 95% 的人强，比 99% 的人强，还是比 99.999% 的人强？不知道，那就不高看自己，也不低看自己。仗，一场一场打；事，一件一件成。尽自己的潜力，掘井及泉，不要轻易放弃。

3. 不要欺负"天命"，不要赌命，特别是不要拉着别人赌命。

我周围一些好兄弟最后出现的问题是：他非常知道自己，而且非常努力地尽了潜力，"天命"对他的确是太好了，让他的成功大于他的潜力，也就是，命好。问题来了，他不认为有如此的成就是因为命好，他认为人定胜天。他再去渴望更大的"天命"，突然发现对自己的判断失去了平衡，他在驾驭自己驾驭不了的场面，开一辆自己驾驭不了的车。把自己的命，甚至周围人的命赌上，会出现惨败。

必须声明，上述只是我作为一个成事修炼者的三观。

"天命"，是一条大河，如果不想成事，找最省力、最简单的方式活着，一点错也没有。我身边也有这样的朋友，一辈子很少甚至从来不工作，吃、喝、睡、简单、快乐，有错吗？没有。他们是不是真快乐？也不一定。月明星稀，午夜之后醒来，看着天空，并不是所有人都能够体会和享受最简单的快乐。成事，不见得适用于所有人，但是不成事，找最省力、最简单的方式活着，也不见得适用所有人。

多数时候，尽人力，"天命"随，但是大势有时候还是不受个人意志转移的。大势如果不让你做，尽管你终于有了某种极其少见的能力，尽管你放下了一切个人得失，就是想把这件事办成，你还是办不了。甚至你个人的健康——"出师未捷身先死，长使英雄泪满襟"——身体顶不住,那怎么办?你如果选择积极认可、积极放弃、积极等待,你的健康可能反而会变得更好,下一个"天命",身体还能撑得住,你还能等得到。

学会了屠龙技,十年磨好一剑,但是没有龙可以去杀,没有仗可以去打,也是不容易的一件事。如何放下屠龙技,放下这把剑,也需要一些身心修行。

人生如赌场，一言一行是赌注

人生如赌场，职场如赌场，一言一行是赌注。

太复杂的因果，不见得能说得清楚因果关系。我原来学医，一直试图在医学里边建立因果关系，后来发现因果关系其实很难建立，更容易建立的，往往是相关关系。相关关系是什么？就是比如，你出门带了把伞，忽然下雨了，这个事情很难说清楚，是不是因为你带了伞，所以天下雨了；但很容易说清楚，是因为你带了伞，所以没有湿身。这是相关关系。

虽然因果关系非常难建立，但如果从一个大数原理来看，你一言一行，如果做得都对，做得都恰当，都符合中庸的原则，都符合成事心法的原则，你会发现你每个赌注都下对的时候，你成事的可能性、成事的概率就会大很多。虽然看上去人世间一派平静，或者看上去人世间跟你的一言一行都没有任何关系，但实际上，人生对于你来说就是赌场，职场对于你来说也是赌场，你的一言一行都是你的赌注，如果你每言每行都赌对了，你整个成事的概率就大了很多。

第一，下注，需要有强大的内心

曾国藩曾说："急于求效，杂以浮情客气。"你特别想用自己的一言一行，自己无数的言和无数的行，去追求迅速产生效果，可你又心浮气躁，又考虑到很多与所追求的无关的因素。比如，这件事如果做成，谁得利，谁不得利。"则或泰山当前而不克见。"泰山出现在你面前，你却完全看不见。

"以瓦注者巧，以钩注者惮，以黄金注者昏。"拿一片瓦当成赌注，相对负担小，内心的纠结少，反正输就输了，丢一片瓦的事。"以钩注者惮"，拿玉钩当成赌注，你会发现，内心会很纠结，很担心，万一输了，玉钩就是别人的了。"以黄金注者昏"，拿一吨黄金、七吨黄金当成赌注，会发现，下注的时候，下注的人就已经心慌意乱了。

最后曾国藩说："外重而内轻，其为蔽也久矣。"你并没有一个浑蛋到强大的内心，但是你外在做的事，你外在放的赌注太重了，这些赌注是你输不起的，你就变成了一个很累的人。

那我们如何看待这个问题，如何去赌？

这就涉及战术层面的技巧。

第二，敢赌，敢输，敢赌，敢赢

1.**敢赌的态度**。你不敢赌，一句话不说，一件事不做，这辈子也是会过去。可人活着总要说话，总要做事，所以该做做，该说说，不要因为大环境的起伏、个人境遇的起伏而停止做事。要敢赌，赌的方式就是坐言起行。但赌的技巧，是内心要沉稳坚固，心平气静，不要把赌注看得太重。这么着，你才能看得远，博得大。

2. 敢赌，敢输，敢赌，敢赢。越是能干的人，越是成就了很多的人，越容易心重，想赢怕输。你越是想赢怕输，越是容易动作变形，寝食难安，越是不能"治大国若烹小鲜"，你会离这个境界越来越远。"治大国若烹小鲜"，也可以反过来，"烹小鲜若治大国"。如果你迈不过这个坎，你再聪明、勤奋、能干，也就是一个诸葛亮；你迈过这个坎，就可能是曹操，是刘秀，是刘邦。你可能会问，冯老师，你感觉曹操、刘秀、刘邦，跟诸葛亮有什么区别？有句话叫"最善泳者，忘水"，最善于游泳的人，是能够忘掉水的；最善于做事的人，不认为自己在做一件非常难的事，他会认为成事、持续成事、持续成大事就是人生的日常。我整天唠叨，"管理是一生的日常，成事是一生的修行"，其实就是把做事、成事、坐言起行当成每天的日常。

存在，就是选择，说什么，不说什么，做什么，不做什么。真想做到这种举重若轻，就要记住，我敢赌，敢输，敢赌，敢赢。

举我自己的例子，我总在想，如果我把成事的结果看得轻一点，把成事的过程和成事中的一言一行当作一种享受、一种运动（一种体育运动、一种脑力运动、一种体力和脑力交织在一起的运动），一天天这样下去，只问耕耘，不问收获，到最后为什么能够有所收获的概率反而更大。因为我花在考虑得失上的时间特别少，我耗的能量就特别少。

我后来往回想，我写书，写毛笔字，写商业计划，做战略，等等，其实底层的心态是运动，是我在进行日常的玩耍。核心词是"玩"。

这个"玩",并不是不负责任地玩,而是说我尽了我的全力,"天命"的事情,我不能控制。我尽全力玩耍,负责任地玩耍,尽我所能带着我的团队去玩耍,最后成与败,赌场的结果似乎和我有关,但因为它不完全由我控制,在我做事的过程中,它和我无关。用这种态度把人生当成赌场,把职场当成赌场,认真地去玩,认真地去下注,把结果放在一边,结果往往都是向着好的一方去发展。

人生如赌局,并不是说大家可以毫无底线地去豪赌,而是希望大家把结果看得淡一些,不要在做一言一行的时候,总是花很多的精力、能量去考虑结果。结果不归我们控制,相反,一言一行,干干净净、诚诚恳恳地去下注,最后赌的结果会向我们微笑。

如何累身不累心

与自己的心共处,是一门学问。禅学是心学,成事学说到底也是心学,曾国藩有一句话:"扶危救难之英雄,以心力劳苦为第一义。"你想当个扶危救难的英雄,你要劳心劳力,不是脚踏祥云就是英雄了。

现在很多人都是心出现问题,整天累心、累身,我作为一个成事的修行者,分享三点——放字诀、活字诀、简字诀。

第一,放字诀

放什么?放空。为什么要放空?因为你心里如果装了太多没用的东西,其他的东西就很难进来,心里太多的东西也很难出去。这些都是放字诀要解决的问题。

跟大家分享一个达摩的故事,这个故事对我有点启发,叫"慧可觅心"。"慧可"是达摩的徒弟,慧可说:"我心未安,乞师与安。"我心里不安定,很烦,老师,求求你让我安定一下。老师说:"将心来,与汝安。"你不是让我修你的心吗,你不是让我安你的心吗?你把心拿来,我帮你安心。慧可想了半天,说:"觅心了,不可得。"或者这么断句:"觅心,了不可得。"我找了半天,找不到。老师说:"觅得岂是汝心?与汝安心竟。"你能找来的,那是你的心吗?我已经帮你把心翻过了。之后"慧可言下大悟"。

放字诀,说心要放空,你不放空,你就安不了。那怎么放空?用曾国藩的话,就是"勤劳而且憩息,一乐也"。干完一天的活,无论是体力活,还是脑力活,然后休息,特别开心。大家想一想,你玩命跑十千米,跑了五十分钟,然后咣叽一倒,你能不睡个好觉吗?"至淡以消嫉妒之心,二乐也。"安于淡薄,安于没名没利,安于默默做事,我用淡泊明志,用宁静致远,消除这种妒忌心,消除这种名利心,消除这种功利心。别人看不开的事,你看开了,那些看不开的,整天愁眉苦脸,虽然也可怜他们,但是你劝也没用,你看到自己能看开,便默默在内心给自己点了一个赞,"二乐也"。"读书,声出金石,三乐也。"读书——高声朗读,叮当作响,像拿筷子敲酒杯,像拿金属敲块玉,"三乐也"。曾国藩的这三个"乐",实际是三个放空心的过程。

再有一层,我多解释一下,人间有三个空间都叫"房",其实这三个空间都能悉心养性。

第一个空间,书房,即心房。你可以在书房里边高声朗读,朗读别人的诗,朗读自己的诗,朗读别人的文章,朗读自己的文章,声若金石,把心打开,把心放空。

第二个空间,山房,能够睡觉的地方。把自己的身体累个半死,在山房一睡，一觉万事空。

第三个空间，重症病房。什么意思？我经常去病房，大家可以去病房，特别是重症病房看看，你会感到自己特别幸福，幸福到什么程度？幸福到你觉得自己能走着出去就很幸福，幸福到自己能喝水、吃饭、睡觉、呼吸空气，自己溜达，自己看本书，这些一切的一切都是极端幸福的，在那一瞬间你就放空了。

第二，活字诀

什么是"活字诀"？曾国藩说："心常用则活，不用则窒，如泉在地，不凿汲则不得甘醴。"地下有泉水，如果你不凿，不挖掘，不用心去干，给它挖出来，你就得不到甘泉。"如玉在璞，不切磋则不成令器。"好像一块玉在石头壳里，在玉璞里边，你如果不"如切如磋"，切磋它，打磨它，把它的石壳打掉，美玉就露不出来，它就成不了一件非常美好的玉器。

心，既是心智，又是意志。心智是：思考，挖掘，掏墙，挖洞，去思考别人想不清楚的问题，去归纳别人说不明白的问题。也是意志：要坚持，要锻炼，要打磨，要长久地工作。人体里耗能最多的器官是什么？不是腰肌，不是腹肌，不是核心肌肉群，是大脑。一个人习惯了繁重的脑力劳动之后，偶尔一两天不动脑子，吃不好饭，也睡不好觉，甚至整个人都怂怂的，没活劲儿。人骨子里有很"贱"的东西，需要大家善护持，怎么护持？用活字诀来保持沽力，动！

简单地说，"心常用则活"，有两个核心词：一是"长久"，二是"规律"，越规律越长久。

我为什么不愿意全职写作，或者对全职写作有恐惧感？因为我害怕没有源头活水，害怕不是每日这么劳作，我没有足够的东西去写，没有足够的活劲儿去写。这看上去是个悖论，似乎我离开全职工作，就有了足够的时间，有了更多的时间去写作；但是有可能我离开了全职工作，我就没有这种长久的、规律的运动（每周都保持八十个小时左右的工作时间），让我保持这种写作的活性。

习惯而且喜欢繁重脑力工作的人，不要渴求退休，最幸福的事，我倒觉得是活到老，干到老。有可能你就是一条"贱命"，你就是一个劳碌命，得志则行天下，修修事功，以国为怀，没准儿就真能让世界变得更美好了。不得志，咱就独善其身，读读书，喝喝酒，想写就写几笔，没准儿也就不朽了。

第三，简字诀

理不在多。大家想想心脏，就是收缩，舒张，太复杂的道理很有可能是没用的，而且很有可能是错的。一本经，一本好经，多翻，要远远强于你翻十本经。特别是，多实践，实践完了再翻翻经，再去看看书，知行合一，人剑一体。

曾国藩针对这个议题曾说："治心治身，理不必太多，知不可太杂，切身日日用得着的，不过一两句，所谓守约也。"治心治身的理不用那么多，书不用看得太杂，只要日日用得着的一两句，你天天去做，已经比百分之八十的地球人强了。

分享一个禅宗鸟窠道林禅师与白居易的故事。鸟窠道林是一个禅宗和尚，他看到秦望山上边长着很高大的松树，枝叶繁茂，盘屈如盖，他就在这棵树上搭了一个窝，每天待在上面。周围人看到，送了他一个外号——鸟窠道林禅师。白居易到这个地方做地方官，听说了这件事，就进山去拜会鸟窠道林禅师。白居易在树下，抬头看见鸟窠道林禅师在树上随着风晃晃悠悠，他说，禅师啊，您住在这个地方有点危险。禅师说，太守啊（白居易是地方一把手），你的危险比我大多了。白居易说，我坐镇一方，作为一方大员，我有什么可险的呢？你才危险呢！禅师心里想，这真是一个没有智慧的人。禅师说，你每天应酬，每天在这些名利场上混，很多的利益、很多的欲望，像火种和燃料，一不留神就烧起来，烧起来就不知道烧到什么时候，这种东西多么危险，你控制得了吗？"心火相交，识性不停，得非险乎？"难道不险吗？白居易没回答，然后又换了一个话题，接着问："如何是佛法大意？"佛法到底说的是啥？鸟窠道林禅师说了八个字："诸恶莫作，众善奉行。"各个恶事别做，各个善事身体力行。白居易又乐了，说，三岁小孩也知道这个道理。鸟窠道林禅师回答："三岁孩儿虽道得，八十老人行不得。"白居易听后，礼拜一下就离开了。

如何与心周旋。我们这里提的"心"，不同于临床上说的"心脏"，但是我们在如何使用心这件事上，反而可以学学心脏如何工作。放字诀，活字诀，简字诀，放空、收缩、舒张、长久、规律活动，长期修炼，反复重复，慢慢习惯成自然，就像心脏不用我们人为干涉自己就会跳动。

头顶上的星空与内心的道德准则

功成名就、手握重兵重权的人,以及正在修炼成事的人,永远不要欺负这个世界。你只能欺负一时,不可能欺负一世;即使你欺负了一世,倒霉也会发生在你周围的人身上,发生在你喜欢的人身上,甚至会给你来生造成某种影响,如果你相信有来生。

第一,听从内心,敬畏天理

曾国藩有句话:"吾辈位高望重,他人不敢指摘,惟当奉方寸如严师,畏天理如刑罚,庶几刻刻敬惮。"这句话说的,其实就是,你成事、持续成事、持续成大事,坚持五年十年、十年十五年、十五年二十年,有一天你忽然发现,你德高望重了。别人不敢说,你做的事有什么欠缺。

"惟当奉方寸如严师",如果争论都没有了,坏话都没有了,反对的声音都没有了,你还有自己的方寸,有自己的内心;"畏天理如刑罚",你还有天理,还有道德。如果你一直意识到这两件事,你基本就不会犯大错。

身在高位,没人敢批评,怎么办?这是给中高阶,特别是高阶领导者讲的一个很重要的问题。身在高位,听到的好多是赞扬。大家想想,如果你是一个管理者,你是一个中高阶的管理者,你每天不吹牛,你受得了吗?你每天不夸自己两三句,你受得了吗?你每天扪心自问,不自己得意两三回,你自己受得了吗?再反过来想,你过去一个礼拜,有几次听到过不同的声音,听到过别人批评你,听到过别人说你这么做有可能不对?你扪心自问,你可能没听到。

所以曾国藩讲:一、听从内心,就是所谓的"方寸";二、敬畏星空,就是"天理"。方寸和天理,内心和星空。康德说过类似的话,"有两件事物,我越是思考越觉得神奇,心中也越充满了敬畏,那就是头顶上的星空与内心的道德准则"。曾国藩和康德,一中一西,一个是政治家,一个是哲学家,这些伟大的人思考着相同的问题,也提出了类似的解决方案。

每个人都有一个妈,我也有一个妈,按我妈的世俗的、街面的话来翻译曾国藩和康德的话,我妈会这么说:"你就没点数吗?你就不知道自己到底在干什么吗?"其实这个灵魂追问,涉及你自己的内心,以及你对世界、对天理的理解。

如果真成了一些事,渐渐位高权重,晋升全球富豪榜,名列当代史,甚至可以有一点点不朽的希望,更要敬天悯人。自心觉得不妥的,自心判定天理不容的,哪怕非常想做,哪怕被惩罚的可能性非常小,也绝不能做。

见过一些名声很大的人,也见过一些非常有钱的人,还见过一些非常有权的人,最后吃亏、被雷劈、出现大的困局,往往是因为这些人没能坚持去做我上面所提到的事情。本来都是非常好的成事的修行者,特别是在他的位置上,他可以相对容易地做成很多大事,能让世界变得更美好,比我们这种从底层做起的小人物,能够成就更多更大的事,在同样的时间段里。但是他们没有,要不然生病了,要不然进监狱了,要不然大局败掉了。为什么?就是因为他们自心觉得不妥、自心判定天理不容的事情,往往心存侥幸,认为被罚的可能性非常小,非常想做,然后就去做了,结果违背了内心,违反了天理。

在此也想对高阶领导者多分享几句,如果管好自己的内心,敬畏头上的星空,再坚持十年,这最后的十年,有可能干成比你之前二十年、三十年干成的所有的事,甚至乘两倍、乘三倍、乘五倍、乘十倍,而且你的风险并不会增加。

关键的关键还是:天理不容的,人心不容的,不要去做。

第二,谨慎打破次元壁

跳出来讲,就是打破次元壁。你从原来的状态打破一层壁垒、一层限制,发现你来到了另外一个宇宙,你突破了自己过去的行为方式。

所谓打破次元壁,我自己归纳有三类。

第一类,你本来天赋就是一个混混儿,但是你的家学渊源、境遇、和周围人、周围环境给你的纪律,不让你这么做。忽然有个机缘,你的境遇变了,你打破了这个次元壁,你忽然发现,做坏人比做好人容易多了,做坏人好容易,一旦做坏人,你开始降维攻击了,无论是名，无论是权，无论是色，权、钱、色，你想要啥就有啥。

第二类，你原来一直是一个笨拙的读书人，一个很本分的创造者，你要爬上一座高山，试图在昆仑山顶上再长出一根草，再开出一朵花。你爬着爬着发现，我有名了，我认识很多人了，我原来带过的人，现在都成为某某某了。你发现，我挂个名就能把事办了，我组个局就可以把事办了；我不用这么奋力读书了，我不用这么天天辛苦创造了，我不用这么上天入地苦心经营了；我甩手就把这些事做了，我溜达着就把这些事做了，我躺着就把这些事做了。

第三类，你原来是一个很好的修行者，也是一个很好的创造者，一直在用作品说话。你现在发现，你的智慧到了一定层面之上，你开始探索自己其他的潜能。比如，你原来是一个写文章的，现在会想，自己能不能去拍些视频；你原来是做公司的，现在会想，自己能不能做个官吏，除了把自己的企业管好之外，还能不能把一个县管好，把一个地区管好。

在头顶上的星空和内心的道德准则双重加持下，躲开第一类打破次元壁，你内心住着一个小魔鬼，不要忽然有一天打破了次元壁，放这个魔鬼出来；绝不要做第二类，不要走捷径；偶尔尝试第三类，在你修行到一定程度之后，探索一下自己其他的潜能。

如果你问我，冯老师，我能不能不打破次元壁？我的答案非常简单，如果你没有足够的动力，想打破这种次元壁，最好慢慢守住自己的园地，晴耕雨读，上边有星空，内心有道德准则，如此一生也就好了。

结束语

成事到底为了什么

成事到底为了什么？成事在历史长河中起着一个什么样的作用？

从我自己来说，六年小学，六年中学，1990年上大学，念了八年医学之后，又念了两年MBA，加起来一共是二十二年正规教育。二十二年正规教育，我想，自己总要做二十二年全职工作吧？2000年毕业，我第一份工作就去了麦肯锡，干了十年。之后又进了大型国企——华润、中信，开始先做幕僚的工作，做战略部总经理，后来创办了华润医疗，之后在中信资本，负责医疗投资、医疗健康投资。这二十年，我几乎每周都工作八十个小时，很少有低于六十个小时的时候。十年外企，十年国企，二十年一眨眼就这么过去了。

忽然疫情来了，整个节奏就慢下来了。我也在想，疫情时期怎么过？就好像平时你以国为怀惯了，逐鹿中原惯了，觉得还是做大事，做那些真的能改变世界的事情，才能令人兴奋。虽然小时候一直有个理想——找个小姐姐吃软饭,混吃等死,但是真的疫情来了,真的哪儿也去不了了,甚至有可能一出溜,就只能混吃等死了;才发现,混吃等死还是挺难的,所以疫情期间,我也有了时间仔细思考,成事到底为了什么?

我不是笃信儒家的人。儒家经典,四书五经,我没有仔细全读过,有些像《论语》,我仔细读过,但总体我没有读得那么细。但是,我是不是在身体力行儒家相信的一些东西呢?我想在很大程度上,是的。比如,儒家核心贯穿的一条线是什么?就是格物、致知、诚意、正心、修身、齐家、治国、平天下。我的确喜欢琢磨事,喜欢知道世界的道理是什么,喜欢摆正自己这颗心,然后收拾好自己,管理好周围,管理好团队,管理好事情,如果有机会,以国为怀,甚至有个中国梦,希望天下太平。但是现在如果天下不归你平了,"国"不归你治了,那我就往回退,再修修身,管好身边的小团队,其实这也是儒家的道理。

因此,疫情来临这大半年,我还是每周差不多要工作七八十个小时,有一部分时间就放在两件事情上。一件是综合、提炼、总结成事学,讲《冯唐成事心法》。综合的三个信息来源,是我在麦肯锡的所学所用,我在大型央企的所学所用,以及我理解的以曾国藩为代表的东方管理智慧。另一件是我终于把一直想写的《我爸认识所有的鱼》这个长篇写完了。我爸2016年走的,他走之后,我一直想写一部关于他的小说,以1900年到2020年这一百二十年为背景,写一下大历史下,像我爸这样一个小小的人物,是怎么过的一生,以及我跟他是一个什么样的关系。至今为止的人生,我最大的遗憾就是陪我爸的时间太少了。哪怕我一直陪在他身边,他一天说话不过三句。我在过去的二十年里,完完整整陪他的时间可能不到两周,或许有三周，那他一共跟我说的话其实都不到一百句。所以，想起来是挺难过的一件事。

我写这些，其实是想说，在疫情期间，我意识到自己过去这二十年，以及现在心里是怎么想的，很有可能还是所谓的儒家精英自己给自己加的担子，还是很可惜，没有软饭硬吃的命。那之后，疫情持续怎么样呢？疫情过去怎么样呢？我想，还是沿着这个轴，如果能够以国为怀，如果能做对人类有益的大事情，我就去做做；如果不行，我退半步，再沿着成事，沿着成事学，再讲讲各种与管理相关的议题；我也可能再去写一写我还没写完的、肚子里已经有的几个长篇，累的时候写写毛笔字，这是我现在的一些想法。

曾国藩在面对一个非常大的困境、一个油腻的世界时，他当时说："今日百废莫举，千疮并溃，无可收拾。"到处都出问题，没有办法解决。"独赖此精忠耿耿之寸衷，与斯民相对于骨岳血渊之中。"现在我只能靠坚持我的儒家精英信念不变，和人民站在一起，和受苦受难的人一起面对这些刀山血海。"冀其塞绝横流之人欲，以挽回厌乱之天心，庶几万有一补。"希望能够堵住这些人性之恶，然后希望把天的运势，争取能够扳回一点，或许能做到万分之一的补救。"不然，但就局势论之，则滔滔者吾不知其所底也。"我如果不这样，就目前的局势看，那几乎局势不可为，我甚至不知道底线在什么地方。

曾国藩这段话，是写给江忠源、左宗棠的。他们三个人有共同点：一、都是书生；二、都是精英；三、都能带兵、练兵、打仗；四、都亲临一线。这段话其实有浓浓的儒家精英意识，身逢乱世、衰世，精英应该干点什么？曾国藩的意思是，要奋起，和苦难民众站在血海之中，封堵弥漫社会的人性沉沦的欲望，把世道人心导向正轨，重建秩序。但换一个角度来讲，在乱世，这种知其不可而为之的态度，也就是一介书生该有的态度，这几个书生给了大清朝一个中兴，至少让千千万万的民众多过了几十年好日子。这就是精英的责任，或者说是精英的负担。

梁启超编选过曾国藩年少时作的一篇文章，叫《原才》。

曾国藩在这篇文章中说了四层意思。第一层意思，一个地方的风俗、文化的厚薄，其实"自乎一二人之心之所向而已"，说白了，可能就是有那么一小撮、几个人，大家跟着他们。这几个人如果"心向义"，向着仁义方向去走，那众人"与之赴义"，众人就跟着他走；如果这几个人变坏了，向着利益去走，那很有可能众人就跟着他去奔向利益。

更有意思的是，一旦大家跟着几个精英走了一段，会发现，"众人所趋，势之所归"，它就会形成一种势头，"虽有大力，莫之敢逆"，之后再想掰过去很难。所以曾国藩做了一个比喻，说，"挠万物者，莫疾乎风"，说真让树动山摇，草趴在地上，花倒在地上，是什么？是风。"风俗之于人心，始乎微，而终乎不可御者也"，一旦风形成了，它是很有力量、不可阻挡的。在此，曾国藩强调，儒家精英有引导作用。

第二层意思，如果这个世界、这个时代最好的头脑，最有慈悲、最有智慧、最有美感的头脑，因为大势不好，不能在最合适的位置上去引导大家，这样世界就会出现什么事呢？就会出现还会有不同的人冒出来，"有以仁义倡者，其徒党亦死仁义而不顾"，有倡导仁义的，他的徒弟、他的党羽、他的团队就会跟着他往仁义去走，哪怕死也不怕；有倡导功利的，"其徒党亦死功利而不返"，这是说如果有倡导，说要争功、争名、争利，去挣钱，去挣没数的钱，持续地挣没数的钱，那他的党徒、他的团队也会往死了去争名逐利。曾国藩在这里强调，如果不能有最强的人占据最合适的位置，风气会变乱。

第三层意思，儒家精英有引导的作用和能力，那么如果在乱世出现风气变乱，儒家精英作为个体应该做什么？多数所谓的儒家精英常做的事情是，站在高地上，站在高明之处，明哲保身，自己啥也不干。但曾国藩不认同这些人的做法和看法。曾国藩认为，哪怕你是一个小小的官，哪怕你只能影响十个人，你都要去影响，哪怕没一个人听你的，你也要写书，也要发声，也要表达自己的思想。曾国藩认为，在乱世，真正的精英，还是要站出来发挥自己的微火、微茫、微小之力，这些微小之力会形成新的、更良好的风气。

第四层意思，曾国藩说了一个愿景：希望国家听到我这种说法，能够非常谨慎地选最优秀的人，将他们放到最合适的重要的位置上。也希望，真正认为自己是精英的人，能够认同我的这一说法，做自己能做的事。

梁启超选编了曾国藩这么长一段文章，核心就是刚才讲的儒家精英的作用。

曾国藩和梁启超都是儒家精英教育的结果，在他们各自的时代，各自承担了精英的责任，曾国藩挽救旧时代，梁启超开启新时代。从这点上，我们不得不信服一些精英的作用。

这些年，所谓的中产阶级流行羡慕贵族，各种莫名其妙的贵族精神层出不穷，各种贵族课层出不穷，实话讲，我们自宋以后就是平民社会，没有贵族，只有精英。

崇尚贵族，是笃信遗传，如果真的靠遗传能解决人类的问题，人类遗传那么多次了，早该是圣人了，怎么还会有人性之恶？崇尚精英，是崇尚修行，所谓道理，都在《冯唐成事心法》，都在这些薄薄的书里搁着，但是愿意不愿意修行，是不是能修行到，要看造化，要看自己的决心、耐心和虔诚程度。

成事理论的核心基础是，这么一个肉身，基因你也改变不了，在现世，还是可以努力成为圣人，做不到圣人，至少可以做到一个成事的人。作为一个能让世界变得更美好一点的精英，至少可以通过自身的努力，让自己以及自己周遭的世界变得更美好一点，这多一点美好，就是让世界更美好一点。

"世间数百年旧家无非积德;天下第一件好事还是读书。"积德，读书，修行，不断行。成事，持续成事，持续成大事，持续成好事。

图书在版编目（CIP）数据

冯唐成事心法 / 冯唐著. -- 北京：北京联合出版
公司, 2020.12（2022.3重印）
ISBN 978-7-5596-4699-6

Ⅰ.①冯… Ⅱ.①冯… Ⅲ.①企业管理—通俗读物
Ⅳ.①F270-49

中国版本图书馆CIP数据核字（2020）第216416号

冯唐成事心法

作　　者：冯　唐
出 品 人：赵红仕
责任编辑：夏应鹏

北京联合出版公司出版
（北京市西城区德外大街83号楼9层　100088）
河北鹏润印刷有限公司印刷　新华书店经销
字数313千字　880毫米×1230毫米　1/32　印张13.5
2020年12月第1版　2022年3月第7次印刷
ISBN 978-7-5596-4699-6
定价：78.00元

版权所有，侵权必究
未经许可，不得以任何方式复制或抄袭本书部分或全部内容
本书若有质量问题，请与本公司图书销售中心联系调换。电话：（010）82069336